FERNANDO PESSOA E FREUD

Blucher

FERNANDO PESSOA E FREUD

Diálogos inquietantes

Nelson da Silva Junior

Fernando Pessoa e Freud: diálogos inquietantes
© 2019 Nelson da Silva Junior
Editora Edgard Blücher Ltda.

Imagem da capa: iStockphoto

SÉRIE PSICANÁLISE CONTEMPORÂNEA
Coordenador da série Flávio Ferraz
Publisher Edgard Blücher
Editor Eduardo Blücher
Coordenação editorial Bonie Santos
Produção editorial Isabel Silva, Luana Negraes e Mariana Correia Santos
Preparação de texto Maurício Katayama
Diagramação Negrito Produção Editorial
Revisão de texto Beatriz Carneiro
Capa Leandro Cunha

Blucher

Rua Pedroso Alvarenga, 1245, 4º andar
04531-934 – São Paulo – SP – Brasil
Tel.: 55 11 3078-5366
contato@blucher.com.br
www.blucher.com.br

Segundo o Novo Acordo Ortográfico, conforme 5. ed. do *Vocabulário Ortográfico da Língua Portuguesa*, Academia Brasileira de Letras, março de 2009.

É proibida a reprodução total ou parcial por quaisquer meios sem autorização escrita da editora.

Todos os direitos reservados pela Editora Edgard Blücher Ltda.

Dados Internacionais de Catalogação na Publicação (CIP)
Angélica Ilacqua CRB-8/7057

Silva Junior, Nelson da
  Fernando Pessoa e Freud : diálogos inquietantes / Nelson da Silva Junior. – São Paulo : Blucher, 2019.
  332 p. (Psicanálise contemporânea / Flávio Ferraz, coord.)

  Bibliografia
  ISBN 978-85-212-1334-5 (impresso)
  ISBN 978-85-212-1335-2 (e-book)

  1. Psicanálise 2. Metapsicologia 3. Psicanálise e literatura 4. Freud, Sigmund, 1856-1939 5. Pessoa, Fernando, 1888-1935 I. Título. II. Ferraz, Flávio.

19-0228   CDD 150.195

Índice para catálogo sistemático:
1. Psicanálise

A Helena.

E o teu sorriso no teu silêncio é as escadas e as andas
Com que me finjo mais alto e ao pé de qualquer paraíso...
Fernando Pessoa, "Hora absurda"

Conteúdo

Agradecimentos 9

Introdução: O que Fernando Pessoa permite ler em Freud? 13

PARTE 1
A heteronímia como avesso da metapsicologia 31

1. Modelos de subjetividade em Fernando Pessoa e Freud: da catarse à abertura de um passado imprevisível 33

2. "Um estado de alma é uma paisagem...": explorações da espacialidade em Fernando Pessoa e Freud 69

3. O lugar de ninguém: ausência e linguagem na situação analítica 103

PARTE 2
O espaço social e o sujeito da diferença 139

4. O mal-estar na identificação: diferenças entre Fernando Pessoa e o sujeito pós-moderno 141

5. Freud e a ontologia romântica da subjetividade:
   o universal e seus efeitos resistenciais na escuta analítica   163

Parte 3
Perspectivas do abismo e hermenêutica aberta   193

6. O abismo fonte do olhar: a pré-perspectiva em Odilon
   Moraes e a abertura da situação analítica   195

7. "*Who's there?*": a desconstrução do intérprete segundo
   a situação psicanalítica   221

Parte 4
**Uma passagem inquietante: a psicanálise entre ciência
e literatura**   245

8. A ficcionalidade da psicanálise: hipótese a partir do
   inquietante em Fernando Pessoa   247

9. Fernando Pessoa, sofística e psicanálise: o inquietante
   como sintoma da cisão entre ciência e literatura   291

Agradecimentos

Este livro reúne trabalhos que cobrem pelo menos três décadas de reflexão e discussões com professores, amigos, colegas, intervenções do público em debates, pareceristas anônimos e alunos dos cursos de pós-graduação. Seria naturalmente impossível render a devida homenagem e gratidão a cada uma das pessoas que contribuíram com seu longo trajeto. Mas cabe aqui lembrar que o primeiro a chamar minha atenção para o aspecto filosófico da poesia pessoana e a necessidade de uma reflexão sobre sua negatividade em particular foi Zeljko Loparic, em um animado grupo de estudos sobre *Ser e Tempo*, de Martin Heidegger, no final dos anos 1980. As discussões costumavam seguir em casa noite adentro com Juliano Pessanha e Helena, que também se encarregava de uma deliciosa sequência de cajus amigos. Alguns anos depois, quando esse tema já era a problemática de meu doutorado na Universidade Paris VII, outros amigos se tornaram interlocutores preciosos: Odilon Moraes, Paulo Pinheiro, Mario Pereira, Denise Le Dantec, Manoel dos Santos Jorge e Monique Schneider. Renato Mezan e Joel Birman, em suas passagens por Paris, abriram tempo em suas apertadas agendas para realizar as últimas leituras da tese, me garantindo que ela fosse defensável até na complexa cultura acadêmica francesa. Agradeço *in memoriam* a Pierre Fédida, que, na qualidade de orientador, acolheu, generosamente expressou sua admiração ao projeto e incansavelmente escreveu as cartas de avaliação ao CNPq. Com efeito, sem a bolsa de estudos de doutorado oferecida por essa instituição, o trabalho não teria sido possível.

A estrutura conceitual do projeto de doutorado amadureceu muito no primeiro ano de meu retorno ao Brasil, 1998, em uma pesquisa de pós-doutorado realizada graças à hospitalidade de Latife Yazigi e do Departamento de Psiquiatria da Universidade Federal de São Paulo (Unifesp). Essa pesquisa contou com o auxílio da Fundação de Amparo à Pesquisa do Estado de São Paulo (Fapesp), e foi muitas vezes apresentada para diferentes públicos até sua forma final, o primeiro capítulo deste livro. Agradeço também o generoso convite de Maria Inês Fernandes para oferecer meus primeiros cursos de pós-graduação no Programa de Psicologia Social, onde pude desenvolver uma discussão mais consistente sobre os aspectos sociais da negatividade pessoana. Também nessa época, outros amigos foram essenciais no avanço dessas ideias, como David Levisky e Christian Dunker. Ana Maria Sigal, cuja presença no público trouxe uma bem-vinda familiaridade à defesa da tese, gentilmente sugeriu meu nome para coordenar seminários no curso de Psicanálise no Instituto Sedes Sapientiae. Acolhido pelo grupo de professores, pude contar com um rico diálogo com os colegas de curso, sobretudo na releitura da sublimação como um elemento trágico da metapsicologia. Essa discussão trouxe maior relevância clínica para o diálogo entre Fernando Pessoa e Freud em sua vertente cultural, o que aparece no quarto capítulo deste livro, sobre o mal-estar na identificação.

Enquanto professor do Departamento de Psicologia Social, cabe mencionar a contribuição daqueles orientandos cujas pesquisas dialogaram direta ou indiretamente com minha aventura pessoana: Lívia Godinho, Daniel Lírio, Viviane Venosa, Clarissa Metzger, Glaucia Faria, Marie Danielle Donoso, Renata Cromberg, Vera Iaconelli, Pedro Ambra, Paulo Beer, Leilane Andreoli e Guilherme Oliveira.

No momento final de redação do último capítulo, contei com o apoio amigo de dois colegas do Departamento de Psicologia Social, Wellington Zangari e Gustavo Massola, que me substituíram em tarefas administrativas e didáticas nos períodos de licença prêmio que tirei para esse fim. Cabe aqui também minha gratidão às queridas Nalva e Rosangela, sempre delicadamente presentes.

Gostaria de mencionar também a importância da equipe de produção editorial da Editora Blucher, que contribuiu significativamente para a qualidade do texto final, assim como ao amigo de longa data Flávio Ferraz, editor atencioso e dedicado.

Esses textos começaram a ser germinados antes do nascimento de meus filhos, Elisa e Tomás, quando ainda existiam só em sonho. Desde esse tempo, já contribuíam, sem sabê-lo, para o trabalho onírico deste livro, com a mesma curiosidade aberta para as fronteiras que permanece viva até hoje. Helena tem sido a inspiradora companheira de devaneios e a primeira – e rigorosa – leitora de todos esses anos. Ela tem minha gratidão para além das palavras.

Os textos aqui publicados são fruto de publicações anteriores, retrabalhadas e reorganizadas. Gostaria de agradecer à generosidade dos editores Renato Mezan, da *Revista Percurso*, João Frayze-Pereira, da *Ide: Psicanálise e Cultura*, e Marina Massi, da *Revista Brasileira de Psicanálise*, que gentilmente autorizaram a republicação de artigos publicados anteriormente nessas revistas e especificados nas notas informativas no início de cada capítulo. É também o lugar de mencionar minha gratidão às editoras Mercado de Letras e Imago, pelo mesmo gesto.

Introdução: O que Fernando Pessoa permite ler em Freud?

Freud, com certa regularidade, afirmava que os artistas e poetas o haviam precedido nas descobertas da psicanálise. Esta, por sua vez, seria nada mais que a formalização conceitual daquilo que os poetas inconscientemente teriam descoberto. De certo modo, a ideia deste livro parte desse mesmo princípio. Aqui também a literatura e as artes plásticas são consideradas, se não como predecessoras da psicanálise, pelo menos como interlocutoras privilegiadas.

Note-se que essa postura implica uma inversão naquilo que em geral se entende leigamente como a abordagem que a psicanálise faz da literatura, a saber, que se trata de colocar os artistas no divã e descobrir neles sentidos ocultos a eles próprios. Esse foi, sem dúvida, um dos percursos do próprio Freud em alguns de seus textos. Por exemplo, *Sobre uma lembrança de infância de Leonardo da Vinci* e *Dostoiévski e o parricídio* são tentativas de interpretação de artistas a partir de suas obras. Contudo, Freud não seguiu sempre o caminho desses textos. Em *Gradiva*, temos um exemplo da alternativa aqui tomada, pois se trata de partir de obras de algum modo exemplares, para, com elas, examinar algumas hipóteses sobre o funcionamento da psicanálise. No caso de *Gradiva*, tratava-se de ilustrar o funcionamento da transferência. De fato, Freud nunca deixou de fazer isso mesmo quando buscou desvendar a vida anímica singular, o psiquismo único que exigia a obra em cada caso. Note-se que este segundo movimento só será de interesse se tais obras puderem *questionar* a teoria, assim como nos casos que a clínica enfrenta. Tal como na clínica, esse questionamento não surge espontaneamente, mas deve ser, a cada vez, construído como exceção a uma trama conceitual rigorosamente tecida.

Sob essa condição, pode-se afirmar que pela arte é possível melhor compreender a psicanálise. Regra aparentemente simples. Contudo, cabe ser mais específico em que exatamente a arte pode clarificar o pensamento psicanalítico no caso presente. É, segundo penso, a compreensão de sujeito que está em jogo, isto é, do que é um sujeito a partir da experiência da psicanálise e, portanto, também da questão sobre a relação desse sujeito com a linguagem e com a realidade. Não são questões simples, naturalmente, mas o diálogo com alguns artistas pode ajudar a tangenciá-las melhor. Comparativamente com esse diálogo e confronto com a arte, pode-se marcar uma certa inadequação da ciência, da religião, assim como da parte da filosofia comumente denominada metafísica, para essa interlocução. Heidegger definiu em certa passagem como metafísico *todo pensamento que não questiona os próprios fundamentos*. Com efeito, nem o sujeito, nem a linguagem e muito menos a realidade costumam ser *questões* para os pensamentos científico, religioso ou metafísico, que, em geral, consideram que as respostas a tais questões já estão bem estabelecidas. De todos esses campos, apenas a arte e a psicanálise os exploram como *questões*. Eis, em resumo, a razão deste livro: a partir da arte, mostrar que o sujeito, a linguagem e a realidade são questões *necessariamente abertas* para a psicanálise.

A interlocução de Freud com Pessoa, que não ocorreu como fato com local e data, mas que nem por isso pode ser considerada inexistente, merece ser compreendida em seu tempo. No que concerne a seu polo pessoano, ela se dá no momento em que a literatura se afirma como tal e, emancipada da função social de retratar fiel ou criticamente o mundo, passa a se reconhecer como portadora de um pensamento próprio, pensamento autônomo, que traz consigo seus impasses e abismos, de modo anterior e, nesse sentido, independente do mundo "realisticamente" concebido. Este momento da literatura como uma discursividade autônoma – expressiva, e não meramente reativa às impressões deixadas pelo mundo – coincide com aquele de um ocaso do primado da Razão na filosofia.

No campo filosófico, esse ocaso foi marcado pelas obras de Marx, Nietzsche e Freud, cujas obras revolucionárias o filósofo Paul Ricoeur adjetivou com precisão como *hermenêuticas da suspeita*, uma vez que demonstram que a Razão é inseparável de uma idealização a serviço de interesses escusos, enraizados na política, nos jogos de poder e na negociação da sexualidade com as normas sociais. Contudo, sem a Razão como regulação dos contratos sociais um abismo radical se abre para o humano. O aforisma de Nietzsche "não há fatos, apenas interpretações" sinaliza, mais do que a morte de Deus – um de seus aforismas mais populares –, a morte da Razão e, portanto, a morte do homem. Isso significa a exposição do humano a um novo tipo de incomensurabilidade, aquele da relatividade ilimitada das perspectivas da interpretação, sem ponto fixo, sem início e sem fim.

Fernando Pessoa, assim como Kafka, Robert Musil, Baudelaire, Rilke e muitos outros, participa de um momento da literatura que toma as relações da palavra consigo como um ato de primeira ordem num mundo onde a Razão já não pode ser uma garantia contra a ausência de sentido. Pelo contrário, em Kafka, por exemplo, a própria Razão se mostra frequentemente como um sistema mecânico e sem sentido, como um labirinto sem saída, simultaneamente indiferente e cruel com o sujeito. Cada um desses autores afirma a seu modo a independência da palavra poética em relação ao referente. Em Fernando Pessoa, contudo, a questão da existência do sujeito é o principal dos centros formais de sua poética, o que torna o diálogo de sua obra com a psicanálise não apenas possível, mas necessário e, certamente, fecundo.

Ao lado deste centro poético, Pessoa tinha uma aguda lucidez do fato de sua obra se construir em diálogo e contraposição com a história da filosofia e da importância da ausência do referente como crítica da literatura à metafísica. Contudo, estava também atento a outras novidades da cultura na virada do século XIX para o XX. É nesse movimento de intensa interação com as novidades de seu tempo que Fernando Pessoa questiona a psicanálise de modo explícito e pertinente. Já no uso que Pessoa faz da psiquiatria de sua época, esse grande poeta parece incluí-la em um quadro reflexivo em que a ciência e a arte não seguem a norma hierárquica comumente aceita, segundo a qual a primeira seria mais respeitável que a segunda. Na famosa carta sobre a origem dos seus heterônimos, de 13 de janeiro de 1935, dirigida a seu amigo Adolfo Casais Monteiro, Fernando Pessoa (1990) escreve:

> *Começo pela parte psiquiátrica. A origem dos heterônimos está no traço profundo de histeria que existe em mim. Não sei se sou simplesmente histérico, ou se sou, mais propriamente, um histérico-neurastênico. Tendo para essa segunda hipótese, pois há em mim fenômenos de abulia que a histeria propriamente dita não enquadra no registro de seus sintomas. Seja como for, a origem*

mental de meus heterônimos está na minha tendência orgânica e constante para a despersonalização e para a simulação. Esses fenômenos – felizmente para mim e para os outros – mentalizaram-se em mim; quero dizer, não se manifestam em minha vida prática, exterior e no contato com os outros; fazem explosão para dentro e vivo-os eu a sós comigo. Se eu fosse mulher – na mulher os fenômenos histéricos rompem em ataques e coisas parecidas – cada poema de Álvaro de Campos (o mais histericamente histérico de mim) seria um alarme para vizinhança. Mas sou homem – e nos homens a histeria assume principalmente aspectos mentais; assim tudo acaba em silêncio e poesia... (p. 95)

A psiquiatria e a dramaturgia se entrelaçam em seu texto para nomear uma novidade em literatura: os heterônimos. Em outras passagens, Pessoa compreende sua tendência à despersonalização, não enquanto histeria, mas como um tipo de personalidade dramática, isto é, que vive os pensamentos não propriamente com exagero, mas *em forma de drama*, isto é, *em forma de diálogo em cena*. Na verdade, Pessoa elabora vários sistemas concorrentes de explicação dos heterônimos. A psiquiatria é apenas um entre eles. O que deve ser marcado aqui é sem dúvida a parcialidade de cada sistema. No rascunho dessa carta, Pessoa (1990) ironiza os limites da psicopatologia:

Eu não nego, até favoreço a explicação psiquiátrica, mas devemos entender que toda atividade superior do espírito, porque é anormal, é também suscetível de interpretação psiquiátrica. Quero muito ser louco, mas exijo que compreendam que não sou louco de uma forma

> *diferente de Shakespeare, qualquer que seja o valor relativo dos produtos do lado são de nossa loucura. (p. 92)*

Enfim, o uso que Pessoa faz da psicopatologia é sem qualquer sombra de dúvida irônico ou metafórico: são formas alternativas para tentar compreender sua poesia, jamais teorias científicas que detenham a verdade da alma. Isso fica claro com a indignação que sentiu com a análise psicanalítica feita por seu amigo João Gaspar Simões. Em 11 de dezembro de 1931, escreve uma carta ao aprendiz de feiticeiro em que, com sua lucidez habitual, avalia as condições nas quais a psicanálise e a literatura podem dialogar. Essas condições podem ser consideradas como válidas ainda hoje:

> *Não tenho lido muito do Freud, nem sobre o sistema freudiano e seus derivados; mas o que tenho lido tem servido extraordinariamente – confesso – para afinar a faca psicológica e a limpar ou substituir as lentes do microscópio crítico. . . nunca havia me ocorrido, por exemplo, que o tabaco (acrescentarei "e o álcool") fosse uma translação do onanismo. . . . O assunto obrigou-me a cair no sexual, mas foi para exemplificar, como V. entende, e para lhe dizer quanto, criticando embora e divergindo, reconheço o poder hipnótico dos freudismos sobre toda criatura inteligente, sobretudo se a inteligência tem a feição crítica. O que desejo agora acentuar é que me parece que esse sistema e os sistemas análogos ou derivados devem por nós ser empregados como estímulos da argúcia crítica, e não como dogmas científicos ou leis da natureza. Ora, o que me parece é que V. se serviu deles um pouco neste último sentido, sendo, portanto, correspondentemente arrasta-*

do por o que há de pseudo-científico em muitas partes desses sistemas, o que conduz à falseação; por o que há de audaz em outras partes, o que conduz à precipitação; e por o que há de abusivamente sexual em outras, o que conduz a um rebaixamento automático. (Pessoa, 1990, p. 61, grifo nosso)

Em sua crítica à crítica psicanalítica, Pessoa é claro no que considera uma confusão de base: a psicanálise não deve operar como teoria que classifique o singular no geral. Essa prática, ao tratar do objeto artístico, é simultaneamente pseudocientífica, precipitada e desrespeitosa. Com a psicanálise se ganharia, antes disso, em "estimular a argúcia crítica". Hoje a oposição entre ciências da natureza, de um lado, e as teorias que estimulam nossa inteligência crítica, de outro, pode parecer-nos relativamente sensata e coerente com o que se tornou uma posição epistemológica partilhada por um grande número de psicanalistas. Mas, na época, a compreensão da psicanálise como teoria crítica e não como uma ciência natural era inédita e, inclusive, contrária àquela de Freud. Fernando Pessoa considerava o campo da crítica e, portanto, de uma compreensão não neutra da linguagem como o lugar *par excellence* da psicanálise: qualquer assimilação desta a uma ciência da natureza seria um equívoco de base. Esse é o problema que, a meu ver, posiciona Fernando Pessoa no cerne do problema aqui tratado, a saber, aquele da separação entre a *palavra* e o *Ser* na história da filosofia, e suas consequências para compreensão do lugar da psicanálise.

Apesar do mau começo com João Gaspar Simões, não foram poucos os psicanalistas que enfrentaram o desafio de propor uma compreensão sobre o autor dessa obra ímpar, com contribuições ricas – por exemplo, José Martinho (2002), Colette Soler (2001), Manuel dos Santos Jorge (1994) e, no âmbito nacional, Pedro

Heliodoro de Moraes Branco Tavares (2007) e Durval Checchinato (2012), para citar apenas alguns. No campo das psicobiografias psicanalíticas de artistas, um passo fundamental foi dado por Lacan quando introduziu o conceito de *sinthome*, construído a partir de sua leitura de Joyce, ao considerar o reconhecimento advindo da obra como uma suplência a uma falha do Nome-do-Pai em sua função de enlaçamento entre os registros do Real, Simbólico e Imaginário. O termo *sinthome* indica, assim, uma ultrapassagem de uma leitura do sintoma neurótico como ciframento para seu funcionamento como enlaçamento, deslocamento particularmente claro no caso de Joyce, em sua busca por fazer um nome – para além de uma verdadeira revolução que essa leitura implicou não apenas na importância do reconhecimento para a estabilização da psicose, como também na psicopatologia estrutural como tal. Contudo, no que concerne a nosso tema aqui, cabe notar que a noção de *sinthome* recupera um aspecto incidentalmente abordado por Freud (1908/1982), a saber, a função propriamente econômica no psiquismo do artista advinda do reconhecimento público de sua obra. Sem dúvida, tal busca era presente em Pessoa, e o reconhecimento que obteve em vida, ainda que restrito a *alguns outros*, era consistente e intenso. Além disso, outros aspectos apontados por Lacan em Joyce podem ser encontrados em Pessoa, por exemplo, o distanciamento do corpo e da sexualidade, e uma forma de escrita da qual o gozo parecia ser indissociável, no caso dos diários sonâmbulos de Bernardo Soares, ou do "dia triunfal" da encarnação de Caeiro. Teria Fernando Pessoa encontrado na heteronímia uma suplência ao Nome-do-Pai para uma eventual estrutura psicótica, a exemplo de Joyce com sua escrita emancipada do sentido? Essa hipótese me parece não apenas plausível, como provável, e foi consistentemente apresentada pelos autores mencionados, a quem remeto. Como já mencionado, contudo, a proposta aqui é diferente, pois é a obra de Fernando Pessoa, e não sua biografia, a referência dos textos a seguir.

Trata-se daquilo que sua obra, considerada como uma experiência discursiva ímpar, traz como questão à psicanálise. Nesse sentido, esta abordagem se aproxima das interpretações de Fernando Pessoa feitas por filósofos como José Gil (1988), Judith Balso (2011) e Alain Badiou (2002), que tomam a obra pessoana como um desafio à filosofia. Veremos a seguir que o que permite a tais filósofos estabelecer esse diálogo, dando à obra pessoana um lugar de um desafio à filosofia, é o fato de que ela é homóloga, ou seja, possui uma mesma origem e, portanto, possui relações de parentesco. Essa origem comum pode ser pensada como abertura, isto é, como possibilidade de passagem entre a ficção e a realidade. Tal abertura é nomeada aqui como *ficcionalidade*.

A partir dos trabalhos de Barbara Cassin (1995) sobre a relação entre a filosofia e a sofística, é possível localizar historicamente o fechamento de tal abertura no estabelecimento do Princípio de Não Contradição de Aristóteles (Capítulo 9). Com base nesse momento, as aproximações entre o discurso filosófico e aqueles dele derivados, como o da ciência, e os discursos que não obedecem ao princípio se darão sob o signo da desconfiança e eventualmente sob uma tolerância vigiada, como será o caso da literatura. Tais aproximações sinalizam um perigo na medida em que questionam as fronteiras bem estabelecidas do que deve ser um discurso com sentido, capaz de nos mostrar a verdade do mundo, e um discurso ficcional.

Este é o caso do inquietante produzido pela obra de Fernando Pessoa, que sistematicamente suspende tais fronteiras. Este efeito da heteronímia permite que consideremos o inquietante efeito da ficcionalidade, isto é, reabertura da passagem entre ficção e realidade lacrada por Aristóteles. No caso de esse retorno se dar de modo involuntário, isto é, como uma perda não esperada das fronteiras fixas entre a realidade e a ficção, ele pode ser considerado como um *sintoma da ficcionalidade*. Um exemplo de perda não lúdica e, portanto, ameaçadora para o mundo da ciência é tematizado por Freud em seu texto "O inquietante" (Freud, 1919/1982). O que considero como digno de reflexão é que tal sintoma da ficcionalidade pode ser localizado na própria escrita freudiana realizada nesse texto (Capítulo 8). A partir desse sintoma da ficcionalidade na escrita freudiana, uma estranha familiaridade entre Fernando Pessoa e Freud me parece inegável. Mas, se a clínica tem algo a ensinar sobre o sintoma, é pelo fato de que, quando o sujeito o assume como sendo seu, isso acarreta uma alteração psíquica que potencializa sua liberdade. Trata-se, assim, de levar a ficcionalidade da psicanálise de um estado sintomático a um estatuto necessário.

A ficcionalidade na heteronímia e na psicanálise[1]

> *O olfacto é uma vista estranha. Evoca paisagens sentimentais por um desenhar súbito do subconsciente. Tenho sentido isso muitas vezes. Passo numa rua. Não vejo nada, ou antes, olhando tudo, vejo como toda a gente vê. Sei que vou por uma rua e não sei que ela existe com lados feitos de casas diferentes e construídas por gente humana. Passo numa rua. De uma padaria sai um cheiro a pão que nauseia por doce no cheiro dele: e a minha infância ergue-se de determinado bairro distante, e outra padaria me surge daquele reino de fadas que é tudo que se nos morreu. Passo numa rua. Cheira de*

---

1 Texto publicado no artigo de mesmo nome na *Revista Conteúdo PSI*, v. 1 n. 1, jan./jun. 2019.

> repente às frutas do tabuleiro inclinado da loja estreita; e a minha breve vida de campo, não sei já quando nem onde, tem árvores ao fim e sossego no meu coração, indiscutivelmente menino. Passo numa rua. Transtorna-me, sem que eu espere, um cheiro aos caixotes do caixoteiro: ó meu Cesário, apareces-me e eu sou enfim feliz porque regressei, pela recordação, à única verdade, que é a literatura. (Pessoa, 1999, p. 264-265)

Nesse fragmento de O livro do desassossego, temos, de modo quase palpável, aquilo que Julia Kristeva denominou *tempo sensível da memória* (Kristeva, 1994), ao passo que o tempo inventado por Proust em seu *Em busca do tempo perdido* aparece quase tão palpável quanto na experiência de rememoração da famosa *madeleine*. Em ambos os casos, a evocação olfativa das lembranças parece ser capaz de trazer à vida elementos do passado, com uma força que talvez não tivessem tido quando aconteceram. Estamos, pois, diante de uma *potência da rememoração* relativamente independente da *experiência vivida*. Na rememoração do herói proustiano da interioridade, o presente ganha sentido, se alimenta e se expande a partir de uma vida imanente à memória, mas não totalmente dependente desta. Por muito tempo, pensou-se que a psicanálise seria uma espécie de técnica ativa da evocação proustiana do passado, capaz de curar o presente ao trazer à tona o passado a cores e ao vivo. Tratar-se-ia, a cada vez, de descobrir a *madeleine* que estaria dando o sabor a cada momento da sessão e traduzi-la em palavras que a localizassem em seu devido tempo. Considero que a psicanálise talvez esteja bem mais próxima da experiência de Bernardo Soares. A felicidade de Bernardo Soares, tal como a do herói de Proust, se alimenta do passado, os cheiros e os perfumes lhe trazem as experiências que viveu e que perdeu. Ele as vive no presente talvez com mais força do que tiveram no momento de sua experiência. Mas algo de inquietante aparece no tempo sensível de Soares que o separa do herói de Proust. A felicidade de Soares só se completa quando ele regressa a experiências literárias, e nelas se reconhece num passado vivido apenas na imaginação.

Um efeito hiperbólico da ficção é imanente à obra de Fernando Pessoa. Se nossa identificação ao narrador está presente, uma série de perguntas incômodas se segue imediatamente. Seriam nossas lembranças todas feitas dessa mesma natureza? Seriam nossa história e nossa identidade mera ficção? Segundo penso, esta abertura também está presente na situação analítica de modo necessário. A experiência do inquietante provocada pelos textos de Fernando Pessoa pode, assim, revelar um aspecto esquecido da situação psicanalítica, a saber, a ficção em seu aspecto inquietante, desmedido. Nesse caso, cabe falar em *ficcionalidade da psicanálise*, isto é, uma abertura entre a ficção e a realidade sem a qual a psicanálise não poderia existir.

Freud, sabe-se bem, temia qualquer aproximação de sua ciência com a ficção, mas esse temor deixa rastros que sinalizam uma inquietante familiaridade com esta última em sua escritura. Além disso, ou por causa disso, dedicou não poucas reflexões para entender como o psiquismo infantil constrói essa diferença, visando, com isso, compreender como as patologias podem perdê-la. Um dos estudos mais interessantes sobre essas perdas de uma separação clara e segura entre a ficção e a realidade é feita em seu texto "O inquietante". Para Freud (1919/1982), a experiência do inquietante é o resultado de um conflito entre o que é julgado como real e o que é julgado como pertencente à ficção. O inquietante seria, nesse sentido, essencialmente um *afeto cognitivo*, reação à problematização entre os limites do que posso conhecer e do que imagino a cada caso. Contudo, considerado a partir da crítica de Barbara

Cassin à fundação do Princípio de Não Contradição, o inquietante vai muito além do *campo cognitivo*: sua perturbação atinge a *certeza da existência*, o que nos permite considerá-lo como um sofrimento de *raiz ontológica*. Quando a questão de estabelecer se uma coisa é da ordem da ficção ou da realidade se coloca como tal, ela traz consigo uma dúvida a respeito da realidade como um todo e de suas condições de possibilidade. Nesse sentido, esse sentimento vale como uma forma de o psiquismo moderno problematizar o mundo e sua evidência.

Esse aspecto não foi de fato explorado por Freud em seu texto. Contudo, a perspectiva clínica demonstra que seu texto sinaliza a ameaça ontológica do inquietante às nossas certezas metafísicas cotidianas. Podemos, nesse sentido, afirmar que a psicanálise reflete e problematiza em seu próprio corpo teórico – paga sua libra de carne, por assim dizer – a cisão que, desde Aristóteles, organizou modalidades discursivas pensadas em relações de oposição: ciência como saber legítimo, verdadeiro, sério e bem-intencionado, arte e literatura como diversão, ilusão, inverdade e engodo. A discussão sobre a cientificidade da psicanálise, seja do ponto de vista dos que a defendem, seja do ponto de vista dos que a negam como ciência, não retoma o sentido histórico dessa cisão ou suas consequências na ordem dos limites do saber científico. Em outras palavras, a própria oposição entre discurso científico e não científico tende a ser aceita como um fato inquestionável e estabelecido. Uma discussão sobre a cientificidade da psicanálise, nesse caso, não aborda e, portanto, admite silenciosamente como algo evidente aquilo que é, em última instância, um problema de política de saberes sobre o *Ser* e a *Linguagem*. Desse modo, deixa intacta a construção dessa política como um problema. Questionar essa construção significa desconstruí-la, isto é, fazer um esforço para não a reproduzir inocentemente. Trata-se, portanto, de um trabalho que possui uma intenção política, o que implica uma intervenção no próprio campo de forças que organiza a tensão entre discurso científico e psicanalítico. Conforme define Derrida (1988):

> *A desconstrução, deve, por meio de um duplo gesto, de uma dupla ciência, uma dupla escrita, colocar em prática uma inversão da oposição clássica e um deslocamento geral do sistema. É apenas sob essa condição que a desconstrução irá prover os meios de intervir no campo de oposições que ela critica e que é também um campo de forças não discursivas. (p. 21)*

Um saber aceito como legítimo na cultura mantém sob vigilância os campos onde vigora a precedência da palavra à coisa. São lugares suspeitos da palavra, que possuem, contudo, um pensamento próprio sobre sua condição marginal, pensamento prenhe de uma potencialidade crítica para o campo de forças da cultura como um todo. É com essa função que a obra de Fernando Pessoa é aqui tomada, a saber, como discurso que, a partir do campo literário, questiona não apenas a precedência da coisa à palavra, mas também a igualmente aparente evidência da cisão que separa e opõe ciência e literatura. Construir o diálogo que não houve entre Fernando Pessoa e Freud, levando em conta a história das forças em jogo neste campo de oposições discursivas, visa explicitar e colocar à prova esta posição oficialmente científica no interior do próprio discurso freudiano e, eventualmente, abrir alternativas para novos posicionamentos da psicanálise na cultura.

Para finalizar, alguma apresentação do modo como isto pode ser realizado neste livro é, naturalmente, esperada em uma introdução. O fio de Ariadne que une os capítulos deste livro é, sumariamente dito, a crítica à herança metafísica nos modelos teóricos freudianos a partir da abertura da ficcionalidade da psicanálise.

Contudo, cada um deles tem um tema próprio, que busquei tratar de modo separado. Os capítulos podem, portanto, ser lidos independentemente e na ordem que o leitor desejar, tal como no *Jogo da amarelinha* de Julio Cortázar. Assim, uma série de agrupamentos diferentes é possível, mas uma bússola é sempre bem-vinda. Segue aqui, portanto, uma breve antecipação do plano de navegação que me aconteceu seguir e que pode ser utilizado pelo leitor segundo seu interesse.

O livro está dividido em quatro partes, que agrupam dois ou três capítulos cada uma. Na primeira, "A heteronímia como avesso da metapsicologia", realizo uma crítica aos modelos do sujeito, de espacialidade, de temporalidade e de alteridade eventualmente presentes em Freud, que, em vista de sua raiz metafísica, parece-me que devem ser questionados e substituídos por outros com origem na heteronímia, mais adequados à situação analítica.

Na segunda parte, "O espaço social e o sujeito da diferença", examino funções da identidade no espaço social em contraponto com a articulação da identidade em Fernando Pessoa e Freud. Creio ter ali colocado em evidência uma dinâmica inversa das funções da identidade e de sua incompatibilidade com o que a cultura propunha na mesma época.

Na terceira parte, "Perspectivas do abismo e hermenêutica aberta", busco recuperar a história da perspectiva e sua relação com modelos hermenêuticos eventualmente presentes na situação clínica e lugar do analista. São dois textos que não partem da releitura pessoana da metapsicologia, a saber, "O abismo fonte do olhar: a pré-perspectiva em Odilon Moraes e a abertura da situação analítica" (Capítulo 6) e "'Who's there?': a desconstrução do intérprete segundo a situação psicanalítica" (Capítulo 7). Contudo, eles não poderiam ter sido escritos sem a teorização da abertura entre ficção e realidade que o trabalho com Fernando Pessoa permitiu.

Finalmente, na quarta e última parte, "Uma passagem inquietante: a psicanálise entre ciência e literatura", busco demonstrar a pertinência da ficcionalidade da psicanálise. No penúltimo capítulo, intitulado "A ficcionalidade da psicanálise: hipótese a partir do inquietante em Fernando Pessoa" (Capítulo 8), apresento o que pode ser considerado a perspectiva clínica desta pesquisa iniciada com meu doutorado, sob a orientação de Pierre Fédida na Université Denis Diderot, Paris VII.[2] Considero essa perspectiva como clínica, pois nela julgo demonstrada a ficcionalidade como um sintoma na escrita freudiana. Diria que, desde então – a tese foi defendida em 1996 –, o principal avanço desta pesquisa se deu na construção de seu contexto, o que custou certo tempo. Mas creio ter realizado a contento este avanço no último capítulo do livro (Capítulo 9), que apresenta o sentido histórico destes diálogos inquietantes entre Fernando Pessoa e Freud, e algumas consequências na política psicanalítica no campo dos discursos científico e literário. Nele apresento, a partir da *história sofística da filosofia* de Barbara Cassin, *o inquietante* como afeto que sinaliza uma perturbação ontológica no sujeito moderno. Argumento que exige trazer à tona as condições de possibilidade dessa perturbação na história do pensamento. Tal contexto demonstra a potencialidade especulativa do inquietante no mapeamento das fronteiras da psicanálise com a literatura e com a ciência. Tal potencialidade fora intuída na tese, mas o déficit conceitual da época não me permitia demonstrá-la. A crítica de Barbara Cassin à filosofia finalmente trouxe à tona a raiz comum, que justificou historicamente a homologia entre a heteronímia e a psicanálise isolada na tese. A partir dessa raiz comum pude reconsiderar a abertura entre a ficção e a realidade,

---

2   Tese realizada na Université Denis Diderot Paris VII, sob orientação de Pierre Fédida, e posteriormente publicada como Silva Junior, N. (1999). *Le Fictionnel en Psychanalyse. Une étude à partir de l'oeuvre de Fernando Pessoa*. Villeneuve d'Asq: Presses Universitaires du Septentrion.

isto é, a *ficcionalidade da psicanálise* como abertura necessária desta última igualmente a partir de determinações históricas do pensamento ocidental.

Referências

Badiou, A. (2002). Uma tarefa filosófica: ser contemporâneo de Pessoa. In *Pequeno manual de inestética*. São Paulo: Estação Liberdade.

Balso, J. (2011). *Pessoa, the metaphysical courier*. New York: Atropos.

Cassin, B. (1995). *L'effet sophistique*. Paris: Gallimard.

Checchinato, D. (2012). *Fernando Pessoa: homoerotismo, psicanálise, sublimação*. Rio de Janeiro: Companhia de Freud.

Derrida, J. (1988). Signature, event, context. In J. Derrida, *Limited Inc*. Evanston: Northwestern University Press, 1988.

Freud, S. (1908/1982). Der Dichter und das Phantasieren. In S. Freud, *Bildende Kunst und Literatur* (Studienausgabe Band X). Frankfurt am Main: Fischer Taschenbuch Verlag.

Freud, S. (1919/1982). Das Unheimliche. In S. Freud, *Bildende Kunst und Literatur* (Studienausgabe Band IX). Frankfurt am Main: Fischer Taschenbuch Verlag.

Gil, J. (1988). *Fernando Pessoa ou la métaphysique des sensations*. Paris: Editions de la Différence.

Kristeva, J. (1994). *Le temps sensible. Proust et l'expérience littéraire*. Paris: Gallimard.

Martinho, J. (2002). *Pessoa e a psicanálise*. Coimbra: Almedina. Versão consultada em tradução francesa, recuperada de http://acfportugal.com/pessoa.pdf.

Pessoa, F. (1990). *Obra em prosa*. Rio de Janeiro: Nova Aguilar.

Pessoa, F. (1999). *O livro do desassossego. Composto por Bernardo Soares, ajudante de Guarda-livros na cidade de Lisboa* (Richard Zenith, org.). São Paulo: Companhia das Letras.

Santos Jorge, M. (1994). *Fernando Pessoa: identités et hétéronymes* (Thèse de doctorat). Paris VII.

Soler, C. (2001). *L'Aventure Littéraire ou la phsychose inspirée. Rousseau, Joyce, Pessoa*. Paris: Éditions du Champ Lacanien.

Tavares, P. H. M. B. (2007). *Noms de Faust: traits du sinthome dans le Mythe de Faust* (Thèse de doctorat). Paris VII.

Parte 1

A heteronímia como avesso da metapsicologia

1. Modelos de subjetividade em Fernando Pessoa e Freud: da catarse à abertura de um passado imprevisível[1]

Identidade e abertura como dois modelos do sujeito

Lévi-Strauss, em *Tristes trópicos*, opõe as culturas antropofágicas às culturas antropoêmicas segundo a estratégia que usam para lidar com o estranho e a ameaça dele decorrente. Enquanto as culturas antropofágicas seguem um pensamento analógico e buscam anular o diferente por sua assimilação ao idêntico, ingerindo, transformando e transformando-se no desconhecido, as antropoêmicas, como a ocidental, usam a estratégia da expulsão, da exclusão e do afastamento como forma de administração do estranho (Lévi-Strauss, 1955/1996, p. 464). De fato, para nós, a ideia de que

---

[1] Silva Junior, N. (1998). Modelos de subjetividade em Fernando Pessoa e Freud. Da catarse à abertura de um passado imprevisível. In M. E. C. Pereira (Org.), *Leituras da Psicanálise. Estéticas da Exclusão* (pp. 119-146). Campinas: Mercado de Letras, Associação Brasileira de Leitura, 1998. Elaborado durante o pós-doutorado na Unifesp entre 1998 e 1999 com financiamento da Fapesp – processo número 97/07008-2.

o mal possa ser anulado ao ser expulso para fora do corpo ou da alma é tão presente e antiga que a força de sua evidência tende a excluir e a esconder outras estratégias de agenciamento do nocivo, como aquele da anulação do mal por sua incorporação. De fato, o paradigma *antropoêmico* (do grego *emein*, "vomitar") marca longitudinalmente nossa cultura, o que é particularmente evidente na catarse, nas sangrias e purgações, que são entendidas como operações purificadoras por excelência. Mas essa estratégia não é a única da cultura ocidental, onde há igualmente uma oposição entre esses dois tipos de concepção do que deve ser a relação entre o ser humano e seu mal. A história da medicina ocidental, por exemplo, é um dos registros mais interessantes da presença do pensamento analógico subjacente à estratégia antropofágica, pensamento cujo ápice se deu na Idade Média e se estendeu pelo Renascimento. O princípio básico da farmácia de Paracelso era que um veneno era simplesmente um remédio de grande potência, que precisava ser atenuado para seu uso terapêutico. A máxima da homeopatia é outro exemplo: *similia similibus curantur*, "os semelhantes se curam pelos semelhantes" (Franco Junior, 2013). As duas estratégias participam de nossa maneira de conceber não somente a experiência moral e estética do mal, mas também o modo como se deve realizar uma terapêutica do corpo e da alma. Nossa cultura é inegavelmente híbrida nesse campo que transcende a terapêutica e implica posições políticas radicalmente opostas. Contudo, o importante deste preâmbulo antropológico é, no texto presente, a ideia de que cada estratégia de gerenciamento do estranho está atrelada de modo inseparável a uma certa concepção de quem somos e qual é nossa natureza. Nossa relação com o estranho define o modo como nos pensamos.

No interior da teoria psicanalítica, por exemplo, é possível distinguir diferentes modelos de subjetividade que são decorrentes das estratégias opostas descritas por Lévi-Strauss. Assim, o modelo catártico de cura implica um modelo de sujeito essencialmente fechado, permanente, regido pela figura de uma identidade consigo mesmo. Entretanto, em seus últimos textos, Freud opera com conceitos absolutamente incompatíveis com a ideia de um sujeito essencialmente idêntico a si mesmo. A economia dos conceitos freudianos implica, em seus textos finais, o que aqui denominamos *concepção aberta de subjetividade*. Iremos pontuar as etapas cruciais que o discurso freudiano percorreu desde o período inicial, organizado em torno do modelo de catarse, até o período final, em que, segundo nossa hipótese, podemos falar de uma *subjetividade aberta* no discurso freudiano.

Segundo penso, a obra de Pessoa pode ser útil para melhor definir os diferentes modelos de subjetividade em jogo na psicanálise freudiana. A catarse, figura central do primeiro modelo de cura psicanalítica, é, desde Aristóteles, uma noção cuja história se passa essencialmente no domínio estético. No sujeito pessoano, ponto experiencial de uma espacialidade radicalmente exterior, sem interioridade, a noção de uma identidade consigo não tem lugar (ver os Capítulos 6 e 7). Consequentemente, a figura da catarse tampouco pode ter nela uma função. A obra de Pessoa, sem ser a única, nem tampouco a primeira a fazê-lo, tem o valor de ter operado uma ruptura radical com o paradigma da identidade na compreensão do sujeito. Em sua obra, a noção de sujeito é colocada em questão de modo inédito, atingindo um grau de avanço teórico extremamente consistente tanto numa poética quanto numa estética,[2] que podemos justificadamente adjetivar de *pessoanas*. A estética e a poética pessoanas serão aqui contrapostas à poética e estética aristotélicas: se a catarse se regula a partir de um princípio de identidade, veremos que a noção de uma *alteração do sujeito* é

---

2 Poética, segundo Passeron (1975), diz respeito à gênese da obra de arte, enquanto estética se refere à recepção desta.

essencial tanto no seu *processo de criação* quanto no leitor para o qual é endereçada a obra de Fernando Pessoa. Seja como *nação* cujo ser é aquele de ser o objeto de *um projeto civilizacional*, seja como *indivíduo singular*, tal sujeito pessoano deve transformar-se, *deve tornar-se outro*, ou, para empregar o neologismo heteronímico, *deve outrar-se*. A diferença consigo, a alteridade como gênese do sujeito, é um princípio fundamental da obra de Pessoa.

Assim como a poesia de Fernando Pessoa, o processo analítico no último Freud teria como seu princípio fundamental não a identidade, mas a alteração de si como forma originária da subjetividade. Visando demonstrar tal hipótese, apresentaremos primeiramente alguns aspectos históricos da catarse para, em seguida, examinar como a poética pessoana rompe com tal modelo. A clareza dessa ruptura deve preparar nossa leitura dos modelos de subjetividade presentes na obra freudiana até o ponto em que será possível perceber a afinidade entre os dois autores. O interesse de tal *passagem pela poética* vem aqui da possibilidade de uma releitura da metapsicologia em sua função de *escuta transformadora* do discurso. A leitura da obra de Pessoa tem, assim, uma potencialidade crítica diante da psicanálise, ao isolar a estrutura e destacar as razões clínicas do caráter essencialmente aberto do último modelo de subjetividade na obra freudiana.

A catarse das paixões em Aristóteles: uma estratégia de preservação da identidade política

A teoria da catarse em Aristóteles contém, como já mencionamos, uma lógica de preservação da identidade. Para demonstrá-la é preciso que abordemos essa teoria em seu contexto. Retomemos aqui a clássica oposição entre Aristóteles e Platão no que concerne às relações entre a arte e a *polis* (cf., por exemplo, Della Corte & Kuschner, 1997; Menke, 1996). Ambos concordam com respeito ao *caráter problemático* que a excitação das paixões pela tragédia representa para o governo da *polis*. Resumidamente, o estado de excitação passional é incompatível com o uso da razão. Tomado pelo *pathos*, um grego não conseguiria pensar racionalmente e, portanto, tomar a melhor decisão para sua cidade. Contudo, eles discordam quanto à solução desse problema. Platão, ainda que gentilmente, indica o banimento para fora da *polis* de toda arte que não tenha uma função estritamente pedagógica (Platão, *República*, 398 A). A solução platônica do banimento aparece, por exemplo, com respeito ao artista de gênio, cuja influência poderia ser maléfica sobre a formação moral dos jovens (Platão, *República*, 401 B). Em oposição à formação das virtudes, a arte tem, para Platão, basicamente, dois aspectos negativos. O primeiro, de caráter, por assim dizer, cognitivo, e o segundo, moral. A falta cognitiva da arte refere-se ao fato de esta ser sempre uma cópia de segundo grau das formas perfeitas. Nesse sentido, o artista está abaixo dos artesões, pois estes criam uma cópia a partir das formas perfeitas, enquanto o artista copia uma cópia das ideias. Em segundo lugar, porque a arte em geral, mas principalmente a tragédia, separa a felicidade da virtude. Com efeito, numa tragédia, um personagem mediamente virtuoso é sistematicamente castigado por um destino catastrófico sem que seja responsável por isso. Ora, essa separação é um exemplo pedagógico sumamente perigoso para Platão. A tragédia separa as virtudes da felicidade, enfraquecendo a força das primeiras, sendo, portanto, uma influência perniciosa sobre a educação dos jovens e para a governabilidade da *polis*.

A radicalidade da solução platônica não é, contudo, compartilhada por Aristóteles. Isso porque Aristóteles admite que uma estratégia de purificação das paixões é possível pela catarse. Assim, diferentemente de Platão, a tragédia pode ser *utilizada profilaticamente* pelo Estado grego, pois ela representa uma possibilidade de purgação do excesso das paixões em questão, isto é, o temor e a piedade. O aumento das paixões suscitado pela arte é, segundo Aristóteles, não uma ameaça absoluta, mas um instrumento temporário a serviço da governabilidade.

Ora, já em Aristóteles a teoria da catarse tem seu modelo a partir da clínica médica, em que purgações eram prescritas em busca de efeitos benéficos no estado do paciente. Devemos notar, contudo, que a utilização do conceito por Aristóteles é claramente uma analogia – entre os efeitos da tragédia sobre as paixões e aqueles da purgação sobre os males físicos. Também não convém que nos enganemos com respeito aos benefícios da catarse segundo Aristóteles. Seu exclusivo interesse era, tal como em Platão, aquele da *polis*, e não fazer arteterapia em massa nos seus cidadãos. A *polis grega* era um Estado frequentemente em guerra, e particularmente dois afetos eram nocivos à disposição bélica do guerreiro: o *pavor* e a *compaixão*. Tais eram os afetos que deveriam, segundo Aristóteles, ser purgados da *polis*.

> *Uma vez que a mimese tem por finalidade não apenas a ação conduzida a seu termo, mas também os acontecimentos que suscitam o pavor e a compaixão [...] segue-se que os enredos desse tipo são necessariamente os mais belos. (Aristóteles, 2015, p. 101)*[3]

Trata-se aqui, contudo, de uma purgação no interior do espaço político, e nisso Aristóteles se distingue radicalmente de Platão. Isto é, se ambos consideram o excesso de paixões essencialmente

---

3 Até bem recentemente, não contávamos com uma boa tradução da *Poética* em português. Esse cenário mudou com a primorosa tradução de Paulo Pinheiro, aqui utilizada.

nocivo à ordem da cidade, os dois filósofos diferem em suas soluções quanto ao destino a ser dado para tal excesso. Em Platão encontramos a expulsão sumária, em Aristóteles, a catarse, isto é, uma admissão temporária do excesso das paixões como tais, no espaço intermediário aberto pelo espetáculo trágico, para sua purificação.

Com base nessa diferença, por assim dizer, ideológica diante do tratamento dos afetos na *polis*, podemos reler outra, entre Aristóteles e Platão, em relação ao caráter *imitativo* da obra de arte. A leitura ingênua do termo empregado por Aristóteles – *mimese* como reprodução fiel do mundo – é um dos traços marcantes da crítica da arte do início do *século das luzes*, por exemplo em Rousseau, no primeiro Diderot e no primeiro Lessing (ver, a esse respeito, Gay, 1969/1996, caps. V e VI, pp. 216-218). Muito esforço foi necessário para romper definitivamente com o ideal da obra de arte como uma reprodução mais próxima possível da realidade. Entretanto, desde o início, a imitação tem claramente em Aristóteles um valor em si, sendo capaz de canalizar e controlar paixões excessivas, além de ser uma fonte de prazer em si mesma, por exemplo, no caso do prazer das crianças em imitar os adultos. Assim, a ideia da *mimesis*, assim como a da catarse, em Aristóteles serve para a preservação do idêntico no interior da *polis*.

Procuraremos demonstrar adiante como Freud importa a lógica de preservação de identidade inerente a esse modelo ao transportar a figura da catarse para a cura psíquica. Consideraremos como essa lógica se concretiza na teoria e na prática analítica, assim como ela é progressivamente abandonada por Freud. Antes disso, contudo, examinaremos como a estética de Fernando Pessoa é capaz de romper com a lógica da preservação da identidade inerente à catarse e, ainda assim, manter-se na tradição aristotélica no que diz respeito ao processo de criação. Segundo nossa hipótese,

Pessoa reitera a *poética* aristotélica enquanto *mimese*, isto é, de sua teoria do fazer arte como reprodução criativa, sem, contudo, partilhar de sua *estética catártica*, isto é, sem aceitar sua teoria da afecção do espectador.

Alteração de si e alteração do outro na estética pessoana: autopsicografia como poema teórico

A essência da arte literária depende, segundo Pessoa, precisamente da alterabilidade tanto do artista quanto de quem, como leitor, experimenta a obra. Sem dúvida, não é uma mera coincidência o fato de precisamente o poema mais conhecido de Fernando Pessoa ser também uma exposição hermética de sua compreensão da experiência artística em seus dois polos, o da poética e o da estética. Trata-se do famoso poema "Autopsicografia", de 1º de abril de 1931. Pessoa nele define os lugares do autor e do leitor a partir da alteração sofrida por cada um deles. Que alteração será esta? Vamos buscá-la no poema:

> *O poeta é um fingidor.*
> *Finge tão completamente*
> *Que chega a fingir que é dor*
> *A dor que deveras sente.*
>
> *E os que lêem o que escreve,*
> *Na dor lida sentem bem,*
> *Não as duas que ele teve,*
> *Mas só a que eles não têm.*

> *E assim nas calhas de roda*
> *Gira, a entreter a razão,*
> *Esse comboio de corda*
> *Que se chama coração.*
> *(Fernando Pessoa, 1 abr. 1931)*

Note-se que a alteração do poeta é aquela do fingir ou, mais especificamente, a alteração implícita no *fingir-se*. De fato, além do título, "Autopsicografia", que indica a inquietante condição de um desencarnamento prévio para uma posterior *psicografia*, encontramos logo nas primeiras linhas a surpreendente definição do poeta como alguém "que chega a fingir que é dor a dor que deveras sente". Trata-se, sem dúvida, da indicação de um extremo, de um limite. Mas qual precisamente?

A dor aqui é nomeada, e não por acaso: ela é o sentimento egoísta por excelência, aquele que mais imperiosamente exige que nos dobremos sobre nós mesmos.[4] Se o poeta finge sua própria dor, isso não quer dizer, contudo, que ele pode deixar de senti-la, mas tão somente que, independentemente da dor que sinta, deve, como poeta, realizar um trabalho para além dela, uma tradução em palavras que evoque no outro uma dor deveras sentida. Pessoa parece aqui sugerir que, se um ator estivesse efetivamente sentindo uma dor sobre o palco, não bastaria que agisse "naturalmente" para que sua representação fosse verossimilhante. Provavelmente, o resultado seria uma péssima representação. O extremo em questão é, portanto, o da diferença entre o que se *sente* e o que *se endereça ao outro*. A alteração do poeta é uma forma de diferença de si consigo ou, mais precisamente, diferença a partir da existência do outro. Com

---

4   Freud (1914b) comenta o fenômeno em questão nas páginas iniciais do texto "Por uma introdução ao narcisismo". Tradução francesa em Freud, 1969/1973.

tal diferença, o poeta pode escrever-se como outro e, nisso, realizar uma verdadeira *autopsicografia*, talvez mesmo a única possível.

Tomemos uma versão em prosa da estética pessoana, que implica, como vimos, uma poética literalmente extática, no sentido do fazer poético "fora de si".

> *A arte, escreve Bernardo Soares no* Livro do desassossego,[5] *consiste em fazer os outros sentirem o que sentimos, em os libertar deles mesmos, propondo-lhes a nossa personalidade para especial libertação. O que sinto, na verdadeira substância com que o sinto, é absolutamente incomunicável; e quanto mais profundamente o sinto, tanto mais incomunicável é. Para que eu, pois, possa transmitir a outrem o que sinto, tenho que traduzir os meus sentimentos na linguagem dele, isto é, que dizer tais coisas como sendo as que sinto, de modo que ele, lendo-as, sinta exatamente o que senti. E como este outrem é, por hipótese da arte, não esta ou aquela pessoa, mas toda a gente, isto é, aquela pessoa que é comum a todas as outras, o que afinal tenho que fazer é converter os meus sentimentos num sentimento humano típico, ainda que pervertendo a verdadeira natureza daquilo que senti. (Pessoa, 1986b, p. 133)*

Aquilo que um poeta sente diz respeito apenas a si próprio, e o que ele endereça supõe um outro. Alguém que, sendo outro, necessariamente não sente o mesmo que ele. Sabemos agora que

---

5 Pessoa, 1986. O trecho do semi-heterônimo Bernardo Soares é datado do mesmo ano em "Autopsicografia" – notemos agora que a data deste poema-tratado é um primeiro de abril. Mais um fingimento?

o leitor do poema é, "por hipótese da arte, . . . a pessoa que é comum a toda a gente". Chegamos aqui ao leitor e a sua enigmática alteração. Para nosso espanto, esse ser humano universal, isto é, os outros, "*os que leem o que escreve, na dor lida sentem bem. Não as duas que ele* [o poeta] *teve. Mas só a que eles não têm*". Como poderia alguém sentir uma dor que não tem? Que tipo de dor seria essa? Entre as duas dores do poeta, a dor fingida, fabricada, e a dor sentida, qual seria ela?

No mesmo trecho do *Livro do desassossego* citado anteriormente, Soares afirma ainda que a "arte consiste em fazer os outros sentirem o que nós sentimos, em os libertar deles mesmos, propondo-lhes a nossa personalidade para especial libertação". Aqui, trata-se de efetivamente alterar o leitor, em promover nele uma diferença consigo mesmo, pois trata-se de *liberá-lo* de si mesmo. Como esse leitor deverá sentir doravante, não está dito. Trata-se apenas de fazê-lo sentir-se outro.

O propósito de liberar o leitor de si pressupõe, contudo, que ele está preso nele mesmo. Ele é alguém que se supõe sentir apenas uma das dores do poeta, aquela real, aquela que não é fingida, de maneira que fazê-lo sentir a *dor que não sente* só pode querer dizer fazê-lo sentir a *dor* fingida. Mas sentirá ele essa dor como real ou como fingida? Toda a questão da alteração do leitor está aqui. Com efeito, essa nova dor deve ser sentida enquanto fingida, isto é, *a expressão da dor endereçada a um outro* – só assim terá o leitor sofrido uma alteração radical na forma do seu sentir. Ao fingir sua própria dor, o leitor é projetado para fora de si. O leitor pessoano aprende a fingir para atingir um outro e nisso transforma-se, por sua vez, em um poeta. Essa conclusão é fundamental para entendermos a estética pessoana. Se o leitor aprende a fingir a dor, concluímos que o poeta finge para poder transformar também os leitores em fingidores e, potencialmente, portanto, em poetas, num processo virtualmente sem fim.[6]

No entanto, apesar de tal processo ser virtualmente infinito, notemos que o tempo é aqui circular, não há progresso, apenas alteração dos sujeitos pelo fingimento. A última estrofe do poema confirma esse aspecto circular de um processo virtualmente infinito, que se afasta de todo utilitarismo, de toda preocupação funcional: em calhas de roda, a razão é entretida pelo coração, um comboio de corda, isto é, um trem de brinquedo. Dentro da estética pessoana, portanto, o fingimento, a mentira já não podem ser compreendidos como faltas morais, uma vez que funcionam como uma condição da libertação poética do fechamento no si próprio. Para o aspecto propriamente negativo da mentira e do fingimento, Pessoa reserva o termo "insinceridade".[7] Em oposição radical a Kant (1985), por exemplo, a mentira é para Pessoa uma condição necessária do espaço social, a moeda neutra da sociabilidade das emoções.

> ... *a mentira, prossegue Bernardo Soares, é tão somente a noção da existência real dos outros e da necessidade de conformar a essa existência a nossa, que se não pode conformar a ela. A mentira é simplesmente a linguagem ideal da alma, pois, assim como nos servimos de palavras, que são sons articulados de uma maneira absurda, para em linguagem real traduzir os mais íntimos e sutis movimentos da emoção e do pensamento,*

---

6 Esse processo que vai do fingir do poeta até o alterar-se do leitor, transformando-o, por sua vez, igualmente em poeta fingidor, pode ser, em princípio, comparável a uma reação em cadeia e está ligado ao modo como Fernando Pessoa pensa ser possível restaurar um *imperialismo lusitano no campo da sensibilidade* (ver o Capítulo 4).

7 "Qualifico de insinceras todas as coisas feitas apenas para pasmar, onde não passe o mistério essencial da vida" (Pessoa, 1986a, p. 145).

> que as palavras forçosamente não poderão nunca tra-
> duzir, assim nos servimos da mentira e da ficção para
> nos entendermos uns aos outros, o que, com a verda-
> de, própria e intransmissível, se nunca poderia fazer...
> A arte mente porque é social. (Pessoa, 1986b, p. 134)

O fingir do poeta é, para Pessoa, a prova de sua consideração pela diferença entre si mesmo e o outro. Diferença que seria um abismo intransponível pela mera expressão da verdade. A poética do fingimento supõe uma insuficiência fundamental da linguagem como modo de comunicação entre as pessoas. Também supõe que não há outro modo, senão essa mesma linguagem incapaz de transmitir a verdade do que sinto. A figura do fingimento se impõe para Pessoa como uma extensão artificial, porém necessária à vida social, como um artifício natural à espécie humana que, tal como a linguagem, feita de *sons articulados de maneira absurda*, permite que o hiato abismal entre um ser humano e outro seja transposto: *nos servimos da mentira e da ficção para nos entendermos uns aos outros, o que, com a verdade, própria e intransmissível, nunca se poderia fazer.*

Pessoa entre a mimese e o lirismo: banimento da catarse

Fernando Pessoa certamente dialoga com Aristóteles também na questão do lirismo. A arte, para Aristóteles, é a imitação de uma ação, e não de homens realizando uma ação. A diferença, aparentemente sutil, repousa na completa objetivação da poética e da estética aristotélicas. O lirismo não faria parte da arte porque não é essencialmente imitação de ações, e sim expressão direta de emoções. A poética pessoana implica, contudo, uma defesa *sui generis* do lirismo como elemento intrínseco do poeta, contestando a exclusão do lirismo na *Poética* de Aristóteles, ao mesmo tempo que reafirma a definição aristotélica da arte como imitação. Pois, se "o poeta é um fingidor (imitador) tão completo que chega a fingir que é dor a dor que deveras sente", Pessoa radicaliza a imitação e amplia seu campo até aquele dos sentimentos. Para tanto, é necessário que os sentimentos sejam tão objetiváveis como qualquer ação. Esse passo, Pessoa o realiza ao conceber o paganismo de Caeiro, em que a relação do sujeito com seus sentimentos e pensamentos é totalmente projetada num espaço essencialmente exterior (ver o Capítulo 2). Uma vez realizado esse passo de objetivação absoluta, é possível imitar, fingir sentimentos do mesmo modo que se imitam ações percebidas no exterior. O poeta, segundo Pessoa, deve poder se objetivar completamente e, assim, tudo poder fingir e imitar, inclusive a própria dor. Assim, o lirismo pessoano é paradoxalmente harmônico com a definição de arte em Aristóteles.

A grande ausente da estética pessoana é, sem dúvida, a *catarse*. Com efeito, a figura da purgação como essência da experiência estética é completamente substituída pela figura da alteração da essência do leitor, isto é, por sua transformação em poeta fingidor. Enquanto a catarse purifica, propiciando uma recuperação de um estado original sem mácula, o modelo da transformação do leitor em poeta sugere uma outra estrutura de subjetividade. Nesta, o modelo de um retorno ao primeiro si mesmo é obsoleto, pois o sujeito encontra-se originariamente aberto a novas singularidades, imprevisíveis no interior do reino do fingimento e do mimético. Ora, um modelo de aparelho psíquico inspirado na estética em questão coloca-se para além do princípio de constância, assim como dos modelos hidráulicos que privilegiam a ideia de homeostase na representação da alma. No item a seguir veremos como esses pontos serão reencontráveis em Freud.

Antes de continuarmos a análise da alteração na subjetividade, pode ser importante a explicitação da relação entre a poética do fingimento e aquilo que é, sem dúvida, a criação pessoana por excelência. Estamos nos referindo aos heterônimos. A heteronímia, fenômeno literário de absoluta originalidade criado por Pessoa, pode ser considerada sob o ângulo da autopsicografia como um caso especial do fazer poesia, ou melhor, como um extremo do fingimento poético. O fenômeno da heteronímia não é, contudo, resultado de uma mera aplicação prática da teoria estética do fingimento. Evidentemente, o caminho é inverso, pois foi o poema "Autopsicografia" que germinou durante quase duas décadas, desde o início da obra heterônima no dia triunfal de 8 de março de 1914, quando nasceu em Pessoa seu mestre Alberto Caeiro, até poder sintetizar em três estrofes os traços fundamentais da estética pessoana.

O que é um heterônimo? A diferença entre uma obra pseudônima, diz Pessoa (1986c, p. 1424), e uma obra heterônima é que a primeira é a obra de um autor exceto no nome que a assina, e a segunda, aquela de um autor fora de sua pessoa. Por essa razão Pessoa cunhou o neologismo *outrar-se*, que é, por assim dizer, o método da heteronímia. Vejamos, pois, como se relacionam o *fingimento poético* e o *outrar-se* da heteronímia.

Os dois procedimentos inserem-se numa continuidade: o *outrar-se* é o grau máximo do *fingimento poético*, seu extremo. Para que surja um heterônimo não basta apenas que o poeta *finja sua própria dor*, é preciso que um outro fenômeno entre em jogo, uma forma extrema de despersonalização, em que "cada grupo de estados de alma mais aproximados insensivelmente se tornará uma personagem, com estilo próprio, com sentimentos porventura diferentes, até opostos, aos típicos do poeta na sua pessoa viva" (Pessoa, 1983, p. 132). Só aqui haverá *outrar-se*, só aqui o poeta *voará outro*.

Não é, todavia, o grau extremo do *outrar-se*, imanente ao sistema heteronímico, e sim a *alteração do fingir poético* que, segundo nossa hipótese, serve como um guia exemplar para a releitura do texto freudiano. Ora, a noção de "alteração psíquica" insere-se, na obra de Freud, na questão da clínica.

Transformações dos modelos de subjetividade na obra freudiana: Freud platonicista

Visando contextualizar o surgimento da noção de "alteração psíquica", dividimos a *história dos modelos de subjetividade a partir da terapêutica* no discurso freudiano em três períodos. No primeiro, a ideia de uma terapêutica seguia o modelo de um reestabelecimento da condição anterior, em que haveria supostamente um estado inicial de saúde no doente. Tal período vai de 1893, ano da publicação de *Estudos sobre a histeria*, até 1905, ano da publicação dos *Três ensaios sobre a sexualidade*. Se, para Platão, o excesso das paixões poderia ser banido para fora da *polis*, podemos dizer que, do ponto de vista da estratégia topológica com o mal, este é o período platônico de Freud, pois o mal pode ser definitivamente banido do sujeito. No segundo período, a ideia de uma saúde originária do sujeito é abandonada e a cura passa a ser compreendida como uma transformação interior ao patológico, transformação que permitiria ao analisando uma compreensão duradoura de si, e que agiria profilaticamente com respeito a novos sintomas. Esse segundo período vai de 1905 até, do ponto de vista teórico, 1920, ano da publicação do texto *Além do princípio de prazer*, e, do ponto de vista clínico, até 1932. Esse seria o período aristotélico de Freud, em que é possível uma estratégia com o mal. Finalmente, no terceiro período, que vai, em seus princípios básicos, de 1920 até o fim de sua obra, Freud considera e acaba por refutar a capacidade profilática da transformação psicanalítica da patologia. Esse seria o período pessoano de Freud, no qual a lógica trágica desloca-se para o domínio subjetivo.

Essa diferença que fizemos entre "ponto de vista teórico" e "ponto de vista clínico" exige uma explicação preliminar. Com efeito, a passagem do segundo para o terceiro período se faz em diferentes etapas. Consideramos o momento da conceitualização da *pulsão de morte* como momento de uma revolução teórica. Entretanto, até 1932, nas *Novas conferências de introdução à psicanálise*, apesar da revolução teórica de 1920, Freud afirma ainda a possibilidade profilática da psicanálise, o que é radicalmente irreconciliável com a revolução teórica ocorrida doze anos antes, com o texto *Além do princípio de prazer*. Assim, os efeitos da hipótese especulativa da pulsão de morte se fazem notar lentamente, apenas com transformações sutis em temas isolados, em etapas sucessivas, deslocadas no tempo e nos diferentes aspectos de uma obra complexa.

Vejamos o paradigma do primeiro período, no qual a cura implica um retorno de uma saúde perdida pelos processos psicopatológicos. Esta primeira versão da psicoterapia freudiana das neuroses inspira-se explicitamente na ideia aristotélica de catarse. O texto que explicita tal modelo é aquele dos *Estudos sobre a histeria*, publicado em conjunto por Freud e Breuer. Como vimos, Aristóteles considerava a catarse como efeito e finalidade da tragédia, como purificação e purgação dos sentimentos de pavor e de compaixão. Breuer e, posteriormente, Freud generalizam o processo purgativo da catarse para virtualmente qualquer sentimento, raiva, asco, excitação sexual etc. Mas o modelo freudiano da origem do mal psicológico era fundamentalmente aquele de um *trauma sexual* sofrido durante a infância e posteriormente recalcado para fora da consciência do sujeito. O registro mnêmico desse trauma, uma vez banido da consciência, agiria como um "corpo estranho" no sistema psíquico que, assim como um corpo estranho no corpo, sugere uma forma de exterioridade no interior. Como "corpos estranhos" dotados de imensa carga afetiva, as lembranças recalcadas do trauma seriam uma fonte constante de estimulação e irritação psíquica. O excesso dessa energia seria impossível de ser contido a partir de um certo limite, se transformado em ataques e outros sintomas histéricos, corporais ou não. Na catarse psicoterapêutica concebida por Freud e Breuer, o essencial é o retorno à consciência da *lembrança recalcada*, com a expressão da carga afetiva que se lhe corresponde. Tal processo tinha a pretensão de ser definitivo: uma vez expulso catarticamente, o mal estaria erradicado para sempre.

Nesse sentido, podemos considerar uma afinidade estrutural entre o projeto platônico de banimento dos artistas da *polis* e o processo de catarse do trauma em Freud e Breuer. Esse processo, assim como o banimento platônico, pressupõe a possibilidade de uma recuperação completa da identidade perdida pelo afeto em excesso. O modelo da cura é aqui a inversão exata da hipótese etiológica suposta no trauma. Do ponto de vista espacial, a cura era entendida como exteriorização desse "corpo estranho", enquanto expulsão do estrangeiro e retorno da interioridade do sujeito à sua uniformidade inicial. Do ponto de vista econômico, o momento de tal exteriorização, a *lembrança do trauma* deveria também se conformar a uma simetria com o momento traumático: se o trauma era a introdução de uma energia em excesso, a cura viria da purgação de tal *intensidade afetiva*. Etiologia e terapêutica obedecem, assim, a uma lei de simetrias. Com a expulsão do "corpo estranho", a interioridade recupera-se como interioridade; com a descarga de afetos, a energia psíquica volta ao seu estado de origem. Em ambos os registros, a cura é sinônimo de recuperação da saúde perdida.

Freud aristotélico

A primeira transformação radical desse modelo ocorre com a constatação de que as *representações* obtidas pelo processo de rememoração terapêutica não eram necessariamente constituídas por *lembranças inconscientes*, mas poderiam ser também *fantasias sexuais inconscientes* (ver o Capítulo 5). Tal constatação destruiu a hegemonia da teoria traumática da origem da neurose, a qual, contudo, nunca foi completamente abandonada por Freud. No entanto, grandes reformulações foram necessárias para acolher as formas aparentemente espontâneas de neurose, isto é, casos sem qualquer traço de uma vivência traumática, e em que o fator etiológico só poderia nascer espontaneamente no próprio sujeito.

Notemos, todavia, que o modelo de uma perturbação econômica no interior do psiquismo se mantém em suas linhas gerais. Contudo, a origem dessa perturbação não é mais considerada por Freud como algo exclusivamente alheio à constituição do psiquismo. Com efeito, as duas facetas do trauma, a *representação da experiência traumática* e sua *perturbação econômica*, ambas originariamente alheias ao sujeito, desdobram-se na teoria freudiana em dois conceitos que podem ser considerados como seus *correlatos interiores: as fantasias originárias são representações traumáticas espontâneas* e, por sua vez, as *pulsões são perturbações econômicas provenientes do corpo*. Ambas são causas interiores à subjetividade, tendo, portanto, a mesma *função etiológica* que tinha na primeira teoria o trauma sexual sofrido passivamente pelo sujeito. Assim, é na condição de *correlatos interiores das causas do trauma sexual* que Freud concebe tanto a teoria das *fantasias originárias* quanto aquela das *pulsões*.

Em sua primeira versão, nos *Três ensaios sobre a sexualidade* (1905), Freud define a pulsão como excitação interna do psiquismo, excitação calcada sobre as funções fisiológicas, como comer, defecar, urinar. Vemos assim que, com o abandono parcial da teoria do trauma, o corpo deixa de ser uma vítima do trauma para tornar-se seu agente. A grande diferença é que o corpo é um agente traumático do qual não se pode fugir. Com efeito, na segunda grande teorização freudiana das pulsões, no texto "As pulsões e seus destinos" (1914), estas recebem justamente a definição: uma forma de excitação da qual não se pode fugir (ver o Capítulo 2).

No que diz respeito à terapêutica, o advento dos dois *correlatos interiores do trauma* traz à condição neurótica um caráter constitutivo e incontornável, mas o mal é ainda conciliável com a saúde, como veremos adiante. Constata-se com facilidade que textos técnicos dessa época perdem francamente o otimismo terapêutico e a radicalidade cirúrgica presentes nos *Estudos sobre a histeria*. Em "Recordar, repetir, perlaborar" (1914), encontram-se claramente colocados os limites terapêuticos da catarse. A fala já não basta para recuperar o conteúdo das cenas patogênicas que, com a noção de fantasias originárias, colocam-se além do rememorável propriamente dito. Contudo, o mais revolucionário deste texto é, sem dúvida, o que poderíamos chamar da "primeira absolvição" da repetição: de puro sintoma, a repetição torna-se, sob a forma da transferência, uma arma verdadeiramente terapêutica, precisamente a mais poderosa arma da psicanálise. De fato, Freud conceitualiza aqui um novo aspecto da transferência, isto é, a transferência deixa de ser apenas resistência às associações livres para tornar-se uma possibilidade privilegiada de ação no inconsciente.

A repetição transferencial é sem dúvida uma repetição patológica, mas trata-se de um tipo particular de patologia, diferente das patologias espontâneas. Em que consiste tal particularidade? A neurose de transferência, diz Freud (1914b), é uma doença artificial: "*eine artifizielle Krankheit*" (p. 214). Em pouco tempo (1916-

-1917), a neurose de transferência será denominada "*künstliche Neurose*" (Freud, 1917, pp. 436-437), adjetivo alemão que vem de *Kunst*, "arte". Mas, assim como o termo românico arte, *Kunst* refere-se igualmente ao que é artificialmente criado. *Künstlich* delimita, antes de mais nada, o produto do homem como resultado de seu trabalho. A referência freudiana aqui, sem dúvida, é seu mestre Charcot, que revolucionou a teoria da histeria ao produzi-la artificialmente em suas *présentations de malades*. Assim, a transferência é uma neurose artificial, não somente no sentido de uma *neurose artística*, mas, sobretudo, no que se refere à sua origem artificial: ela é produto do fazer humano.

Temos aqui, no segundo período, um processo evidentemente análogo à estética pessoana. Ao transformar o leitor em poeta, o poeta altera esse último em sua essência, pois o leitor passa a sentir uma dor que, até então, jamais havia sido sentida, a dor fingida. Na transferência, por sua vez, o paciente sofre de uma patologia artificial que altera, mas que não faz desaparecer a doença. A neurose artificial seria assim uma dor que o paciente não tinha, que surge ao lado daquela que já tinha, cuja principal característica é a de ser *endereçada ao analista*. Sob este ponto de vista, o caráter artificial da transferência é análogo àquele da dor fingida do leitor de Fernando Pessoa. Mas seria a transferência uma dor fingida do mesmo tipo que a dor fingida do leitor? Pessoa via no fingimento um modo privilegiado da consideração pela alteridade do outro. Seria a neurose artificial não uma dor, mas, sim, a expressão de uma dor? Expressão de dor, pois, essencialmente dirigida a alguém?

O fato de os sintomas poderem se deslocar da cena do cotidiano para as sessões com o analista implica uma transformabilidade específica das formações inconscientes. O que é aqui específico é o fato de ser precisamente a alteridade do analista o elemento privilegiado dessas transformações. Ao se deslocarem para as relações com o analista, os sintomas tomam este último como seu interlocutor. Cabe então uma interrogação fundamental. Se são capazes de se transformar em transferência, os sintomas não teriam sido sempre dirigidos a alguém? Com efeito, revertendo esse processo de deslocamento dos sintomas para o analista, Pierre Fédida (1992, p. 257) sugere, em psicanálise, a figura de um *interlocutor do sintoma*, alteridade pré-transferencial à qual o sintoma estaria originariamente dirigido (ver o Capítulo 3). Sob o ponto de vista de tal figura teórica, qualquer sintoma seria fundamentalmente uma dor fingida, no sentido de ser, desde a origem, uma dor endereçada a outrem.

Apesar dessa coincidência de *estruturas* entre a concepção freudiana de transferência com a estética pessoana, uma diferença radical se impõe com respeito à finalidade de cada um dos processos. Após o abandono da lógica platonicista do banimento, Freud se mantém, até 1932, numa lógica aristotélica de agenciamento do mal. Pessoa, por seu turno, não postula qualquer finalidade no seu projeto estético, que é radicalmente trágico. Examinemos como é o caminho de Freud até tal tragicidade.

Freud pessoano

Em 1920, a teoria das pulsões sofre uma revolução teórica. Freud redefine o conceito de pulsão a partir da ideia de repetição. Se até aqui a repetição era uma consequência do recalcamento, ela será doravante sua causa. Uma pulsão passa a ser então definida simplesmente como a tendência de retorno a uma situação anterior (Freud, 1920, p. 246). A radicalidade de tal redefinição não está, contudo, na ideia de retorno – já presente no *Princípio do Prazer* como retorno a uma situação de ausência de tensão –, mas, sim, na amplitude do que Freud entende por "situação anterior".

Trata-se de qualquer situação, inclusive aquela da inexistência, aquela do tempo anterior ao nascimento. A pulsão de morte significa exatamente a tendência de o ser vivo de retornar ao estado anterior ao da sua "queda" na existência (Freud, 1920, p. 248; cf. também o Capítulo 3).

Se a compreensão da transferência como neurose artificial implicava uma transformação do paciente no sentido de lhe criar uma neurose artificial, vemos agora que a noção de pulsão de morte radicaliza o caráter não natural da subjetividade. Com efeito, sendo a pulsão de morte uma pulsão *sem representação*, podemos considerar a nova versão freudiana da subjetividade como uma subjetividade *aberta* em seus fundamentos. Dito de outro modo, como uma *subjetividade sem a representação como origem e com uma origem não representável*. Com a pulsão de morte, Freud atribui uma eficácia própria ao *nada* que se coloca além das representações. Essa *eficácia do negativo* é, em Freud, tão fundamental quanto a *eficácia do desejo*,[8] essencialmente ligada ao princípio do prazer.

A abertura do modelo freudiano de aparelho psíquico define-se, em nossa leitura, por oposição ao fechamento do modelo identitário presente tanto na teoria traumática da histeria quanto na teoria que a substitui, a saber, a das fantasias originárias somadas às pulsões. Havia, no primeiro caso, uma identidade a ser recuperada e, no segundo, uma identidade homeostática a ser mantida. A pulsão de morte, como eficácia do inexistente, como atração vinda do nada, rompe com o princípio de identidade enquanto fundamento de tais modelos de aparelho psíquico. Essa eficácia do inexistente

---

8 O discurso freudiano entra aqui em diálogo com o discurso heideggeriano, em que a existência precede a essência no humano. O "ser" do homem é definido por Heidegger como "possibilidade", nada o define *a priori* senão os limites existenciais próprios ao seu estar-aí (*Dasein*): a morte diante de si (*Sein zum Tode*), e a impossibilidade de voltar atrás e escolher não *cair no mundo* (*Geworfenheit*). Ver, a esse respeito, Loparic (1994).

repercutirá em todo o corpo teórico freudiano de até então. Mas, como dissemos, tais efeitos clínicos da pulsão de morte tardarão a se fazer presentes em outros aspectos da teoria freudiana.

São basicamente duas as novas linhas teórico-clínicas desenvolvidas por Freud que têm influência direta das teses apresentadas no livro *Além do princípio de prazer*: 1) o desenvolvimento da teoria da sublimação e suas repercussões para a compreensão das patologias sociais, e do *mal-estar da cultura*;[9] 2) a segunda teoria da angústia e suas consequências na compreensão da economia psíquica e da terapêutica das neuroses.

No último caso, pode-se objetar que a influência da pulsão de morte é apenas indireta, exclusivamente ligada à alteração estrutural das relações entre a representação e a pulsão, e que seu cerne não depende do conceito de pulsão de morte como tendência de retorno ao inorgânico. Dito de outro modo, o que está em jogo na nova teoria da angústia e da neurose é apenas a desproporção entre as intensidades pulsionais e a capacidade de representação do aparelho psíquico, e não o retorno ao inorgânico. A objeção não procede, contudo, pois essa alteração estrutural depende de uma ampliação do campo do psíquico para além de todo e qualquer núcleo de representações. A "eficácia do vazio", como força motriz dos processos psíquicos, é conceitualizada por Freud pela *tendência de retorno ao inorgânico*, que é o que define a pulsão de morte. Apenas a partir de tal eficácia é que os grupos de representação constitutivos do sintoma passarão a ser pensados essencialmente como reações defensivas da estrutura psíquica à angústia proveniente do desamparo pulsional.

---

9 A economia masoquista como base da economia psíquica é, evidentemente, o fator mais saliente da influência da pulsão de morte na teoria das neuroses. Esse novo aspecto da etiologia das neuroses na obra de Freud foi analisado por mim em outros textos (Silva Junior & Gaspard, 2016; Silva Junior, 2017), juntamente com o papel desfusionante da sublimação.

Será na primeira dessas contribuições, isto é, nas interpretações da cultura e na teoria etiológica das neuroses, que mais claramente veremos agir *os destinos da pulsão de morte*.

Trataremos primeiramente e, de modo resumido, o primeiro caso, isto é, a incidência da pulsão de morte nas interpretações da cultura. Dois textos destacam-se aqui: *O mal-estar na civilização* e *Moisés e a religião monoteísta*. O primeiro procura demonstrar a necessidade da agressividade entre os homens, baseada na necessidade de exteriorização da pulsão de morte sob a forma de pulsão de destruição.[10] O segundo desconstrói a figura histórica de Moisés, personagem fundamental na constituição da religião e da identidade judaica.

É esse segundo texto aquele que nos permite reintroduzir mais claramente a noção de *subjetividade aberta* na interpretação freudiana da cultura. Com efeito, Freud não faz nesse texto apenas uma desconstrução da figura de Moisés, central na cultura judaica em especial. Trata-se, na verdade, de uma desconstrução generalizável a qualquer cultura, pois o *método analítico* aqui empregado diz respeito a qualquer *mito de identidade* em heranças culturais em geral (ver o Capítulo 5). Para compreender a profundidade desse texto, precisamos reinseri-lo no momento histórico de então, quando, sob a perseguição nazista, a cultura judaica era alvo de uma hostilidade inédita na história. Sob tal ameaça, poderia parecer paradoxal ou mesmo temerosa a desconstrução freudiana do mito religioso judaico fundamental, aquele da figura de Moisés. Todavia, Freud, desconstruindo o próprio judaísmo, em 1939, com *Moisés e a religião monoteísta*, encerra sua obra com a negação

---

10 Fundamentalmente, a partir de 1923, em *O Eu e o Isso*, uma nova teoria da sublimação aparece no discurso de Freud, em que a dessexualização inerente à sublimação teria como efeito a desfusão das pulsões de vida e de morte. Donde, conclui Freud, é a própria cultura que, ao ter como sua condição a sublimação, é *causa* da agressividade que a ameaça.

radical da *identidade mítica* no humano. Refuta, assim, o uso do princípio de identidade para a fundação do sujeito pela refutação corajosa da mitologia identitária das próprias origens. Foi uma resposta íntegra ao culto hipócrita que o paganismo nazista fazia das próprias "origens históricas", apoiado na ideia de uma identidade com os fundamentos. Nesse sentido, uma concepção do humano e, portanto, uma discussão ética em psicanálise encontra aqui um de seus documentos mais radicais.[11]

Retornemos ao segundo domínio de influência das teses do *Além do princípio de prazer*, a saber, à questão dos modelos de subjetividade a partir da nova teoria da angústia e da revisão da terapêutica das neuroses. É interessante notar que, se por um lado, as interpretações freudianas da civilização assimilam rapidamente e em toda sua tragicidade a pulsão de morte, por outro tal tragicidade é mantida à distância dos aspectos benéficos de uma análise individual. Será apenas nos dois últimos textos ditos "técnicos", "Análise terminável e análise interminável" e "Construções na análise", que encontraremos uma mudança essencial no que se refere ao posicionamento da psicanálise em relação ao patológico.

Em 1932, a redução da eficácia terapêutica da psicanálise é apontada por Freud (1932) como resultante da importância que o fator econômico toma no modelo analítico de aparelho psíquico (pp. 578, 585).[12] Assim, Freud (1937a) indica que o máximo da eficácia terapêutica da psicanálise limita-se aos casos em que os fatores traumáticos são mais importantes que os fatores constitucionais da neurose (pp. 361 e ss.). Só aqui se pode falar de uma análise terminada. Ainda assim, a ausência futura de distúrbios

---

11 Sobre os desdobramentos da questão em *Moisés e a religião monoteísta*, de Freud, ver Yeruschalami (1991); e também Derrida (1995), em que as teses do primeiro são retomadas e discutidas. No Brasil a discussão também teve repercussões importantes, das quais recomendo a leitura de Delouya (2000).
12 Ver a esse respeito, entre outros do mesmo autor, Birman (1993).

psíquicos em tais casos depende amplamente da benevolência do destino em poupar esses indivíduos de traumas ulteriores (Freud, 1937a). Diante dos distúrbios de excesso ou de falta do fator econômico, o método analítico começa a apresentar-se, para Freud, como tendo poderes limitados. O aspecto pessimista dessas conclusões está, contudo, atrelado a uma finalidade terapêutica inegociável, que orienta de modo radical a pesquisa e construção metapsicológica freudiana. Assim, compreende-se que Freud (1937a) critique o rumo "otimista" da pesquisa em psicanálise de sua época como pouco promissor: "Em vez de investigar como a cura ocorre através da análise, o que considero como suficientemente já esclarecido, a direção do questionamento deveria ser: quais obstáculos se encontram no caminho da cura psicanalítica" (p. 362).

Devemos notar, contudo, que, desde o modelo catártico, a etiologia das neuroses fora considerada por Freud, a partir do ponto de vista econômico, uma relação de forças no interior do aparelho psíquico (Freud, 1917, pp. 350 e 437; 1926, p. 333). A transformação no discurso freudiano se dá no sentido de um progressivo fortalecimento desse registro, até o ponto em que as consequências do modelo econômico começam a ser ampliadas até o ponto de limite da eficácia do tratamento analítico. Até 1917, os efeitos do trabalho analítico eram duradouros: "Por meio do vencimento das resistências internas", diz Freud ao comparar a psicanálise com a hipnose, "a vida anímica do paciente se vê duradouramente alterada, é elevada a uma etapa superior do desenvolvimento e permanece protegida contra novas possibilidades de adoecimento" (Freud, 1917, p. 433). Em 1933, o fator econômico adquire o caráter de um limite da terapia analítica diante do qual Freud chega a mencionar sua esperança nos avanços da investigação dos efeitos hormonais (1933, p. 583).

Hoje, a psicofarmacologia é uma aquisição incontestável na psicoterapia dos sofrimentos psíquicos, ainda que sua eficácia esteja bem aquém do que sua ideologia publicitária veicula. A experiência clínica demonstra que *solução de uma clínica multidisciplinar*, representada pelo trabalho conjunto do psiquiatra e do analista, apresenta-se ainda como a melhor solução para muitos casos de depressão, assim como na clínica das psicoses em geral.

Apesar de óbvios sucessos terapêuticos do ponto de vista adaptativo, notemos, contudo, que a psicanálise elege seus próprios critérios do que é doença e do que é cura. Quais são esses critérios? Em primeiro lugar, é digno de nota que, num texto intitulado precisamente "Análise terminável e análise interminável", Freud desloque a discussão do aspecto temporal, indicado no título, para o aspecto intrapsíquico. Assim, as questões são antes de mais nada colocadas pelo próprio modelo psicanalítico de subjetividade. Para Freud (1937a), uma análise é terminável, do ponto de vista metapsicológico, sob as seguintes condições: 1) se um conflito entre as pulsões e o Ego é eliminável de modo definitivo ou não; 2) se a resolução de um conflito teria um efeito profilático sobre outros conflitos; 3) se uma psicanálise pode trazer à tona conflitos não presentes (p. 364).

São assim critérios exclusivamente interiores ao processo analítico que definem para Freud uma cura. Freud (1937a) critica, assim, a atitude de atribuir a neurose a fatores etiológicos inespecíficos, como o excesso de trabalho, o feito de choque etc. "A saúde", acrescenta, "só pode ser descrita em termos metapsicológicos com referência a relações de força entre as instâncias do aparelho anímico que nós reconhecemos, ou, se se quiser, supusemos ou deduzimos" (p. 366). A conclusão é clara: há uma diferença entre uma cura *latu sensu*, com o critério de adaptabilidade à vida cotidiana, e uma cura *strictu sensu*, com critérios exclusivamente analíticos. Esses critérios descrevem a saúde como equilíbrio relativo de forças entre o Ego e o Id. Tal equilíbrio entre a libido das instâncias é, segundo Freud, a única definição possível de saúde, e ele pode ser perturbado por diversas razões, por exemplo, novos traumas, novas frustrações irremediáveis da libido, novas influências colaterais entre as pulsões, nova irrupção das pulsões em certos períodos da vida etc. "O resultado é sempre o mesmo, e confirma o poder irresistível do fator quantitativo na causalidade da doença" (p. 367).

Tal deslocamento radical para o ponto de vista econômico é novo, e com ele uma nova modalidade etiológica surge no discurso freudiano. A figura do equilíbrio traz à ideia de saúde uma estabilidade susceptível de ser perdida a qualquer momento. Diante de tal imprevisibilidade, a análise é virtualmente interminável. O que nos interessa aqui é a ideia subjacente de qual é o modelo de sujeito, isto é, o modelo de subjetividade implícito nesta nova compreensão da causalidade psíquica. Com a primazia do fator econômico como ponto de vista metapsicológico, isto é, com sua relação como critério de leitura da etiologia das neuroses, o modelo freudiano de subjetividade adquire uma imprevisibilidade fundamental. Assim, podemos falar de um modelo de *subjetividade aberta* no sentido de uma iminência futura do que deve ser analisado.

Construções em psicanálise e a abertura para um passado imprevisível

Este novo e último modelo de subjetividade na teoria freudiana, reformulado a partir da nova modalidade etiológica das neuroses, tem consequências no domínio da técnica analítica. Freud (1937b) introduz aqui a noção de *construção* como substituta da noção de interpretação: "A razão pela qual se ouve falar tão pouco de 'construções' nos relatos de técnica analítica é que, em lugar destas, se fala de 'interpretações' e suas consequências. Mas, em minha opinião, o termo construção é muito mais apropriado" (p. 398).

Qual o motivo de tal preferência nesse momento da obra freudiana? Em que sentido a *construção* coincide com o novo modelo de subjetividade aberta? Basicamente em dois pontos. Pelo fato de a construção ser um trabalho *preliminar* e, como tal, ser *essencialmente fragmentária*. Abordemos, pois, a questão das construções tal como Freud a apresenta.

Para falar da construção, Freud retoma a conhecida analogia entre o trabalho do analista e o trabalho do arqueólogo. Ambos devem reconstruir algo destruído do passado a partir de indícios e de restos. Aqui, contudo, assim como sempre que encontramos uma analogia desse tipo em Freud, o mais importante é o momento em que ela encontra seu limite, e onde o trabalho analítico afirma-se como um modo autônomo de investigação, com suas regras, seus meios e seus objetivos próprios. Freud (1937b) começa por diferenciar os tipos de destruição em jogo em cada um dos ofícios:

> *Pode-se duvidar que uma formação psíquica qualquer possa realmente sofrer uma destruição total. Trata-se de uma mera questão de técnica analítica se se conseguirá fazer aparecer inteiramente aquilo que foi escondido. Há apenas dois fatos que se opõem a essa extraordinária vantagem do trabalho analítico: o objeto psíquico é incomparavelmente mais complicado que o objeto material do arqueólogo, e o nosso conhecimento não está suficientemente preparado para aquilo que devemos encontrar, uma vez que sua estrutura íntima é ainda demasiado misteriosa. Eis que a nossa comparação entre os dois métodos de trabalho chega ao seu termo, pois a diferença principal entre eles consiste em*

> *que, para a arqueologia, a reconstrução é o objetivo e o término do esforço, enquanto, para o analista, a construção não é senão trabalho preliminar. . . . Trabalho preliminar, mas não no sentido que ele deva ser inteiramente terminado antes que se passe à etapa seguinte, como na construção de uma casa. . . . Todo analista sabe que se passa de um outro modo no tratamento analítico, onde os dois tipos de trabalho seguem-se paralelamente, sempre um passo antes do outro, o outro alcançando o primeiro. (p. 398)*

Assim, a construção analítica tem, em relação à arqueológica, a "desvantagem" de não saber o que deve construir. Apesar de indestrutível, "o objeto psíquico é incomparavelmente mais complicado que o objeto material do arqueólogo, e o nosso conhecimento não está suficientemente preparado para aquilo que devemos achar, uma vez que sua estrutura íntima é ainda demasiado misteriosa" Freud (1937b, p. 398). Para sabê-lo, o analista depende totalmente da recordação do paciente, que pode ou não ser suscitada pela construção. A construção supõe teoricamente a recordação – eis por que a construção é essencialmente preliminar.

A partir desse caráter preliminar, a construção constitui-se como *essencialmente fragmentária* no discurso freudiano (Freud, 1937b, p. 400). "O analista realiza um fragmento de construção e o comunica ao paciente para que este aja sobre ele com ajuda do novo material que aflui, ele constrói um novo fragmento, que utiliza da mesma forma, e assim por diante até o fim" (p. 398).

Enquanto fragmentária, a intervenção do analista torna-se virtualmente interminável. De fato, "apenas a continuidade da análise", escreve Freud (1937b), "pode decidir sobre a correção ou a inutilidade de nossa construção" (p. 402). Consideramos o caráter essencialmente fragmentário e, portanto, interminável de uma construção como um *correlato técnico* do modelo aberto de subjetividade. Contudo, ainda no interior do registro clínico, encontramos um outro efeito da abertura fundamental da subjetividade. Dessa vez, encontramo-lo do lado do paciente, particularmente no que se refere aos efeitos da construção.

Se a construção for inadequada, nada ocorre, sendo limitada a eficácia sugestiva do analista. Se adequada, seus efeitos ocorrem tanto numa forma negativa: "nisto nunca pensei (teria pensado)", quanto numa forma positiva, em que uma associação traz algo semelhante ou análogo à construção. Às vezes, é um ato falho que responde pelo paciente. Finalmente, uma reação terapêutica negativa (sentimento de culpa, necessidade masoquista de sofrimento) pode também ter o valor afirmativo de uma construção (Freud, 1937b, 401-402). Haveria assim, segundo Freud, diferentes tipos de confirmação de construção. A única característica que os une é o fato de que todos são indiretos, independentes do Eu do analisando, isto é, a confirmação da propriedade de uma construção é sempre uma *reação do inconsciente*.

Isso é equivalente a dizer que o paciente não pode lembrar-se totalmente da própria história, nem dizê-la definitivamente. Assim, nem o analista pode construí-la nem o paciente pode se apoderar inteiramente da verdade histórica que a constitui a partir do inconsciente. Tal verdade histórica é em si mesma uma criação do inconsciente durante o processo analítico. Como criação pelo processo analítico, a historicidade do sujeito freudiano é essencialmente não uma organização cronológica de *fatos e dados concretos*, e sim um *produto do sentido*. Diferentemente de tal historiografia material, a historicidade psicanalítica funda-se em sua *abertura iminente para um passado imprevisível*. A iminência de tal possibilidade nada mais é que a abertura para a transformabilidade imprevisível dos sentidos do cotidiano e do destino. O destino e o cotidiano podem, e devem, numa análise, estarem abertos a transformações imprevisíveis. Assim, podemos dizer que a alteração do outro em análise é uma possibilidade iminente, mas imprevisível e, nesse sentido, também indomável. Durante a situação analítica, a finalidade *é cuidar desta abertura*, isto é, conservar aberta a possibilidade de uma passagem entre a realidade e as lembranças. Não podemos ter certezas de vir a cumprir ou de ter cumprido tal objetivo. Exigir certezas seria aqui perder de antemão a possibilidade de tal abertura.

A estética de Pessoa supõe uma alterabilidade do outro em sua essência discursiva. Esse é o traço em comum entre a estética pessoana e a última versão freudiana do que seria uma psicanálise. Em Pessoa encontramos, como base do acontecimento estético, a transformabilidade do leitor em poeta. Segundo o último Freud, a alteração do paciente em psicanálise implicaria uma disponibilidade iminente para a análise. Seria isso equivalente a tornar-se analista? Construir a própria história como mero fragmento de história, sem pretensão a certezas ou totalidades, arriscando o incerto... Nesse incerto, analisando e analista são indistinguíveis, mesmo que o primeiro seja ignorante da própria história e que o segundo o seja igualmente da história de outrem. Esse é um momento de transformação da cultura pela psicanálise; não mais efeito exclusivamente terapêutico, e sim cena do discurso, com suas regras e leis próprias, cena que se inscreve na cultura ocidental ao abrir o "romance subjetivo" para novas possibilidades narrativas.

Referências

Aristóteles. (2015). Poética (Paulo Pinheiro, trad.). São Paulo: Editora 34.

Birman, J. (1993). Pulsão e intersubjetividade na interpretação psicanalítica. Uma leitura da concepção freudiana de sujeito e da metapsicologia. In *Ensaios de teoria psicanalítica* (Parte I: *Metapsicologia, pulsão, linguagem, inconsciente e sexualidade*). Rio de Janeiro: Jorge Zahar Editores.

Della Corte, F., & Kuschner, E. (1997). Poétiques de l'antiquité classique. In J. Bessière, E. Kuschnerm, R. Mortier & J. Weisgerber (Eds.), *Histoire des poétiques*. Paris: Presses Universitaires de France.

Delouya, D. (2000). *Entre Moisés e Freud. Tratados de origens e de desilusão do destino*. São Paulo: Via Lettera.

Derrida, J. (1995). *Mal d'archive*. Paris: Gallilée.

Fédida, P. (1992). Structure théorique du symptôme. L'interlocuteur. In P. Fédida, *Crise et contre-transfert*. Paris: Presses Universitaires de France.

Franco Junior, H. (2013, 1 de julho). *Similibus simile cognoscitur*. O pensamento analógico medieval. *Medievalista* (online), *14*. Recuperado de http://journals.openedition.org/medievalista/342.

Freud, S. (1914a/1982). *Erinnern, Wiederholen und Durcharbeiten* Studienausgabe Ergänzungsband. Frankfurt am Main: Fischer Taschenbuch Verlag.

Freud, S. (1914b/1982). Zur Einführung des Narziβmus. Studienausgabe Band III: *Psychologie des Unbewuβten*. Frankfurt Am Main: Fischer Taschenbuch Verlag.

Freud, S. (1917/1982). *Die Analytische Therapie*, Studienausgabe Band I *Vorlesungen zür Einführung in die Psychanalyse und Neue Folge* . Frankfurt am Main: Fischer Taschenbuch Verlag.

Freud, S. (1917/1982). *Die Wege der Symptombildung* Studienausgabe Band I: *Vorlesungen zur Erfürung in die Psychanalyse und Neue Folge,* (SA, Vol I). Frankfurt am Main: Fischer Taschenbuch Verlag.

Freud, S. (1920/1982). *Jenseits des Lustprinzips* Studienausgabe Band III: *Psychologie des Unbewußten.* Frankfurt am Main: Fischer Taschenbuch Verlag.

Freud, S. (1926/1982). *Die Frage der Layenanalyse* Studienausgabe Ergänzungsband. Frankfurt am Main: Fischer Taschenbuch Verlag.

Freud, S. (1932/1982). *Aufklärungen, Anwendungen, Orientierungen* Studienausgabe Band I: *Vorlesungen zur Erfürung in die Psychanalyse und Neue Folge.* Frankfurt am Main: Fischer Taschenbuch Verlag.

Freud, S. (1937a/1982). *Die endliche und die unendliche Analyse* Studienausgabe Ergänzungsband. Frankfurt am Main: Fischer Taschenbuch Verlag.

Freud, S. (1937b/1982). *Konstruktionen in der Analyse.* Studienausgabe Ergänzungsband. Frankfurt am Main: Fischer Taschenbuch Verlag.

Freud, S. (1969/1973). Pour introduire le narcissime. In S. Freud, *La vie sexuelle* (Denise Berger e Jean Laplanche, trad.). Paris: PUF.

Gay, P. (1969/1996) *The Enlightment: an Interpretation* (Vol. 1: *The science of freedom*). Nova York: W.W. Norton & Company.

Kant, I. (1985). Sobre um suposto direito de mentir por amor à humanidade. In I. Kant, *Textos seletos* (edição bilíngue, 2. ed., Floriano da Souza Fernandes, trad.). Petrópolis: Vozes.

Lévi-Strauss, C. (1955/1996). *Tristes Tropiques.* Paris: Plon.

Loparic, Z. (1994). Ética e finitude. In B. Nunes (org.), *A crise do pensamento. Ciclo de reflexões*. Belém-Pará: Editora Universitária UFPA.

Menke, C. (1996). Le regard esthétique: affect et violence, plaisir et catharsis. In *L'ésthethique des philosophes*. Paris: Place Publique Éditions e Éditions Dis Voir.

Passeron, R. (1975). La poïetique. In R. Passeron (Ed.), Recherches Poïetiques (t. 1, pp. 11-12, 17, 22). Paris: Klincksieck.

Pessoa, F. (1983). Ficções do interlúdio. Nota preliminar. In F. Pessoa, *Obra poética*. Rio de Janeiro: Nova Aguilar.

Pessoa, F. (1986a). Carta a Armando Cortês Rodrigues de 19 de janeiro de 1915. In J. Blanco, *Pessoa em personne lettres e documents* (Simone Biberfeld, trad.). Paris: Editions de la Différence.

Pessoa, F. (1986b). *Livro do desassossego, por Bernardo Soares* (3. ed., Vol. 1). Mem Martins: Publicações Europa-América.

Platão (1980). *A República*. 3. ed. (Maria Helena da Rocha Pereira, trad.). Lisboa: Fundação Calouste Gulbenkian.

Pessoa, F. (1986c). *Obra poética em prosa* (Vol. 3). Porto: Lello e Irmãos.

Silva Junior, N., & Gaspard, J.-L. (2016). Elipses freudianas: as práticas do corpo como sintoma da subjetividade neoliberal. *Ide*, *38*, 109-119.

Silva Junior, N. (2017, dezembro). Um ponto cego de *O mal-estar na cultura*: a ciência na era da instalação. *Estudos Avançados*, *31*(91), 173-192.

Yeruschalami, Y. H. (1991). *Freud's Moses, judaism terminable and interminable*. New Haven: Yale University Press.

2. "Um estado de alma é uma paisagem...": explorações da espacialidade em Fernando Pessoa e Freud[1]

Introdução

Estranhamente, não é muito comum a abordagem de Fernando Pessoa pelos analistas. Talvez porque haja enfim uma inquietante familiaridade entre a heteronímia e a experiência analítica. De fato, certas aproximações de caráter genérico são imediatamente possíveis. Já em 1931, Pessoa (1990) fazia um dos mais lúcidos comentários a respeito da singularidade do estatuto de saber da psicanálise, afirmando que "esse sistema e os sistemas análogos ou derivados devem por nós ser empregados como estímulos da argúcia crítica, e não como dogmas científicos ou leis da natureza" (p. 64). Inversamente, pode-se afirmar que, visto que se restringem ao registro discursivo, as verdades freudianas não seriam

---

[1] Originalmente um dos capítulos da tese de doutorado do autor: Silva Junior, N. (1996). *Le fictionnel en Psychanalyse. Une étude à partir de l'oeuvre de Fernando Pessoa*. Paris: Université Paris VII. Foi anteriormente publicado como Silva Junior, N. (1995). Um estado de alma é uma paisagem. Explorações da espacialidade em Fernando Pessoa e Freud. *Percurso – Revista de Psicanálise, 14*, 26-34.

essencialmente científicas, mas talvez, antes de mais nada, literárias. Nossa hipótese, contudo, é que a heteronímia é *constitutiva e estruturalmente familiar* à psicanálise e que as aproximações possíveis de serem feitas não são, portanto, apenas de caráter genérico.

Mas o que é a heteronímia para que ela possa ser comparada à situação analítica? "Uma obra pseudônima", diz Pessoa (1986a, p. 1424), "é a obra de um autor exceto no nome que a assina" (p. 1424). A obra heterônima é, por sua vez, aquela de um autor fora de sua pessoa, enquanto outro. A heteronímia é, portanto, simultaneamente uma experiência de despersonalização e uma experiência plural, pois há muitos modos de ser outro. Pessoa escreve, assim, versos de Alberto Caeiro, Ricardo Reis, Álvaro de Campos, Bernardo Soares, Vicente Guedes. Mas, além de escrever obras de outros "eus", ele escreve também prosa e versos dele próprio, textos que constituem, portanto, um tipo de obra *não heterônima*, ou, no dizer do poeta, sua obra *ortônima*. Vemos que se formaliza, por esta simples denominação, *obra ortônima,* a distância singular do autor em relação à própria identidade. Tal distância é antes de tudo *distância criativa*, e não seria ousado encontrar nessa expressão uma das descrições elementares da instauração da situação analítica. A partir dessa constatação, a heteronímia insinua-se como um dos domínios privilegiados para uma autorreflexão da psicanálise em torno de suas condições de funcionamento.

Ora, a tendência instigante de "analisar" a *despersonalização artística* de Pessoa, isto é, de patologizar a heteronímia, não seria, neste caso, nada mais do que uma das formas tomadas pelas resistências à psicanálise internas a ela mesma. Mas que restará então de um trabalho analítico que se recusa a analisar? Poderíamos resumir nossa intenção na frase seguinte: *ler Pessoa para melhor ler Freud.* Trata-se aqui, mais precisamente, de ler a espacialidade da metapsicologia freudiana a partir de uma problemática específica lançada pela espacialidade pessoana, aquela *de uma primazia da exterioridade sobre a interioridade* com relação ao psíquico:

> *Disse Amiel que uma paisagem é um estado de alma, mas a frase é uma felicidade frouxa de sonhador débil. Desde que a paisagem é paisagem, deixa de ser um estado da alma. Objectivar é criar, e ninguém diz que um poema feito é um estado de estar pensando em fazê-lo. Ver é talvez sonhar, mas se lhe chamamos ver em vez de lhe chamarmos sonhar, é que distinguimos sonhar de ver. . . . Mais certo era dizer que um estado da alma é uma paisagem; haveria na frase a vantagem de não conter a mentira de uma teoria, mas tão somente a verdade de uma metáfora. (Pessoa, 1986b, p. 180)*

O problema de Fernando Pessoa

Pode-se considerar tal crítica como um dos momentos de maior claridade na explicitação do projeto estético-filosófico pessoano: a reconstrução do paganismo. De fato, a ideia de reconstrução do paganismo, ideia central na heteronímia, implica, para Pessoa, eliminar a ideia de interioridade como modelo da subjetividade. Não entraremos aqui na discussão do sentido dessa reconstrução além das consequências que ela traz para a experiência e o pensamento analíticos. Basta dizer que o maior problema desse projeto estético-filosófico fundamental é a derrota do paganismo pela sensibilidade "cristista", conforme escrevia Pessoa. Uma vez que essa derrota *aconteceu de fato*, ocorrência histórica inegável, trata-se de saber, para Pessoa, se isso é ou não indício de uma fraqueza congênita do paganismo e se cabe ainda querer reconstruí-lo.

Pessoa responde a essa questão impossível pela heteronímia, isto é, pela discriminação de lugares da sensibilidade e, portanto, da subjetividade ao longo da história. Cada um desses lugares, cada um dos heterônimos, é uma solução singular ao problema da decadência do paganismo, cada um deles assumindo *malgré soi* determinados aspectos da sensibilidade "cristista": "*Cristo é uma forma de emoção*" (Pessoa, 1988, p. 270). Um dos preços desta resposta plural é a impossibilidade de qualquer espécie de definição de uma essência da subjetividade, assim como de qualquer indicação de sua origem.

Será aqui nossa entrada para a questão da *interioridade* como parada necessária ou não da compreensão analítica de subjetividade. O apelo ao *interior* e à sua experimentação é ou não exigível como condição necessária de uma análise? Sem a noção do psíquico como "mundo interior", será possível associar livremente ou mesmo manter condições de *setting* mínimas para um processo analítico? Não seria, enfim, a noção de "mundo interior" o grande aliado do analista dentro do ego, o mesmo aliado de que Freud fala algumas vezes? Essas questões permanecerão em aberto por enquanto. A questão da espacialidade em psicanálise, como veremos, não é uma, mas várias.

A *primazia do exterior*

Em outra passagem do *Livro do desassossego*, podemos ler outro comentário sobre Amiel: "Não acredito na paisagem. Sim. Não o digo porque creia no 'a paisagem é um estado de alma' do Amiel, um dos bons momentos verbais da mais insuportável interiorice. Digo-o porque não creio" (Pessoa, 1986b, p. 230). Vemos assim que, se para Soares *um estado de alma é uma paisagem*, isso não implica que ele pense as paisagens como simplesmente exteriores. De fato, sustentados no fato de que Soares distingue o sonho da paisagem, e de que nega à realidade exterior o atributo de "paisagem simplesmente onírica", seria, contudo, ingênuo de nossa parte concluir que a paisagem do mundo aparece-lhe como sendo mais real que o sonho. Soares decididamente não é um empírico positivista.

Uma metáfora não exige que seus termos tenham referentes, sejam objetos, sejam coisas existentes. A paisagem, contudo, é sempre exterior, seja ela alucinada ou não. Disso decorre que um estado de alma, desde que seja *visto*, é, para Soares, *tão exterior quanto uma paisagem*, mesmo porque esta pode ser também simplesmente alucinada. Este último detalhe é importante: Pessoa opera uma inversão entre o real e o exterior: não é o real que sustenta o exterior, e sim o contrário, é a exterioridade que será a medida da realidade.

Não se poderá assim dizer que Soares seja um berkeleyano radical, que negue em absoluto a existência dos objetos *em si*. Soares não é empírico positivista, nem tampouco idealista. Há aqui uma outra sutileza. Pois, sendo a realidade uma *sensação*, a expressão "*mentira de uma teoria*" visa atingir apenas a *certeza* de que haja objetos independentes de nós, certeza essa implícita em qualquer projeto teórico naturalista. Eis aqui uma das vantagens *da verdade de uma metáfora diante da desvantagem da mentira de uma teoria*: a metáfora não nega nem afirma categoricamente a existência dos seus elementos, ela funciona em um registro diferente do que o *registro das certezas*, estando, por exemplo, fora da possibilidade do equívoco de uma alucinação.

Compreendemos, assim, a razão da discordância de Soares diante da frase: *uma paisagem é um estado de alma*. Pois Amiel nega aqui radicalmente o *em si* da paisagem, ao mesmo tempo que supõe uma certeza com respeito à existência do estado de alma. Soares não está certo nem de um, nem de outro. Simplesmente, não faz *teorias* a respeito. Enquanto artista, cria metáforas. Metáforas que serão verdadeiras enquanto cumprirem com sua função estética, o que tem significado preciso, para Pessoa, a saber, na medida em que forem *estímulos* para seus leitores se libertarem de si mesmos.

A estética pessoana, estética explicitada no famoso poema "Autopsicografia" ("O poeta é um fingidor..."), funda-se sobre a função simultaneamente despersonalizante e socializante da ficção:

> *A arte consiste em fazer os outros sentirem o que nós sentimos, em os libertar deles mesmos, propondo-lhes a nossa personalidade para especial libertação ... nos servimos da mentira e da ficção para nos entendermos uns aos outros, o que com a verdade, própria e intransmissível, nunca se poderia fazer. A arte mente porque é social. (Pessoa, 1986b, pp. 133-334)*

É enquanto elemento de uma metáfora que o estado de alma pode então ser abordado. No caso, uma metáfora que parte da percepção de uma *exterioridade*. De fato, um estado de alma seria, para Soares, uma visão de um lugar num espaço que jamais sai das variantes da exterioridade. Assim, a frase "um estado de alma é uma paisagem" implica que toda autorrepresentação parte de um exterior para outro.[2]

Alberto Caeiro é o "mestre do paganismo" igualmente neste sentido, a saber, pelo fato de ter sido capaz de manter-se em uma

---

2 Kant, filósofo marcante para Pessoa, indica o espaço como categoria *a priori* da percepção exclusivamente do exterior. O "sentido interior", *i.e.*, a apercepção do sujeito, só pode dar-se pelo tempo, que é categoria *a priori* da percepção tanto do interior quanto do exterior. Assim, toda autorrepresentação do sujeito deverá, necessariamente, ser espacial e, portanto, marcada por uma exteriorioridade primeira (Kant, 1787/1995, pp. 50-51).

forma de percepção originária, em que tudo quanto é percebido só o é enquanto exterior, enquanto objeto de um *ver*. Isso independentemente do objeto visto e dos sentidos com os quais a "visão" se efetiva. De fato, o que define o ver como modelo de todos os sentidos é a exterioridade. Assim, os próprios pensamentos valem apenas enquanto se fazem sentir pelo ver. De certo modo, pode-se dizer que, assim como na noção freudiana de *trabalho onírico*, este "mestre do paganismo" opera uma redução de todos os sentidos ao *ver*:

> *Quando me sento a escrever versos*
>
> *Ou, passeando pelos caminhos ou pelos atalhos,*
>
> *Escrevo versos num papel que está no meu pensamento,*
>
> *Sinto um cajado nas mãos*
>
> *E vejo um recorte de mim*
>
> *No cimo do outeiro,*
>
> *Olhando para meu rebanho e vendo minhas ideias,*
>
> *Ou olhando para as minhas ideias e vendo o meu rebanho,*
>
> *E sorrindo vagamente como quem não compreende o que se diz*
>
> *E quer fingir que compreende. . . .*
>
> (Pessoa, 1984, p. 138) (citação)

A existência do heterônimo Caeiro se marca, sobretudo, por esta operação radical de transformação do *pensar* em um *ver*. Operação que encerra em si parte da solução de Pessoa para a espinhosa questão de uma *reconstrução integral* do paganismo dentro de uma sensibilidade já amplamente "cristista". Entre outras razões, é pela instauração da interioridade que a religião cristã representaria para Pessoa uma decadência do paganismo grego. A religião cristã nega a realidade do imediato com a promessa de uma realidade maior no futuro. Substitui assim o visível pela crença em algo inacessível à visão. Para o projeto pessoano, isso é uma decadência da sensibilidade. Para o cristão, tal como para Amiel, a paisagem é um estado de alma, e o exterior visível é apenas um "sonho" fadado a acabar no momento em que despertaremos para a verdade eterna, seja ela no céu, seja ela no inferno. Tudo se transforma em indício e símbolo de outra coisa que não está ali. A natureza é reduzida ao estatuto de ilusão transitória. Há assim o que se pode chamar de um processo de "hiperinteriorização" daquilo que é pura exterioridade para o mundo pagão. Ora, é exatamente contra esta metafísica hipersubjetiva que Caeiro e seus discípulos (Ricardo Reis e Álvaro de Campos) se opõem. O conflito pessoano se recoloca, nesse sentido, pela questão de como eliminar a experiência da interioridade como fundamento da existência, num mundo já descrente da *existência em si* dos objetos imediatos. Foi exatamente essa a genialidade deste pastor de pensamentos, que *vê* seus pensamentos *assim como vê* a natureza: num "espaço exterior" que não corresponde a nenhum "espaço interior":

> *Seja o que for que esteja no centro do Mundo,*
>
> *Deu-me o mundo exterior por exemplo de Realidade,*
>
> *E quando digo "isto é real", mesmo de um sentimento,*
>
> *Vejo-o sem querer em um espaço qualquer exterior,*
>
> *Vejo-o com uma visão qualquer fora e alheio a mim.*
>
> (Pessoa, 1984, p. 174)

Desta ausência de correspondência, desta assimetria fundamental de uma espacialidade onde só há exterior, resulta um *eclipse do "si-mesmo"* enquanto psiquismo. Esta "existência interior", no dizer de Caeiro, é, de fato, altamente incerta. Trata-se de um *eclipse necessário*, pois, não havendo sentidos para a "realidade interior", Caeiro só pode definir sua alma *a partir e para* o exterior:

> *Ser real quer dizer não estar dentro de mim.*
>
> *Da minha pessoa de dentro não tenho noção de realidade.*
>
> *Sei que o mundo existe, mas não sei se existo.*
>
> *Estou mais certo da existência da minha casa branca*
>
> *Do que da existência interior do dono da casa branca.*
>
> *Creio mais no meu corpo do que na minha alma,*
> *porque o meu corpo apresenta-se no meio da realidade.*
>
> *Podendo ser visto por outros,*
>
> *podendo tocar em outros,*
>
> *Podendo sentar-se e estar de pé,*
>
> *Mas a minha alma só pode ser definida por termos de fora.*
>
> *Existe para mim – nos momentos em que julgo que efetivamente existe*
>
> *Por um empréstimo da realidade exterior do Mundo.*
>
> (Pessoa, 1984, p. 175)

Ora, o exterior adquire assim uma primazia do exterior na espacialidade psíquica pessoana: "Sim, antes de sermos interior somos exterior. Por isso somos exterior essencialmente" (Pessoa, 1984, pp. 175-176). Antecipando já o cerne de nosso texto, procuramos indagar se a metapsicologia freudiana do psiquismo não seria também legível como exterior, isto é, como *metáfora de uma paisagem*.

Partiremos, para tanto, da afirmação instrumentalmente contrária de que a metapsicologia como um todo trata essencialmente de um "interior", isto é, de que a noção de aparelho psíquico, por um lado, e o próprio tratamento analítico, por outro, se dão num lugar interior do espaço, lugar que se opõe a um exterior. Nesse caso, a experiência da interioridade é sempre necessária ou, pelo menos, esperada num processo analítico. Aqui, entre as metáforas que o analista espera ouvir, estará aquela do "mundo interior". Teremos então a vigência implícita de pensamentos do tipo: "uma coisa é o que acontece, outra o que sentimos com isso, e a psicanálise se ocupa privilegiadamente da segunda coisa". Essa frase propositalmente exagerada pode, naturalmente, ser pensada por um paciente ou por um analista – isso não modifica seu sentido defensivo. Esta interioridade não conta aqui, pois ela pode ser evitada. Mas há uma interioridade quase obrigatória num processo analítico: "onde era id, deve vir a ser ego". Trata-se de uma interioridade obrigatória, pois a representação que o ego faz de si é idêntica a um interior. De fato, esta interioridade congênita do ego é legível na metapsicologia, mais precisamente no texto "A negação", de 1925, tal como veremos em detalhe adiante. Desse modo, a experiência do interior seria inevitável e necessária no tratamento analítico.

Uma pluralidade de espacialidade em psicanálise

Busquemos, pois, dentro da metapsicologia, os instrumentos disponíveis para uma tradução mais ampla deste problema em psicanálise. Antes de mais nada, o que é "interior" em psicanálise? Nossa resposta exige um "desmanche" da pergunta, pois não há um interior, e sim uma pluralidade de interiores, assim como de exteriores, que surgem tanto na teoria quanto na clínica psicanalítica. Em outros termos, o analista encontra uma pluralidade de espacialidades. Freud propõe, com efeito, diferentes modelos de organização psíquica do espaço.

Desde já, portanto, podemos rever nossa afirmação instrumental. Não se encontrará uma resposta afirmativa ou negativa para a questão se a metapsicologia é essencialmente interior. Encontraremos, antes disso, uma pluralidade de espaços nos quais o pensamento pode habitar. Em alguns destes, por exemplo, a experiência subjetiva será essencialmente interior, em outros, essencialmente exterior. E a nossa intenção mais imediata se transforma assim em, primeiramente, operar uma clara distinção destes espaços construídos pela construção psicanalítica, para, em seguida, avançar algumas reflexões sobre as consequências clínicas de cada *habitar espacial* da metapsicologia nos pensamentos do analista.

Isso se dará da seguinte forma: procuraremos, primeiramente, explicitar vários tipos de espacialidades explícitas ou implícitas no texto freudiano. Num segundo momento, faremos uma tentativa de localizações sucessivas da escuta metapsicológica nessas espacialidades. Esse procedimento deve nos permitir esboçar uma cartografia da escuta, isto é, uma tópica da tópica, ou, dito de outra forma, mais um instrumento de reflexão do modo como imaginamos a psicanálise. Desse modo, podemos classificar estas *explorações da espacialidade* dentro do projeto ferencziano de uma *elaboração* (no sentido analítico de *Durcharbeitung*) da "metapsicologia do analista".

A partir da ideia de pulsão podemos descrever pelo menos duas espacialidades. Cada uma delas derivada de uma das teorias da pulsão, mais precisamente a teoria pulsional anterior e aquela a partir do *Além do princípio de prazer*. Em superposição parcial com essas duas espacialidades pulsionais podemos também descrever espacialidades ligadas ao ego: ego-prazer, ego-realidade e ego-real-originário. Esta superposição parcial se deve ao fato de que, seguindo a leitura que Joel Birman (1995) faz do texto "As pulsões e seus destinos", o ego-real originário representa o lugar do sujeito pensado a partir da pulsão. A espacialidade da primeira teoria das pulsões coincide, assim, com aquela do ego-real-originário. Veremos, nesse sentido, o interesse de nomearmos um novo "lugar do sujeito" dentro da metapsicologia: aquele ligado aos destinos da pulsão de morte.

A primeira teoria das pulsões e o ego-real originário

Em "As pulsões e seus destinos", Freud começa por definir a pulsão a partir da fisiologia pela noção de estímulo: "a pulsão seria um estímulo para o psíquico". Mas ela é um estímulo proveniente do interior do organismo, enquanto o estímulo da fisiologia vem do exterior. Esse estímulo do interior se diferenciaria ainda do estímulo da fisiologia pelo seu caráter constante, quando este último age com um impacto único e pontual. A partir dessas diferenças Freud (1915a) sugere a primeira gênese da diferenciação do espaço entre um "dentro" e um "fora":

> *Coloquemo-nos no ponto de vista de um ser vivo quase totalmente desprotegido, ainda não orientado no mundo, que capta estímulos em sua substância nervosa. Esse ser estará muito rapidamente em condições de efetuar uma primeira diferenciação e de conquistar uma primeira orientação. Por um lado, ele sentirá estímulos dos quais pode subtrair-se por meio de uma ação muscular (fuga), estes estímulos, ele os atribui a um mundo exterior, mas, por outro lado, também estímulos contra os quais uma tal ação permanece inútil e que mantêm, contudo, seu caráter de coação constante; esses estímulos são o sinal característico de um mundo interior, a prova das necessidades pulsionais. A substância perceptiva do ser vivo terá assim adquirido, sobre a eficácia de sua atividade muscular, um ponto de apoio para separar um "dentro" de um "fora". (pp. 82-83)*

Neste sentido, podemos, antes de mais nada, dizer que para o Freud de "As pulsões e seus destinos" os diferentes lugares do espaço são um constructo psíquico que se apoia sobre experiências autoperceptivas. A separação de um dentro e de um fora é uma "interpretação", em termos espaciais, de diferenças dos efeitos de uma só ação muscular, a saber, a tentativa de fugir ao estímulo. Os estímulos dos quais o organismo não consegue fugir são primeiramente separados daqueles dos quais ele consegue. Essa separação é, em seguida, "vista" em termos de diferenças num espaço. Podemos assim dizer que o "dentro" é aqui originalmente construído a partir da *marca da impotência para a fuga*.

A espacialidade pensada a partir da pulsão implica, portanto, antes de mais nada, uma identificação do "dentro" com o desagradável, ou melhor, com uma espécie de desagradável da qual não se pode fugir. Isso em oposição a uma outra espécie de desagradável da qual se pode fugir e que é a qualidade fundamental de um espaço posteriormente denominado "fora". Esse "fora" originário será então "indiferente" ou, eventualmente, "desgradável".

O ego-real originário, como nota Joel Birman, é o registro do sujeito no nível pulsional. Esse registro se articula com outros dois registros psíquicos: o do ego-prazer, que funciona pelo princípio do prazer, e o do ego-realidade, que o faz segundo o princípio de realidade, após a instauração do julgamento de existência. Birman (1995) ressalta a definição desse lugar do sujeito como primeiro indício da progressiva primazia do registro econômico e, portanto, da *pulsão*, na metapsicologia freudiana:

> Com efeito, o discurso freudiano enunciou a existência do eu real originário, a que se seguiria a constituição do eu do prazer/desprazer e do eu realidade definitivo. A grande novidade avançada aqui pelo discurso freudiano é a figura do eu real originário, pois as figuras do eu do prazer/desprazer e do eu realidade definitivo já tinham sido formulados em 1911, no artigo intitulado "Formulações sobre os dois princípios dos acontecimentos psíquicos". Assim, enquanto o eu do prazer/desprazer seria regulado pelo princípio do prazer, o eu realidade definitivo seria regulado pelo princípio da realidade. E o eu real originário, o que implicou o seu enunciado conceitual na genealogia freudiana do sujeito? Evidentemente, o discurso freudiano não nos disse neste momento do seu percurso teórico, pois o conceito não tinha sido ainda formulado em 1915, mas o eu real originário seria regulado pelo além do princípio do prazer. Porém,

> *a problemática teórica, que exigiu em seguida a formulação de um além do princípio do prazer, foi construída na metapsicologia de 1915. Isso é o mais importante. Esta problemática se delineou pela autonomia conferida à força pulsional face ao campo dos representantes-representação da pulsão, como já dissemos. Desta maneira, o que o discurso freudiano articula agora é a relação entre a força pulsional e o registro de sujeito, pela mediação da figura do eu real originário.*

Ora, a espacialidade deste lugar do sujeito é a mesma daquela da primeira teoria das pulsões. De fato, Freud denomina esse lugar *ego-real originário* por haver aqui uma primeira e eficaz discriminação da realidade de "fora" e da realidade de "dentro" (pulsional) a partir do critério da eficácia da tentativa de fugir ao estímulo. Com a instauração do princípio do prazer, o organismo não continuará a separar o "dentro" do "fora" por um critério ligado ao tipo de realidade do estímulo, e sim de acordo com o prazer e o desprazer que certas representações lhe provocam, o que é necessariamente um critério menos eficaz que o que vigorava até então. Tal capacidade discriminativa só será recuperada com a instauração do princípio de realidade.

O ego-prazer e o ego-realidade

A passagem do ego-real originário para o ego-prazer tem uma razão específica: o narcisismo. De fato, algumas pulsões, uma parte das pulsões sexuais, se satisfazem por um investimento do próprio ego.

> O ego se encontra originalmente no primeiro início da vida anímica, investido pulsionalmente e parcialmente capaz de satisfazer estas pulsões em si mesmo. Chamamos este estado aquele do narcisismo, e esta capacidade de satisfação, de autoerótica. (Freud, 1915a, p. 97)

A partir desta primeira capacidade de satisfação autoerótica, uma operação de *introjeção* constituirá a base de um rearranjo dos atributos do espaço interior. De lugar de uma *fuga impossível*, o interior passa a *reservatório do prazeroso*:

> O ego, na medida em que é autoerótico, não necessita do mundo exterior, mas recebe os objetos provenientes deste em consequência das vivências das pulsões de conservação do ego, e não pode impedir-se de experimentar, por um certo tempo, estímulos pulsionais internos como desprazerosos. Sob o domínio do princípio do prazer se realiza então nele um novo desenvolvimento. Ele acolhe em seu ego os objetos oferecidos na medida em que são fonte de prazer, ele os introjeta (segundo a expressão de Ferenczi) e, de um outro lado, expulsa para fora de si aquilo que, em seu próprio interior, se lhe torna causa de desprazer. . . . Ele muda assim a partir do ego-real inicial, que diferenciou interior e exterior segundo um bom critério objetivo, em um ego-prazer purificado que coloca o critério do prazer acima de todos os outros. O mundo exterior se divide, assim, em uma parte prazer, que ele incorporou a si, e um resto que lhe é estranho. De seu próprio ego, ele

extraiu uma parte constitutiva que ele joga no mundo exterior e sente como hostil. (Freud, 1915a, p. 98)

O fato é que, nessa operação de introjeção, está contida uma outra operação, a identificação com o interior. Cabe, entretanto, notar que, no registro do ego-real originário, não havia uma identificação do ego com espaço interior. Este era, antes de mais nada, um lugar impossível de fugir. O interior é aqui uma variante de um espaço original de percepções de estímulos desagradáveis. A ação motora fora experimentada igualmente sobre todas as percepções. Apenas posteriormente estas seriam qualificadas de "interiores" e de "exteriores". Inicialmente, o organismo agiu como se elas fossem todas "exteriores". Apenas com a passagem ao ego-prazer purificado teremos uma *identificação* do ego ao espaço interior.

No texto "A negação", dez anos após o texto precedente, portanto, vemos Freud retomar a questão da espacialidade do ego-prazer, mas, desta vez, em relação ao julgamento de atribuição, isto é, o processo de decisão se uma coisa possui ou não um atributo determinado. Freud (1925) apresenta uma origem hipotética desse julgamento a partir do princípio do prazer articulado com a espacialidade do ego em questão:

A propriedade sobre a qual deve-se decidir poderia originalmente ter sido boa ou má, útil ou nociva. Exprimido na linguagem das moções pulsionais mais antigas, orais: isto eu quero comer ou cuspir, e levando adiante a transferência: isto eu quero introduzir em mim, e aquilo excluir para fora de mim. Assim: isto deve ser dentro ou fora de mim. O ego-prazer originário quer, tal como o expus alhures, introjetar-se tudo o

> *que é bom e jogar para fora de si todo o ruim. O que é ruim, aquilo que é estranho ao eu, o que se encontra no exterior, é para ele inicialmente idêntico. (p. 374)*

Interioridade, prazer e ego formam assim uma tríade indissolúvel dentro do registro do ego-prazer e de acordo com o princípio do prazer. Ora, esse princípio está intrinsecamente ligado à tentativa do psiquismo em satisfazer alucinatoriamente (e autoeroticamente) as suas necessidades pulsionais. Essa estratégia, que consegue deveras adiar o sofrimento por algum tempo, é incapaz, contudo, de eliminá-lo definitivamente. O psiquismo deve então desenvolver uma outra solução para acabar com o sofrimento, uma solução que leve em conta a existência *em si* do objeto desejado, e não apenas sua percepção, que sempre poderá ser fruto da alucinação. Essa solução é o desenvolvimento do julgamento de existência:

> *O fim primeiro e imediato do exame de realidade não é, portanto, aquele de encontrar na percepção real um objeto correspondente ao representado, mas de reencontrá-lo, de convencer-se de que ele ainda está presente. . . . A reprodução da percepção na representação não é sempre a sua representação fiel; ela pode ser modificada por omissões, alterada por fusões entre diversos elementos. O exame de realidade tem, em seguida, que controlar até onde vão estas deformações. Mas reconhecemos como condição da instauração da prova de realidade que os objetos que uma vez trouxeram satisfação real tenham sido perdidos. (Freud, 1925, pp. 375-376)*

Vemos, assim, que é *a negatividade enquanto perda do objeto* o único critério fiável de sua realidade diante da possibilidade de alucinação. E essa negatividade só se passa no exterior. Algo muito interessante acontece então, aqui, no que se refere ao espaço: o interior passa a ser responsabilizado como fonte de engano, como lugar das alucinações. Segundo as regras do ego-realidade definitivo, do exterior não surgem alucinações:

> *Agora não se trata mais de saber se algo percebido (uma coisa) deve ser acolhido ou não no ego, mas se algo presente no ego como representação pode também ser reencontrado na percepção exterior. Como vemos, trata-se de novo de uma questão de exterior e de interior. O não real, o simplesmente representado, o subjetivo, só existe no interior; o outro, o real, também está presente no exterior.* (Freud, 1925, p. 375)

Em "A negação", Freud apresenta não somente mais uma gênese do interior e do exterior, mas sobretudo o caráter essencialmente híbrido da espacialidade, hibridez decorrente da coexistência de diversos modos do interior e do exterior. A espacialidade se desdobra, assim, em três modalidades: no registro do ego-real originário, um interior inescapável se opõe a um exterior desagradável ou indiferente; no registro do ego-prazer, um interior prazeroso e identificado com o ego se opõe a um exterior hostil de desagradável; e, no registro do ego-realidade, um interior falso, até prova em contrário, se opõe a um exterior verdadeiro se nele houver perdas de objeto. Mas há ainda um quarto tipo de exterioridade legível neste texto.

O lugar do sujeito na pulsão de morte e a alteridade como fundamento da espacialidade

Não é por acaso que Freud (1925) fala, neste texto, que o *símbolo do "não" é sucedâneo (Nachfolger)*" precisamente "da pulsão de destruição" (p. 376). Ora, o que diferencia a pulsão de morte da pulsão de destruição é que esta última é a pulsão de morte já *desviada para o exterior* (Freud, 1924, p. 347). Se o símbolo do "não" é sucedâneo da pulsão de destruição, e não da pulsão de morte, podemos dizer que ele depende de uma primeira exterioridade, exterioridade esta que foi conquistada anteriormente às exterioridades do ego-prazer e do ego-realidade.

Mas o que nos interessa aqui é, sobretudo, a especificidade das condições deste *desvio para o exterior* em comparação com as outras espacialidades. Será o encontro com, ou melhor, a passagem pela alteridade a grande marca diferencial da exteriorização da pulsão de morte. Para abordarmos mais claramente essa marca diferencial com relação às pulsões parciais, faremos uma breve leitura das formas de exigência psíquica da *morte do outro* nas duas teorias da pulsão.

Em primeiro lugar, vejamos como as teorias da pulsão se articulam com a finitude do sujeito. A primeira teoria das pulsões as apresenta como divididas entre as pulsões de autoconservação e as pulsões sexuais. Pode-se, assim, ler uma inscrição da morte nos dois grupos de pulsão: as pulsões de autoconservação negam a morte do indivíduo, as pulsões sexuais, aquela da espécie. Desse modo, a morte se inscreve já nos próprios fundamentos da primeira teoria das pulsões. Mas a morte se inscreve aqui ainda numa exterioridade da pulsão, pois a própria essência desta última se constitui de uma negação insistente de tais mortes futuras.

Essa relação da pulsão com a morte se inverterá na segunda teoria das pulsões com a introdução da pulsão de morte. Para essa inversão, contudo, será necessário que a essência de uma pulsão seja redefinida a partir da repetição: "Uma pulsão seria uma tendência inerente ao organismo para a reprodução de uma situação anterior" (Freud, 1920, p. 246). De fato, a pulsão de morte seria uma pulsão que, de todas as situações anteriores possíveis, se dirige especificamente para aquela em que o organismo ainda não existia. Freud opera aqui um rearranjo dos pesos do objeto e da finalidade na definição da pulsão. Até então a busca do objeto era uma condição para sua finalidade. Nesta nova perspectiva, a existência do objeto é contingente, sendo a definição da pulsão concentrada na própria finalidade desta. Isso permite que a pulsão de morte não possua nenhum representante e que se constitua como o único caso, portanto, onde não há um objeto necessário para satisfazer a pulsão, todos são possíveis.

A pulsão de morte visa ao tempo anterior à *queda na existência*, para empregar uma linguagem heideggeriana, e a morte do organismo é então uma exigência ou consequência lógica. Somente o desvio desta pulsão para o exterior e sua fusão com pulsões de vida (aquelas que visam retornar a situações posteriores à queda no mundo) podem evitar que esse organismo pereça.

A morte, contudo, através da pulsão de morte, foi já inserida no interior das pulsões. Assim, a relação entre as pulsões e a morte deixa de ser aquela de uma mútua negação, como era o caso no interior do princípio do prazer. A negação da vida feita pela morte torna-se inerente à própria vida, a qual passa a ser pensada como um sistema em radical contradição consigo mesmo. Freud dirá então que o organismo perece sempre de causas interiores.

Será esta revolução entre as relações da pulsão com a morte que implicará uma interessante evolução da *causa mortis* do outro no psiquismo. Na primeira teoria das pulsões, e diferentemente de sua relação com a própria morte, o inconsciente não somente reconhece, mas é também bastante imoderado com respeito à morte do outro: poucos renunciariam ao prazer de *"tuer son mandarin"*[3] (Freud, 1915b, p. 58). De fato, na medida em que este outro se coloca como um obstáculo à realização do desejo, a primeira solução do inconsciente é eliminar esse obstáculo pela via menos tortuosa: sua morte.

A morte do outro tem, assim, um caráter essencialmente instrumental dentro do princípio do prazer: o outro morre por ser um obstáculo à realização do desejo. Ele morre, por assim dizer, contingentemente e, quando é o caso, em nome do prazer. Após a redefinição da essência do pulsional, o outro passa a morrer de modo necessário e não mais contingente: ele é o único bode expiatório adequado para o organismo desviar suas tendências autoaniquilantes. Se esse desvio da pulsão de morte sobre o outro for obstruído, por exemplo, por éticas muito rígidas, será o próprio organismo a sofrer seus efeitos. É exatamente para esse impasse que apontam os textos de Freud (1932) ditos pessimistas diante do problema da pulsão de morte (p. 528). Sem esse desvio para a alteridade, não restaria ao organismo senão dar cabo de si próprio.

Essa especificidade da dinâmica e tópica da pulsão de morte tem consequências importantes sobre a nossa compreensão da origem do símbolo de negação do qual fala Freud. Pensar o símbolo de negação como sucedâneo da *pulsão de destruição* implica pensá-lo como derivado especificamente desse momento do psiquismo, e não como se poderia eventualmente considerar, como derivado da própria pulsão de morte. A grande diferença está em que a *pulsão de destruição* é nada mais nada menos que a pulsão de morte já "metabolizada", por assim dizer, pela alteridade. Assim o símbolo

---

3 "Matar seu mandarim".

de negação repousa estruturalmente numa outra equivalência para a pulsão de morte: aquela entre a morte do organismo e a morte do outro. Podemos, consequentemente, dizer que o simbólico se funda sobre e depende de uma *sublimação originária*, isto é, uma mudança de objeto da pulsão de morte.

Dito de outro modo, a pulsão de morte inaugura tragicamente o simbólico ao instaurar a morte do outro como único substituto possível da minha própria morte. Assim, a pulsão de destruição é pensável como a efetivação dessa equivalência simbólica. A alteridade "metaboliza" a pulsão de morte em pulsão de destruição. O primeiro símbolo é entre a minha morte e a do outro. Mas trata-se antes de um movimento, pois, como mostra "A negação", não há qualquer possibilidade de fixar e conter tal símbolo em discursos quaisquer, mesmo aqueles que se pretendem "conhecedores do não" (Garcia Pessanha, 1992).

Podemos retornar agora à questão da espacialidade na segunda teoria das pulsões com mais elementos de compreensão. A espacialidade pensada a partir da pulsão de morte supõe a alteridade. De fato, o outro é o primeiro substituto possível, a primeira alternativa da pulsão de morte. Podemos, inversamente, pensar que é o outro que "cria" o exterior da pulsão de morte. Esse "criar o espaço exterior" deve ser entendido no sentido de um "desdobrar-se do espaço" como nos mitos guaranis, em que não há um "espaço anterior" sobre o qual a operação de desvio da pulsão de morte se daria.

> *Nosso pai o último, nosso pai o primeiro,*
>
> *faz que seu próprio corpo surja*
>
> *da noite originária. . . .*
>
> *A divina planta dos pés,*
>
> *o pequeno assento redondo:*

no coração da noite originária
ele os desdobra se desdobrando a si mesmo

...

Ñamandu pai verdadeiro primevo
ainda não que se desdobre,
em seu próprio desdobrar-se,
em seu próprio desdobrar-se,
seu futuro abrigo celeste;
ele ainda não fez que se desdobre,
em seu próprio desdobrar-se,
a terra primeira:
ele repousa no coração do vento originário.

(Clastres, 1974, pp. 19-20)

 A imagem do desdobrar-se está no centro de toda a episteme guarani. O verbo utilizado vem daquele que descreve o movimento da abertura das asas de um pássaro prestes a alçar voo. Mas pensar a gênese a partir desse movimento é profundamente subversivo para a nossa civilização. Essa filosofia do desdobrar-se destrói a arquitetura clássica de um sujeito criador original já existente ao criar suas criaturas. Os guaranis introduzem o próprio Deus no ato da criação cósmica. Nada preexiste à criação, nem o próprio Deus. Todo "positivo" é nos guaranis, tal como em Freud da segunda teoria das pulsões, secundário a um "negativo originário".

 Não haveria tampouco um "interior" em oposição a esse exterior recém-criado, pois o espaço como fruto do desvio da pulsão de morte será essencialmente exterior. *Aqui seria preciso pensar que é esta projeção, ela própria, que "desdobraria" o espaço a partir da alteridade.* A alteridade e a espacialidade invertem aqui sua hierarquia na metapsicologia freudiana, pois até aqui o outro só aparece como objeto do desejo, estando, portanto, "inserido" dentro de um tipo de espaço qualquer. A partir da ideia da alteridade como *condição necessária* do desvio da pulsão de morte, será a espacialidade que deverá se fundar sobre a alteridade.

Ora, se o espaço é originalmente o desdobramento da pulsão de morte, isto é, se ele é essencialmente exterior, toda e qualquer "interioridade" deve ser pensada como derivada de transformações múltiplas desse exterior originário.

Conclusões: a situação analítica e a possibilidade negativa do espaço

A espacialidade advinda da pulsão de morte é essencialmente exterior. Ora, diante desta exterioridade primordial do espaço recém-criado, não há como falar de uma "interioridade" a ela correspondente, pois não podemos chamar de "interioridade" o tempo anterior ao desdobramento do espaço. A espacialidade enquanto tal simplesmente não é uma estrutura dada desde o início na formação do psiquismo. Isso nos permite reler de outro modo a expressão *primazia da exterioridade,* utilizada para designar a espacialidade em Fernando Pessoa. Não se trata aqui de dizer apenas que o *interior* é derivado de um tipo de *exterioridade que se lhe antecipa* (aquela do desvio da pulsão de morte), mas, sobretudo, de ressaltar a ideia de uma *possibilidade negativa* inerente e anterior a todas as espacialidades, a saber, *a possibilidade de não haver desdobramento de nenhuma forma de espaço.*

Entendamos essa *possibilidade negativa* como *possibilidade estrutural*, isto é, como uma *possibilidade inerente ao psiquismo* de um *eclipse total do espaço*, e teremos a região habitada pelos pensamentos pessoano, guarani e, *parcialmente*, freudiano. A *primazia do exterior* é então precedida por uma outra: *a primazia do nada*, isto é, o nada anterior ao desdobramento do espaço. Do encontro entre Fernando Pessoa e Freud surge, assim, uma ruptura em dois vértices com relação ao espaço cotidiano: por um lado, toda interioridade seria reconduzível às interioridades derivadas de uma exterioridade original, característica da espacialidade psíquica estabelecida pela transformação da pulsão de morte em pulsão de destruição. Tal seria então o caso das interioridades do ego-real originário, do ego-prazer e do ego-realidade definitivo. Se a metapsicologia for imaginada como interior, deverá sê-lo a partir de alguma dessas três formas de interioridade, elas mesmas derivadas de uma exterioridade original. Por outro lado, essa *exterioridade original* não é a origem do espaço, mas apenas o lugar de seu surgimento, pois no pensamento freudiano o espaço não se enraíza sobre nada, e sim desdobra-se sobre a alteridade.

Pensemos, pois, essas questões em uma espessura menos abstrata da atividade psicanalítica. Nesse caso, não somente há vários espaços habitáveis pela metapsicologia na situação analítica, mas também há a possibilidade final de ausência de toda e qualquer experiência de espacialidade. Devemos, assim, admitir uma simultaneidade entre a pluralidade de espacialidades e a ausência de todas elas, isto é, devemos admitir uma *convivência de diversas espacialidades com a possibilidade de sua negação total*.

Examinemos, primeiramente, como se concretizaria na situação analítica tal possibilidade de *negação total* de qualquer espacialidade. Nossa hipótese é que o desvio da pulsão de morte funda a espacialidade original, sobre a qual, e apenas secundariamente, se organizará a diferença de lugares interiores e exteriores. Sendo assim, a alteridade é também a condição de possibilidade do desdobrar-se da espacialidade. Esse desdobrar-se, sendo anterior às divisões entre interior e exterior, é, contudo, primordialmente exterior, isto é, exterior do ponto de vista de um desdobrar-se da pulsão de morte em espaço. A espacialidade seria, nessa perspectiva, uma estrutura psíquica dependente da alteridade sobre a qual se dá o desdobrar-se da espacialidade.

Assim, na situação analítica, em que, para combater o masoquismo primário, espera-se que a pulsão de morte deva ser "exteriorizada" de algum modo, deve-se distinguir com precisão o modo pelo qual isso se dá: não se trata naturalmente de deixar-se destruir enquanto analista, mas sobretudo de *deixar-se descobrir como destrutível*. Só essa segunda alteridade pode ser o solo para o desvio da pulsão de morte.

Esse outro não é, portanto, aquele que se deixa destruir pelo ódio do paciente, mas aquele que se desvela como mortal, isto é, essencialmente vulnerável a esse ódio. Só assim pode ele ser o outro suporte do exterior primordial, única via de escape do masoquismo originário. De fato, a possibilidade de transformação do masoquismo primário em pulsão de destruição mostra que a pulsão de morte, ao tomar o outro como o próprio sujeito, ao mesmo tempo já tomava o *próprio sujeito enquanto outro*. Assim, a partir da natureza da sua possibilidade de desdobramento a partir do outro, pode-se dizer que há uma *sublimação originária* na pulsão de morte, constitutiva da *ficcionalidade*. Podemos então dizer que é na pulsão de morte que reside a primeira inscrição da alteridade. Além disso, podemos dizer que o sujeito da pulsão de morte é essencial e profundamente metafórico. Esse lugar do sujeito seria denominável de *ego simbólico originário*. A principal sustentação desse lugar metapsicológico do sujeito é a equivalência entre a sua morte e a do outro para a pulsão de morte. De fato, a equação fundamental da pulsão de morte é "ou eu *te* mato, ou eu *me* mato".

Mas essa opção é *feita de possibilidade*, isto é, é na *descoberta*, no desvelamento do outro como perecível pelo ódio, que a pulsão de morte se desvia ao exterior, e não o ato concreto de matar e perecer, que seria apenas mais um deslocamento da pulsão de destruição. Isso implica que, do ponto de vista da situação analítica, o *registro da possibilidade* é mais forte que o *registro da realidade* no que se refere ao *destino pulsional*. De fato, o desvelamento do analista como *possível* objeto de amor (ou de ódio) é mais eficaz no destino da pulsão do que sua *atualização* como objeto de amor ou de ódio. O fato de que a pulsão só se transforma com a *possibilidade* e não com a *realidade* nos parece uma das questões indicativas da *primazia da ficcionalidade* na experiência analítica, sendo esse um dos aspectos da *inquietante familiaridade* entre a heteronímia e a situação analítica.

Naturalmente, podemos avançar um pouco mais e inferir que existe também a possibilidade iatrogênica de uma obstrução analítica do paciente em seu masoquismo primário, resultante do desaparecimento completo do analista em seu estatuto de outro, capaz de ser destruído.

Com se daria esse velamento? Por meio da identidade. Sejamos claros sobre este ponto: entendemos *identidade* como qualquer identificação que se instaure como *identificação permanente*. Dito de outro modo, não há acordo possível entre a situação analítica e uma *manutenção a priori* de identificações fixas do sujeito. Reservar um espaço *a priori* para supostas identificações, por assim dizer, de direito implicaria o abandono por completo das condições de possibilidade do pensamento associativo.

Ora, a regra fundamental das associações livres implica suspender o juízo moral (que decide o que é bom e o que é mau) e o juízo de existência, que decide se algo *é* ou *não é*. De fato, a associação livre não permite concepções essencialistas em seus objetos, sendo a suspensão do *pacto* de fundamentação moral ou cognitiva da representação a própria essência dessa atividade poética da palavra. Na associação livre nada *é* definitivamente, nada *é igual a si mesmo*, tudo *é também outra coisa*. Toda e qualquer identidade é uma pretensão metafísica, isto é, uma forma de tentar fixar a presença do objeto. A suspensão do julgamento de existência pela regra fundamental visa precisamente atingir essa pretensão metafísica da identidade.

Gostaria de retomar por um instante o equivalente a essa mesma questão na heteronímia. Estranhamente, as leituras de Alberto Caeiro tendem a dar-lhe uma essência natural quando ele, precisamente, se esforça para não ter essência alguma: Caeiro só tem olhos para o exterior, não se vê, e não está preocupado com ver-se. Caeiro não se identifica realmente com nada. Toda sua "simplicidade" exige um esforço imenso para não cair numa metafísica do sujeito: como poeta lírico, deve cantar o que sente, como pagão, deve sentir apenas o que vê, sem nunca intuir em si mesmo uma essência qualquer. Essa *inessencialidade do sujeito* é, contudo, a própria *condição de possibilidade* da heteronímia. É nessa *inessencialidade do sujeito*, inessencialidade recorrente nos heterônimos que vemos a *inquietante familiaridade* (*Unheimlichkeit*) *constitutiva* da heteronímia para com a experiência analítica. Se um efeito de *Unheimlichkeit* deveras ocorre na sua leitura de Pessoa, podemos então inferir que tal inessencialidade tenha afetado previamente o leitor.

Isso nos permite avançar que tampouco não se trata em psicanálise de uma transferência ao passado do lugar da identidade do sujeito consigo mesmo. Sob esse ponto de vista, Freud rompe com toda a tradição do romantismo alemão, que via na noção de origem a possibilidade de uma aproximação do Ser (ver o Capítulo 5).

Isso equivaleria em psicanálise, por exemplo, à ideia de que a identidade do sujeito pudesse ser estabelecida pelas primeiras fantasias ou desejos. Com exceção de uma fantasia escatológica infantil, não vemos, em psicanálise, nenhuma possibilidade de encarnação de uma "identidade" em qualquer dos êxtases temporais: nem no presente da fala, nem no passado do desejo infantil, nem no futuro enquanto "projeto de cura".

Evidentemente, o analista não tem condições de eliminar *a priori* as condições de possibilidade de identificação. A metapsicologia é também sempre objeto de uma identificação. Se não houver isso, arrisca-se a tornar-se uma teoria morta. Afirmamos, contudo, que uma identificação *deve poder* sempre desfazer-se, de modo a passar a um investimento ou a outra identificação, caso contrário ela se instaura como identidade. Essa *possibilidade de desfazer-se* não é outra senão aquela sustentada pela imagem da pulsão de morte como um *retorno à não existência*. De acordo com esse argumento, *seria a pulsão de morte, e não uma suposta "interioridade psíquica", a noção fundamental da condição de possibilidade do processo de associação livre*; mais precisamente, a pulsão de morte compreendida como potência de *desidentificação*.

Não se trata aqui apenas de afirmar a impossibilidade da identidade do sujeito. Trata-se, antes disso, de aceitarmos que a identidade não é um paradigma (nem nunca o foi dentro da metapsicologia) para se pensar o sujeito.[4] Visto que a identidade se forma a partir de identificações, procuremos localizar essa questão no registro da espacialidade.

De todas as espacialidades aqui consideradas, apenas a interioridade do ego-prazer permite inferir uma operação psíquica de identificação. A interioridade da pulsão de morte é inexistente; a

---

4 Para a desconstrução do princípio de identidade como critério metafísico de compreensão do Ser, cf. Heidegger (1957/1990).

do ego-real originário, aquele lugar impossível de fugir. Dito de outra forma, digamos, mais "cotidiana": o interior do ego-real originário tem uma incidência negadora sobre o narcisismo e a onipotência do sujeito: trata-se do que é impossível fugir. Um lugar da *verdade sobre e para o sujeito* além de seu narcisismo, portanto. Sabemos que essa interioridade opera em momentos privilegiados de uma análise. Não há aqui condições de o sujeito se identificar com essa interioridade. Há, finalmente, a interioridade do ego-realidade definitivo, mas esta pode ser considerada uma especialização da interioridade do ego-prazer. Essa identificação própria com o ego-realidade definitivo é aquela que qualifica o interior como *fonte primordial de ilusões*.

Pode-se então dizer que é o ego-prazer que "inventa" a identificação como "interioridade". Pois, aqui, o que é bom é ao mesmo tempo atribuído como pertencente ao interior, além de receber também a marca "eu". De fato, é no ego-prazer que pela primeira vez encontramos a equivalência entre o ego e determinados objetos. Apenas com a equivalência eu = bom = interior opera-se a identificação do sujeito a uma representação.

É essa mesma espacialidade, ou seja, a espacialidade do ego--prazer instauradora da identificação, que comanda uma leitura identificatória ao objeto dos modelos metapsicológicos. De fato, a leitura da metapsicologia como "teoria" se referindo a um interior implica uma identificação com um "objeto" que estaria no ponto de fuga dos modelos do aparelho psíquico. Nega-se assim, à metapsicologia, "a vantagem de não conter a mentira de uma teoria, mas tão somente a verdade de uma metáfora" (Pessoa, 1986b, p. 180). Por meio dessa identificação com uma representação, movimento este implícito em toda leitura da metapsicologia enquanto teoria, o analista anula-se enquanto alteridade, com a possibilidade, como vimos, de uma obstrução do desvio da pulsão de morte. No registro das identificações, registro necessário ao exercício da psicanálise, essa obstrução será intermitente, pois na associação livre as identificações cederão regularmente seu lugar a outros conteúdos psíquicos. No registro da identidade, tal obstrução adquirirá o caráter de permanente, estabelecendo-se aqui uma incompatibilidade essencial e duradoura com o pensamento associativo.

A condição da subjetividade singular exigida pela situação analítica é aquela de uma *inessencialidade da identidade*, como a de uma *pluralidade de identificações*. Sob esse ponto de vista, a leitura de Pessoa descobriria a estrutura da heteronímia como ampliação, ou melhor, como paradigma dessa singular condição que é a posição do analista.

Referências

Birman, J. (1995, 2º semestre). Eu não sou nada, mas posso vir a ser. Sobre a luminosidade e a afetação, entre a pintura e a psicanálise. *Cadernos de Subjetividade*, 3(1), 112-136.

Clastres, P. (1974). *Le grand parler. Mythes et chants sacrés des indiens Guarani*. Paris: Editions du Seuil.

Freud, S. (1915a/1982). Triebe und Triebschicksale. Studienausgabe Band III: *Psychologie des Unbewußten*. Frankfurt am Main: Fischer Taschenbuch Verlag.

Freud, S. (1915b/1982). Zeitgemässes über Krieg und Tod. Studienausgabe Band IX: *Sexualleben*. Frankfurt am Main: Fischer Taschenbuch Verlag.

Freud, S. (1920/1982). Jenseits des Lustprinzips. Studienausgabe Band III: *Psychologie des Unbewußten*. Frankfurt am Main: Fischer Taschenbuch Verlag.

Freud, S. (1924/1982). Das ökonomische Problem des Masochismus. Studienausgabe Band III: *Psychologie des Unbewußten*. Frankfurt am Main: Fischer Taschenbuch Verlag.

Freud, S. (1925/1982). Die Verneinung. Studienausgabe Band III: *Psychologie des Unbewußten*. Frankfurt am Main: Fischer Taschenbuch Verlag.

Freud, S. (1932/1982). Angst und Triebleben. Studienausgabe Band I: *Vorlesungen zur Erführung in die Psychanalyse und Neue Folge*. Frankfurt am Main: Fischer Taschenbuch Verlag.

Garcia Pessanha, J. (1992). O ponto K (Heidegger e Freud). *IDE*, *22*, 80-89.

Heidegger, M. (1957/1990). Der Satz der Identität. In M. Heidegger, *Identität und Differenz*. Pfullingen: Neske.

Kant, I. (1787/1995). *Kritik der reinen Vernunft B*. Frankfurt am Main: Suhrkamp Taschenbuch Wissenschaft.

Pessoa, F. (1983). *Obra poética*. Rio de Janeiro: Editora Nova Aguilar.

Pessoa, F. (1986a). *Obra poética e em prosa* (Vol. III). Porto: Lello e Irmão.

Pessoa, F. (1986b). *Livro do desassossego, por Bernardo Soares* (3. ed., Vol. 1). Mem Martins: Publicações Europa-América.

Pessoa, F. (1988). *Le livre de l'intranquillité* (Françoise Laye, trad.; Vol. II). Paris: Christian Bourgois.

Pessoa, F. (1990). Carta de 11 de dezembro de 1931 a João Gaspar Simões. In F. Pessoa, *Obras em prosa*. Rio de Janeiro: Editora Nova Aguilar, p. 64.

3. O lugar de ninguém: ausência e linguagem na situação analítica[1]

> *Rosa, oh pura contradição,*
> *Volúpia de ser o sono de ninguém*
> *sob tantas pálpebras*
>
> R. M. Rilke

Quem era mesmo Fernando Pessoa?

Pessoa é um substantivo português que significa "alguém"; deriva do latim *persona*, que deriva, por sua vez, do etrusco, no qual designava a máscara no contexto teatral (Robert, 1995, p. 1411).

---

[1] Originalmente um dos capítulos da tese de doutorado do autor: Silva Junior, N. (1996). *Le fictionnel en Psychanalyse. Une étude à partir de l'oeuvre de Fernando Pessoa*. Paris: Université Paris VII. Foi posteriormente publicado como Silva Junior, N. (2004). O lugar de ninguém: ausência e linguagem na situação analítica. *Percurso – Revista de Psicanálise, 31/32*, 69-78; e Silva Junior, N. (2006). Finitude e alteridade em Fernando Pessoa (Cláudia de Meireles Reis e Patrícia Bohrer Pereira Leite, trad.). *Revista Brasileira de Psicanálise, 40*(2), 152-158.

Essa lembrança filológica da palavra "pessoa" define com um só traço a inconsistência perturbadora e particular desse poeta. Talvez venha daí a inquietante familiaridade que se experimenta com a descoberta da pluralidade heterônima de Fernando Pessoa. Alberto Caeiro, o mestre do paganismo, Ricardo Reis, médico, latinista e poeta clássico, Álvaro de Campos, engenheiro e futurista, e Fernando Pessoa, "ele mesmo", formando o grupo de poetas. Bernardo Soares, funcionário do obscuro, autor do *Livro do desassossego*, e Rafael Baldaia, filósofo, autor do "Tratado da negação", são escritores em prosa, para citar alguns de uma lista de algumas dezenas de heterônimos e semi-heterônimos, cada um tendo seu estilo, sua vida e sua morte.

A heteronímia teve um papel de organização estética e filosófica em relação às posições de Pessoa sobre o paganismo, mas também um papel de organização do ato de criação literária para o poeta. Pessoa afirma:

> *Como escrevo em nome desses três? Escrevo sob o nome de Caeiro, por pura e súbita inspiração, sem saber ou sequer imaginar o que vou escrever. Ricardo Reis, depois de uma deliberação abstrata, que subitamente se concretiza numa ode. Campos, quando sinto um súbito impulso para escrever e não sei o quê. O meu semi--heterônimo Bernardo Soares, que, aliás, em muitos aspectos se parece com Álvaro de Campos, aparece sempre que estou cansado ou sonolento, de sorte que tenha um pouco suspensas as qualidades de raciocínio e de inibição; aquela prosa é um constante devaneio. É um semi-heterônimo porque, não sendo a personalidade a minha, é, não diferente da minha, mas uma simples mutilação dela. Sou eu menos o raciocínio e a afeti-*

> *vidade. A prosa, salvo o que o raciocínio dá de tênue[2] à minha, é igual a esta, e o português perfeitamente igual; ao passo que Caeiro escrevia mal o português, Campos razoavelmente mas com lapsos como dizer "eu próprio" em vez de "eu mesmo", etc., Reis melhor do que eu, mas com um purismo que considero exagerado. O difícil para mim é escrever a prosa de Reis – ainda inédita – ou de Campos. A simulação é mais fácil, até porque é mais espontânea, em verso. (Pessoa, 1935/1986)*

A heteronímia não é, contudo, somente um fenômeno literário: Álvaro de Campos é o responsável pela ruptura do noivado entre Pessoa e Ofélia. Apesar de concordar com a direção da hipótese de Antonio Tabucchi (1990/2000), segundo a qual o próprio Pessoa não se distinguiria profundamente dos outros heterônimos, diria que não são suas várias personalidades que tendem a se confundir entre si, mas, mais precisamente, as relações destas e dele com a ficção e com a realidade que se tornam indistinguíveis entre si (ver o Capítulo 8).

Se abandonarmos o critério de distinção baseado na realidade ou ficção dos escritores que compõem a constelação heteronímica, Fernando Pessoa incluso, é possível distinguir os heterônimos entre si a partir de outro critério. Proponho aqui que o façamos pela modalidade de negação a que eles, preferencialmente, se expõem: a finitude ou a alteridade. Tal eixo de análise permitirá que se compreenda melhor a análise do tipo de alteridade que será desenvolvida na segunda parte deste capítulo, a saber, a figura da mãe desde sempre morta como interlocutora da heteronímia.

---

2 Em francês no original: "vestimenta".

Por enquanto, trata-se apenas de demonstrar a pertinência dos eixos da finitude e alteridade como modalidades da negatividade heteronímica que organizam diferenças entre seus poetas. Isso pode ficar particularmente claro pela comparação entre dois desses personagens: Fernando Pessoa ele mesmo, ou Pessoa ortônimo, por um lado, e o mestre do paganismo, Alberto Caeiro, por outro. Notemos, antes de mais nada, que a inexistência de Pessoa ortônimo se define a partir da alteridade, e não da finitude. Vejamos um de seus poemas mais conhecidos: "Autopsicografia", de 1º de abril de 1931.

Autopsicografia

O poeta é um fingidor.
Finge tão completamente
Que chega a fingir que é dor
A dor que deveras sente.

E os que lêem o que escreve,
Na dor lida sentem bem,
Não as duas que ele teve,
Mas só a que eles não têm.

E assim nas calhas de roda
Gira, a entreter a razão,
Esse comboio de corda
Que se chama coração.

O poeta se define para Pessoa somente pela arte de fingir, pela virtuosidade de sua simulação. Ele é poeta na medida em que finge, e o fingimento define sua essência. Mas como a arte de fingir pode definir a essência de alguém, se, justamente, fingir é esconder aquilo que é verdade para mostrar aquilo que é falso? Pessoa mentia ou não durante a escrita desse poema? Paradoxo antigo, e sem solução na lógica clássica. A chave para esse poema parece estar em seu título: "Autopsicografia" – dito de outra forma, possessão do sujeito pelo seu próprio espírito, como se fosse o espírito de um outro. Pessoa percebe o seu eu como um outro; para ele, sentir-se ele mesmo não é muito diferente de se sentir outro.

Sua famosa carta de 13 de janeiro de 1935, em que explica a origem de seus heterônimos a Casais Monteiro, confirma essa impossibilidade de identidade consigo mesmo:

> *Num dia em que finalmente desistira – foi em 8 de Março de 1914 – acerquei-me de uma cômoda alta, e, tomando um papel, comecei a escrever, de pé, como escrevo sempre que posso. E escrevi trinta e tantos poemas a fio, numa espécie de êxtase cuja natureza não conseguirei definir. Foi o dia triunfal da minha vida, e nunca poderei ter outros assim. Abri com um título,* O Guardador de Rebanhos. *E o que se seguiu foi o aparecimento de alguém em mim, a quem dei desde logo o nome de Alberto Caeiro. Desculpe-me o absurdo da frase: aparecera em mim o meu mestre. Foi essa a sensação imediata que tive. E tanto assim que, escritos que foram esses trinta e tantos poemas, imediatamente peguei noutro papel e escrevi, a fio, também, os seis poemas que constituem a "Chuva Oblíqua", de Fernando Pessoa. Imediatamente e totalmente... Foi o regresso de*

> *Fernando Pessoa-Alberto Caeiro a Fernando Pessoa ele só.* Ou, melhor, foi a reação de Fernando Pessoa contra sua inexistência como Alberto Caeiro. *(Pessoa, 1935/1986; grifo nosso)*

Fernando Pessoa sente que tem, portanto, a mesma natureza que Alberto Caeiro, isto é, que pode ser substituído ou desapropriado. O retorno de Pessoa a ele mesmo é descrito com a mesma distância com que descreve a encarnação extática de seu mestre. Para o poeta, não parece haver identidade possível consigo mesmo, mas apenas autopsicografia, um distante acolhimento da própria essência enquanto outro.

Como veremos na sequência deste capítulo, a existência "real" do sujeito finda aqui, e também já não é possível uma identificação com o inexistente (o não-Ser?), como no caso do falso *self* de Winnicott: o sentimento de não existir é substituído pelo de não ser mais a mesma pessoa. A negação deste não é mais causada pela falência de um sentimento genérico de existir. Enfim, a negação do sujeito se desenvolve a partir do próprio sujeito: "ninguém" é a negação de "alguém".

Ora, uma ampliação exagerada desta forma de não-Ser, ou seja, o não-Ser fruto de uma alteridade incontrolável, pode fazer com que uma outra negação do sujeito, aquela de sua finitude encarnada pela morte, pareça, às vezes, ineficaz. Nesse sentido, Pessoa sofre de uma forma que poderia nos fazer pensar na síndrome de Cotard, em que também encontramos a experiência de uma impotência da finitude.

Muito significativamente, é à expressão delírio de negação que precisamos recorrer para alcançar a origem da síndrome de Cotard. Essa forma aguda, hoje em dia quase extinta da psicopatologia graças a sucessivos e avançados métodos terapêuticos, como o eletrochoque, os neurolépticos e os antidepressivos, foi apresentada ao mundo pelo psiquiatra francês Jules Cotard. Em 1882, Cotard descreveu e definiu o delírio de negação como uma síndrome característica de uma entidade nosológica particular. Essa síndrome assemelha-se, como sabemos, a síndromes como

> *a ansiedade melancólica, as ideias de danação e de possessão, a propensão ao suicídio, a analgesia, as ideias hipocondríacas e de negação (não existência ou desaparecimento de diversos órgãos do corpo, da alma, de Deus...) e, enfim, as ideias de imortalidade (não poder morrer jamais). (Lambotte, 1993, p. 379)*

Aquele que sofre dessa síndrome está sempre a encontrar uma negativa no que concerne à própria existência; paradoxalmente, o doente sente-se já além da possibilidade de morrer, como nas palavras de uma paciente:

> *Estou morta, totalmente morta. Eu sou uma morta viva; meu corpo é somente pó. Eu sou um morto que anda, mas logo minhas pernas não poderão mais me sustentar... Meus pulmões são pulmões de um cadáver. Pode-se fazer uma radiografia, não verão nada. No interior do meu corpo é somente poeira. Eu sou um cadáver que anda porque não fui enterrada... Não havia mais dinheiro para me enterrar... (Citado por Lambotte, 1993)*

Palavras que poderiam ter sido escritas por Pessoa. Vejamos, por exemplo, o que propõe Bernardo Soares no *Livro do desassossego*:

> *Acontece-me às vezes, e sempre que me acontece é quase de repente, surgir-me no meio das sensações um cansaço tão terrível da vida que não há sequer hipótese de ato com que dominá-lo. Para o remediar, o suicídio parece incerto, a morte, mesmo suposta a inconsciência, ainda pouco. É um cansaço que ambiciona, não o deixar de existir – o que pode ser ou pode não ser possível –, mas uma coisa muito mais horrorosa e profunda, o deixar de sequer ter existido, o que não há maneira de poder ser. (Pessoa, 1999, pp. 157-158)*

Tornar-se um outro encontra aqui sua expressão externa, e até de anular a possibilidade da morte no psiquismo. Como em uma espécie de simetria negativa, nós encontramos, naquele que Pessoa chamava de "seu mestre", a negação da existência vinda exclusivamente da morte, mas não da alteridade:

> *Tu, místico, vês uma significação em todas as cousas.*
>
> *Para ti tudo tem um sentido velado.*
>
> *Há uma cousa oculta em cada cousa que vês.*
>
> *O que vês, vê-lo sempre para ver outra cousa.*
>
> *Para mim, graças a ter olhos só para ver,*
>
> *Eu vejo ausência de significação em todas as cousas;*
>
> *Vejo-o e amo-me, porque ser uma cousa é não significar nada.*
>
> *Ser uma cousa é não ser susceptível de interpretação.*
>
> *(Alberto Caeiro, 12 de abril de 1919; Pessoa, 1983, p. 167)*

Assim, existir depende aqui de uma igualdade consigo mesmo, o que não significa, evidentemente, que essa existência seja infinita:

> *Antes o vôo da ave que passa e não deixa rastro*
>
> *Que a passagem do animal, que fica lembrada no chão.*
>
> *A ave passa e esquece, e assim deve ser.*
>
> *O animal, onde já não está e por isso de nada serve,*
>
> *Mostra que já não esteve, o que não serve de nada.*
>
> *A recordação é uma traição à Natureza,*
>
> *Porque a Natureza de ontem não é Natureza.*
>
> *O que foi não é nada, e lembrar é não ver.*
>
> *Passa, ave, passa, e ensina-me a passar!*
>
> *(Alberto Caeiro, 7 de maio de 1914; Pessoa, 1983, p. 158)*

Assim, duas posições opostas são representadas com clareza. A constância dessa organização no sistema heteronímico tem um interesse para a psicanálise. Alberto Caeiro, que parece ser completamente insensível a qualquer alteridade em si, aceita unicamente a morte como forma de negação do sujeito. Em Pessoa ele-mesmo, a morte, por sua vez, é ela própria impotente ante uma forma radical de alteridade que corrói o fundamento do sujeito.

Pessoa reage contra a possessão estrangeira de Alberto Caeiro com um de seus poemas mais didáticos referentes à despersonalização: "Chuva oblíqua". Parece, de certa maneira, ter reagido contra uma ameaça de fixação no mundo excessivamente idêntico a si mesmo de Alberto Caeiro. O não ser da alteridade parece ser o lugar mais familiar a Pessoa, e é para ela que ele volta sempre. Com certeza esse espaço torna-se às vezes um abismo: a brincadeira de ser outro, o abismo do outrar-se, pode chegar a não permitir mais a realidade, de tal maneira que nem mesmo a morte pode libertar o sujeito. Contudo, isso é apenas sua posição extrema, pois é também a alteridade que sustenta a volta de Pessoa/Caeiro a Pessoa ele mesmo.

Na verdade, Caeiro foi o único capaz de provocar um êxtase tão intenso em Pessoa, quando "encarnou" em seu futuro discípulo. Caeiro, figura ideal do paganismo, encarna também o lugar do desaparecimento mais perfeito de toda sensibilidade à alteridade. Caeiro é sempre igual a ele mesmo. Nós estaríamos muito enganados, contudo, ao atribuir-lhe o papel de um ego ideal, em que um narcisismo absoluto não admite variações em seu estado, pois Caeiro admite a negação da existência pela morte, que é uma dessas variações impermeáveis a esse tipo de narcisismo.

Ao mesmo tempo, toda negação do sujeito vinda da alteridade é, para Caeiro, completamente silenciada. A exclusividade de sua sensibilidade à morte parece assim estar em uma relação profunda com sua ausência de sensibilidade à alteridade. Dito de outra forma, em Alberto Caeiro a finitude silencia a alteridade. Examinando, por outro lado, a mesma polaridade em Pessoa ele mesmo, ela se apresenta numa forma inversa: em Pessoa, a alteridade suspende a finitude.

É inegável o interesse da categoria da alteridade na discriminação dos poetas da heteronímia. A alteridade, seja como objeto de uma recusa, como no caso de Caeiro, seja como modalidade de uma poética, como no caso de Fernando Pessoa ele mesmo, pode ser considerada uma estrutura constitutiva do sujeito. Essa constatação torna possível um diálogo entre a hipótese de uma alteridade radical, organizadora da constelação de heterônimos, e a experiência mais marcante da alteridade na psicanálise, a saber, a transferência. Note-se que, por um lado, tal diálogo desloca a categoria da alteridade para aquela de um interlocutor de natureza híbrida, parcialmente encarnado no analista, e parcialmente indissociável deste. Falas transferenciais, segundo Freud (1912/1982), são falas que fazem simultaneamente parte do consciente e do inconsciente, e que se dão sobretudo na forma de repetições e demandas inconscientes para o paciente. A alteridade da heteronímia, diferentemente daquela que estrutura a transferência na experiência analítica, se apresenta sob uma modalidade invariavelmente negativa. Cabe perguntar se e em que medida a alteridade psicanalítica na transferência não comporta igualmente um estatuto negativo, organizado em torno de uma ausência radical. Na sequência deste capítulo, tal possibilidade será explorada a partir da figura de uma *mãe desde sempre morta*. Por outro lado, a partir da função do interlocutor ausente, concebida por Pierre Fédida, a figura hipotética da mãe morta seria indissociável da própria constelação heteronímica e, nessa medida, participante da experiência do inquietante desencadeada pela heteronímia.

No Capítulo 8, apresento a hipótese de que o *inquietante* (*das Unheimliche*) desencadeado pela heteronímia pode ser considerado como homólogo à situação psicanalítica. Diferentemente de uma relação de analogia, a homologia implica que seus elementos tenham uma mesma origem, um mesmo *antepassado*. A hipótese de uma homologia entre a heteronímia e a situação analítica visa examinar as condições de possibilidade e a estrutura da suspensão do juízo de realidade comum a ambas. Em Fernando Pessoa, tal suspensão da realidade se encarna na incerteza avassaladora quanto à própria subjetividade como entidade real. Ao ler sua obra, a incômoda possibilidade de revelação de um fundo igualmente ilusório de nossa subjetividade nos ameaça sorrateiramente. Em outros termos, a experiência de sua leitura evoca sistematicamente a questão da *natureza* de nosso Eu: éramos tão familiares a nós mesmos até então, mas eis que uma dúvida a respeito de nossa própria realidade subitamente se impõe sem mediações. Pertenceríamos na verdade ao domínio da ficção? A obra de Fernando Pessoa nos revela a todos, com efeito, como igualmente ameaçados pelo retorno de uma ficção como ficção. Seríamos na origem, pois, todos simplesmente "falsos"? Nossa origem fictícia seria o conteúdo rechaçado ou ultrapassado de nossa identidade, conteúdo esse evidenciado pelo inquietante desencadeado pela heteronímia?

A exploração psicanalítica do inquietante em Fernando Pessoa será aqui realizada a partir de Winnicott, Lacan e Fédida. Com base na hipótese da homologia de ambas as experiências, trata-se aqui, especificamente, da proposição de vértices de reflexão sobre a insólita implicação da alteridade na estrutura da linguagem segundo a experiência analítica.

Um sujeito aberto em sua origem: o "verdadeiro-self" segundo Winnicott

Winnicott empregou o termo "falso-*self*" para designar analisandos que, segundo ele, jamais experimentaram o sentimento de sua própria existência. Assim, o acesso ao sentimento de ser nem sempre se realiza. O chegar à existência supõe, segundo Winnicott, a ajuda de uma mãe suficientemente boa, que seja capaz de introduzir a criança na presença do mundo. É a partir de tal papel primordialmente demiúrgico atribuído à mãe que Winnicott pode afirmar que o bebê não existe. De fato, ele não possui senão uma existência virtual, e não é mais do que uma possibilidade a se fazer, ainda não estando ligado ao mundo factual e dele tampouco estando separado como indivíduo. O processo de constituição da relação do bebê com um mundo – enquanto construção de categorias do tempo e do espaço – é nomeado por Winnicott como "integração".

Uma mãe suficientemente boa seria capaz de se identificar com o bebê ainda não integrado e, não obstante, continuar sensível a todas as suas necessidades. Essa mãe é, pois, simultaneamente integrada e não integrada, ou, se se quiser, existente e não existente, no sentido que Winnicott atribui ao termo. Em um segundo momento – de fato já incluso no sentido winnicottiano de cuidado maternal –, tal mãe progressivamente introduz intervalos de tempo entre a necessidade de seu bebê e sua resposta. Esses intervalos serão mensurados e adaptados à maturidade da criança, que poderá então constituir tranquila e secretamente o espaço de uma solidão, lugar não espacial do psiquismo enquanto psiquismo.

O "nascimento ontológico" do bebê, isto é, o passo do estado de não existência ao de existência, o *acesso ao ser*, é então possibilitado e acompanhado por essa mãe. E a possibilidade sempre aberta desse passo será também a inquietante familiaridade com a inexistência desenvolvida pelo bebê. Winnicott denominará *"self"* tal familiaridade com a passagem entre inexistência e existência pressuposta em sua *mãe suficientemente boa*. A ideia de *self* implica, pois, a abertura entre a face obscura e a face luminosa do existir. De início, o *self* estende-se entre dois "corpos", uma vez que se desdobra entre o bebê como a sombra e sua mãe como sombra e luz de uma fenda aberta nesse encontro.[3] O *self* não deve, pois, ser compreendido como identidade consigo mesmo, como corres-

---

3 "O si", escreve J.-B Pontalis (1977), "não é o centro; tampouco é o inacessível, escondido em alguma parte nos recônditos do ser. Ele se encontra no entredois do fora e do dentro, do eu e do não eu, da criança e de sua mãe, do corpo e da palavra" (p. 180).

pondência entre o Eu e a representação que ele faz de si mesmo. Trata-se, antes disso, da área do brincar na qual a realidade se faz possível. O *self* é inseparável, nesse sentido, do poder brincar nessa área transicional entre o ser e o nada. Tal brincar precede e torna possível a realidade, e, inversamente, a realidade é uma aquisição secundária, condicionada à capacidade de brincar.

O *self* não se ocupa da mãe, não se identifica ao que ela espera de seu bebê. Pelo contrário, esse momento psíquico é o de uma existência sem autorrepresentação e sem reflexão. O *self* não segue, assim, a lógica do espelho e se dá em um tempo aquém da representação, não sendo, pois, jamais idêntico a si mesmo. O sujeito, aqui, não é afetado nem pela necessidade de se opor ao objeto, nem pela de se "manter em conjunto". Poder-se-ia talvez falar, tal como Heidegger (1957/1990) o faz para a relação entre o Ser e a Linguagem, de um "copertencimento" entre o prazer e o gesto esboçado.

A questão da falsidade, Winnicott a compreende a partir do falso-*self*, um estado resultante das experiências primordiais infantis de falta e das tentativas de suprir a mãe na fase de integração. Tais experiências de privação impossibilitaram o brincar da criança no abismo entre a inexistência e a existência. Uma integração precoce e precária foi experimentada: o falso-*self* está na origem tanto de um falso mundo como de uma falsa solidão. Segundo Winnicott, o verdadeiro- e o falso-*self* não são uma nosografia tipológica. O falso-*self* se apresenta de modo "normal" nos indivíduos neuróticos, bem como nos psicóticos, com uma função protetora em ambos os casos (Pontalis, 1977, p. 180).

Ora, tudo isso vem sugerir uma certa inadequação da noção de falso-*self* a Fernando Pessoa, a despeito de sua poética fundar-se sobre uma teoria própria do fingimento (ver o Capítulo 1). Como compreender isso?

O engano bem-sucedido do bebê lacaniano e a mãe morta de Bernardo Soares

Antes de esboçar uma resposta, retomemos outra reflexão sobre a falsidade em psicanálise. Lacan (1994) apresenta a figura da mãe insaciável como causa de uma *falsidade originária do ego*:

> *A etapa crucial se encontra logo antes do Édipo, entre a relação primeira da qual hoje parti, e que fundamentei para vocês, a da frustração primitiva, e o Édipo. É a etapa em que a criança se envolve na dialética intersubjetiva do engodo.* Para satisfazer o que não pode ser satisfeito, a saber, esse desejo da mãe que, em seu fundamento, é insaciável, a criança, por qualquer via que o faça, se engaja na via de fazer-se ela própria objeto-enganador. Esse desejo que não pode ser satisfeito, trata-se de enganá-lo. *É precisamente enquanto ele mostra à sua mãe o que não é que se constrói o encaminhamento em torno do qual o eu se apossa de sua estabilidade. Enquanto se faz objeto para enganar, a criança se encontra engajada em face do outro em uma posição em que a relação intersubjetiva está inteiramente constituída.* Não é simplesmente um engodo imediato, tal como o que se produz no reino animal, onde se trata, para aquele que se orna de cores em ostentação, de erigir toda a situação ao se produzir. Ao contrário, o sujeito supõe no outro o desejo. É um desejo em segundo grau que é preciso satisfazer, e, sendo um desejo que não pode ser satisfeito, só se pode mesmo enganá-lo. (p. 194, grifo nosso)

Diante do desejo insaciável da mãe, e sem outra saída, o bebê a engana. Essa criança está obrigada a ser um engodo, obrigação que se estabiliza pelo próprio êxito obtido no engano da mãe. De tal ponto de vista, pode-se até mesmo considerar que o engano do bebê em questão não está totalmente privado de valor afetivo, já que ele funciona como uma espécie de objeto transicional para ambos, destinado a aplacar o sono da mãe, como também o da criança: a criança se transforma em mãe de sua mãe, a fim de embalar a criança desamparada que percebe nesta última. O *bebê sábio* de Ferenczi (1923/1993, p. 207) vem naturalmente à lembrança. Mas isso nos levaria para outras paragens.

Uma vez que esse embalar a quem embala e essa insólita cantiga de ninar obtêm de fato um certo sucesso, tal *criança-mãe* se instala e adquire permanência. O espelho, assim como a permanência do eu em torno de certas representações, seria precedido por essa mãe aparentemente insaciável, mas, na verdade, saciável mediante uma certa maestria da arte do engano. A criança enganadora é, assim, um modo de subjetivação interior à ordem do representável, precisamente aquele representável que se constrói *a partir de* e *para* o olhar do outro. Essa lógica, para que funcione, supõe, com efeito, uma simetria entre o sujeito e o outro, fonte de um olhar enganado.

Nesse sentido, surge igualmente aqui uma dificuldade de se compreender a falsidade pessoana a partir da criança de que fala Lacan. Somos afetados por outro *desassossego* pelo viés da heteronímia. A "falsidade originária" do eu, isto é, seu caráter radicalmente falso segundo Lacan, não parece coincidir com esse conteúdo supostamente *rechaçado* ou *ultrapassado*, tempo de um engodo ontológico cujo retorno desencadearia em nós um sentimento de inquietante familiaridade.

Qual seria, pois, o tempo desse engodo imemorial? Qual seria o tempo de uma falsidade ainda mais antiga do que a falsidade intrínseca à identidade do eu? Com efeito, é dessa identidade da criança-mãe que carece, precisamente, Pessoa. A heteronímia poderia muito bem ser definida como uma instabilidade da função do eu, que "salta" de um grupo de representação a outro, sem se fiar em nenhum deles como morada de sua identidade. Essa criança de que se trataria em Pessoa jamais se convenceu de ter chegado a enganar o desejo insaciável da mãe, pois de súbito esse desejo se apresenta a ele como mais radicalmente insaciável do que aquele a que se confronta o bebê lacaniano. Tomemos, por exemplo, Bernardo Soares, de seus semi-heterônimos o mais espontâneo e autor do *Livro do desassossego* (Pessoa, 1999). Esse personagem-autor se apresenta como enganador decadente, já sem o vigor de querer enganar o seu público. O espelho jamais se coloca realmente para ele: seu lago de Narciso se revela exaurido e só faz refletir o semblante enigmático de um outro que se posicionaria já para além de toda comunicação:

> *Bem sei que é fácil formar uma teoria da fluidez das coisas e das almas, compreender que somos um decurso interior de vida, imaginar que o que somos é uma quantidade crescente, que passamos por nós, que fomos muitos... Mas aqui há outra coisa que não o mero decurso da personalidade entre as próprias margens: há um outro absoluto, um ser alheio que foi meu. Que perdesse, com o acréscimo da idade, a imaginação, a emoção, um tipo de inteligência, um modo de sentimento – tudo isso, fazendo-me pena, não me faria pasmo. Mas aqui assisto quando me leio como a um estranho? A que beira estou se me vejo no fundo? (Pessoa, 1999, p. 218)*

Em uma inversão bastante surpreendente em relação ao texto freudiano "O inquietante" – texto em que o duplo possui certo poder de desencadear esse sentimento. Trata-se aqui antes da ausência de um duplo – aquele de quem a imagem especular pode ser um apoio à função de reconhecimento – que desencadeia um sentimento inquietante (ver o Capítulo 8). Uma outra via se mostra aqui persistentemente, a de um narcisismo em falta em Pessoa – aquela de uma impossível apropriação de si mesmo. Com efeito, do ponto de vista do grande *desassossego* de Pessoa, a ideia de um "duplo" é precisamente o que não é concebível. É que na ausência de um fundo que garanta a comunicação na estrutura da linguagem, a palavra não pode sustentar a simetria suposta pelo duplo. Mas se o duplo não pode ser inquietante em si, segundo Freud (ver o Capítulo 8), por que a sua ausência o seria? Com efeito, um sentimento inquietante se justificará, nessas condições, se e somente se essa ausência puder ameaçar nosso cotidiano como um fantasma. A ausência desse outro enquanto duplo – outro cujo estatuto de alteridade inultrapassável, segundo Lévinas (1974), dá lugar ao aparecimento de uma alteridade absolutamente outra – teria também uma dinâmica temporal: recalcada no passado, ela volta à força no presente. Em outras palavras, a ausência de um duplo e, *a fortiori*, a impossibilidade de toda intersubjetividade seriam por nós consideradas como algo superado e pertencente ao passado.

> *Cheguei hoje, de repente, a uma sensação absurda e justa. Reparei, num relâmpago íntimo, que não sou ninguém. Ninguém, absolutamente ninguém. Quando brilhou o relâmpago, aquilo onde supus uma cidade era um plaino deserto; e a luz sinistra que me mostrou a mim não revelou céu acima dele. Roubaram-me o poder de ser antes que o mundo fosse. Se tive que reencarnar, reencarnei sem mim, sem ter eu reencarnado. Sou*

os arredores de uma vila que não há, o comentário prolixo a um livro que não se escreveu. Não sou ninguém, ninguém. Não sei sentir, não sei pensar, não sei querer. Sou uma figura de romance por escrever, passando aérea, e desfeita sem ter sido, entre os sonhos de quem me não soube completar. Penso sempre, sinto sempre; mas meu pensamento não contém raciocínios, a minha emoção não contém emoções. Estou caindo, depois do alçapão lá em cima, por todo o espaço infinito, numa queda sem direção, infinitupla e vazia. Minha alma é um maelstrom negro, vasta vertigem à roda de vácuo, movimento de um oceano infinito em torno de um buraco em nada, e nas águas que são mais giro que águas boiam todas as imagens do que vi e ouvi no mundo – vão casas, caras, livros, caixotes, rastros de música e sílabas de vozes, num rodopio sinistro e sem fundo.

E eu, verdadeiramente eu, sou o centro que não há nisto senão por uma geometria do abismo; sou o nada em torno do qual este movimento gira, só para que gire, sem que esse centro exista senão porque todo o círculo o tem. Eu, verdadeiramente eu, sou poço sem muros, mas com a viscosidade dos muros, o centro de tudo com nada à roda. E é, em mim, como se o inferno ele-mesmo risse, sem ao menos a humanidade de diabos a rirem, a loucura grasnada do universo morto, o cadáver rodante do espaço físico, o fim de todos os mundos flutuando negro ao vento, disforme, anacrônico, sem Deus que o houvesse criado, sem ele mesmo que está rodando nas trevas das trevas, impossível, único, tudo. Poder saber pensar! Poder saber sentir! Minha mãe morreu muito cedo, e eu não a cheguei a conhecer... (Pessoa, 1999, pp. 257-258)

Eis a figura que nos servirá de guia em nossa análise da linguagem em situação analítica. Evidentemente, Soares não fala aqui de sua mãe real, que, aliás, ele jamais teve. Trata-se, antes disso, da mãe como potência de ligação à realidade, da mãe que transforma um pensamento em *meu pensamento*, que, no seu caso, jamais foi conhecida. A morte a levou antes da queda de seu bebê na existência, condenando-o a "subsistir" eternamente nos limbos flutuantes de um "poço sem muros, mas com a viscosidade dos muros, o centro de tudo com nada à roda".

Da mãe morta à impossibilidade da transferência: distinção de alteridades

Se a inquietante familiaridade da ficção pessoana constitui-se não somente a partir do fato de que a realidade é posta entre parênteses, como também pela dissolução da oposição entre ficção e realidade, pode-se talvez pensar que sua diferença seja a *ficcionalização* da realidade, isto é, a experiência de que a realidade se torna ela mesma ficcional (ver o Capítulo 9). Mas a ficção está sempre dirigida ao outro, a pintura constrói seu espectador como o poema evoca seu interlocutor (ver o Capítulo 6). Bernardo Soares nomeia na citação mencionada a ausência de um "outro" nessa situação – "minha mãe morreu muito cedo, e eu não a cheguei a conhecer" –, isto é, um espectador ausente como parte da ficcionalidade sem medida na qual vive. Define-se aqui uma nova faceta da *Unheimlichkeit* pessoana a partir de uma certa modalidade de ausência do outro. Entretanto, para compreender a especificidade dessa ausência, será preciso fazer a distinção entre três tipos de alteridade, distinção que se opera pela negatividade específica que afeta cada uma delas.

O bebê se faz enganador a partir do desejo insaciável da mãe, o que supõe um leito prévio de desejo e, portanto, a existência de uma mãe desejante. Essa mãe, por assim dizer, saciável pelo engodo, existe enquanto representante abordável da alteridade. A mãe "histericamente insaciável" está sempre pronta a concluir pactos e negócios, daí a variedade de tipologias e a diversidade das formas exteriores dos bebês-mães. *Essa mãe "histericamente insaciável", isto é, suscetível de ser enganada, vem a ser o primeiro tipo de alteridade.* O "outro", para cada bebê, se encontra aqui bastante visível e preservado e, portanto, solidamente assentado em seu *status quo* real e presente na cena do engodo, ainda que na posição de simplória vítima de um logro...

O medo infantil de ser engolido por um monstro é o traço bastante vivo dessa alteridade perigosa pelo excesso de seu desejo. Em face de tal avidez, o bebê enganador se empenha na arte da prestidigitação e da hipnose, bem como em qualquer outra atividade soporífica. Potencialmente é um grande sedutor, já que desde o início atribui ao outro o caráter de uma presença cobiçada que se trata de cativar... Pode-se compreender melhor esse tipo de alteridade a partir do duplo ausente, constitutivo da transferência. "Ausente", enquanto figura da repetição na transferência, não deve, bem entendido, ser confundido com a "ausência", que seria antes a negatividade implicada na escuta do ausente, negatividade a partir da qual se define a presença do analista (Fédida, 1978, p. 257).

Ora, a partir da ausência do espelho, a "marca" pessoana será, por sua vez, não só a de uma espontaneidade malograda – que, em Winnicott, seria supostamente constitutiva do falso-*self* –, mas também a da impossibilidade de um engano minimamente bem-sucedido. O "momento" pessoano da ausência do espelho designa a impossibilidade de um engodo da mãe insaciável, ali onde esse engodo ainda é possível para o bebê enganador.

A mãe morta de Soares é verdadeira e decididamente insaciável se comparada à mãe "histericamente insaciável" de Lacan. *A mãe morta seria, nesse sentido, o segundo tipo de alteridade*, alteridade que só preserva de outrem os seus traços mortos, suas relíquias imperecíveis, como os ossos e os cabelos.

Em vista de seu desvio ante a primeira forma de alteridade, o bebê pessoano não tem tantas chances como seu "colega" lacaniano. Nada de brincadeiras de luz e sombra, nada de esconde-esconde, nada de *Fort-da*, nada de enganos jubilatórios. A mãe morta jamais alcançou a condição de se tornar um ausente, o que terá consequências fatais para esse bebê, a saber, a impossibilidade de se constituir uma transferência. Tudo se passa como se a mãe do bebê pessoano jamais tivesse estado em condições de fornecer uma satisfação alucinatória do desejo, como se ela jamais tivesse podido se deixar seduzir pela presença, pelo maternal presente reinventado por seu filho, e a continuidade temporal que ele vivencia então não é nada mais que um eterno vazio imóvel, no qual o devir e mesmo a finitude são impossíveis.

Tanto a mãe "histericamente insaciável" do bebê enganador como a "mãe morta" do bebê pessoano dão à luz bebês não nascidos. Mas trata-se de não nascimentos de ordem diversa e, de certo ponto de vista, suas cicatrizes chegam a ser contrárias. As do falso-*self*, em que a criança é chamada a um nascimento demasiado precoce, deixam nele traços visíveis de tal atropelamento do tempo: ele procura desesperadamente nascer, assim como busca desesperadamente o "verdadeiro" encontro com uma mãe (suficientemente boa, talvez?). A cicatriz em negativo do bebê pessoano é, por sua vez, a de um nascimento esquecido, ausência de toda promessa de vida, possibilidade que nunca abandonou seu espaço meramente virtual, espera sem esperança – *une lettre en souffrance*, diria Roland Barthes, isto é, uma carta à espera de seu destinatário que nunca veio –, enfim, uma vida deixada na prateleira empoeirada de um aquém do mundo. Essa cicatriz em negativo está inscrita em um tempo pré-inaugural, negação mais antiga que o próprio nada. Dois trechos do mesmo *Livro do desassossego*:

> *Nenhuma ânsia em nós tem razão de ser. Nossa atenção é um absurdo consentido pela nossa inércia alada.*
>
> *Eu não sei quais óleos de penumbra ungem a nossa ideia do nosso corpo. O cansaço que temos é a sombra de um cansaço. Vem-nos de muito longe, como a nossa ideia de haver a nossa vida. (Pessoa, 1999, p. 456)*
>
> *Creio entrever, por vezes, nas especulações, em geral confusas, dos hindus, qualquer coisa desta ambição mais negativa do que o nada. Mas ou lhes falta a agudeza de sensação para relatar assim o que pensam, ou lhes falta a acuidade de pensamento para sentir assim o que sentem. O fato é que o que neles entrevejo não vejo. O fato é que me creio o primeiro a entregar a palavras o absurdo sinistro desta sensação sem remédio . . . escrevo como quem dorme, toda a minha vida é um recibo por assinar. (Pessoa, 1999, pp. 157-158)*

Duas temporalidades completamente distintas regem, então, esses dois não nascidos. O bebê enganador lacaniano é decididamente escatológico, ou seja, deixa-se guiar pelos fins possíveis, conhecendo com perfeição a linha de Cronos, o que lhe permite "perseguir objetivos". Já o pessoano não vê sentido algum nesse tempo linear, tomado nesse nada em torno do qual seu movimento tergiversa, sem outro objetivo que não o de tergiversar. O seu tempo é circular, como o do desejo, mas os seus "pontos de suspensão" são inexistentes.

Essas duas figuras, aliás, definem, como consequência de suas diferentes lógicas temporais, duas formas totalmente distintas de relação com a culpa. O bebê enganador se sente falso e profundamente culpável, sonhando sempre com a redenção que poderia lhe conceder o ato da confissão, por exemplo. O bebê pessoano, por sua vez, se sente igualmente falso, mas sem culpabilidade e, se chega a sonhar, sofre por jamais ter para quem sonhar. Mais do que a enervante inquietude de descobrir a si mesmo sob a feição de um enganador literalmente irrecuperável, o bebê pessoano vivencia a inquietude de saber-se filho de uma mãe morta que jamais poderia ser envolta na ilusão. Esse sofrimento, se comparado ao do seu colega, desvenda o mesquinho engodo do bebê enganador como prova de que ele não passa de uma vítima galante de uma boa-fé por ele mesmo insuspeitada. O bebê enganador lacaniano está bem satisfeito com o que a alucinação de uma mãe que alucina pode lhe dar. O bebê pessoano jamais conheceu sua mãe, e a herança que lhe resta é ser um centro de nada, centro impensável senão por uma geometria do abismo. Quem sabe, talvez seja essa a razão pela qual Soares tanto preza a realidade, quando no fundo, para ele, ela não é mais que outra paisagem, de natureza tão incerta quanto a de um sonho (ver o Capítulo 2).

Examinemos, por fim, o terceiro tipo de alteridade, esse que, tal como o segundo, é parte indissociável do fenômeno da heteronímia.

A impossibilidade da transferência pessoana

Seria difícil negar que a transferência supõe um reconhecimento prévio. Uma das primeiras abordagens de Freud sobre a transferência era a de compreendê-la como uma falsa aliança (*falsche Verknüpfung*). Ora, o adjetivo "falso" implica um reconhecimento como necessariamente implícito nos "equívocos" do pensamento inconsciente. Em Pessoa, poderíamos conceber que algo como uma "transferência", nesse sentido, seria impossível, constatada sua incapacidade radical de qualquer reconhecimento. Mas o infantil não insiste apenas no que ele encontrou, mas também no que jamais existiu. O outro "real" não será, pois, para Pessoa, a possibilidade primeira de retomar o infantil, e a transferência nessas condições se torna não precária, mas talvez impossível. Não há "outro ausente" na ausência de falso-reconhecimento; e a não aliança como origem primeira jamais permitirá falsas alianças ulteriores. A seus olhos, o primeiro outro, a mãe, jamais se confundiu com ele, confusão que é a condição única de entrada na existência em companhia de outrem. A existência pessoana jamais firmou aliança com ninguém, e a própria temporalidade fortuita e regularmente híbrida da transferência – como quando o silêncio presente do analista se associa a ausências infantis – não é mais possível. Em Pessoa, os dois tempos – o tempo infantil e o tempo atual – encontram-se aparentemente separados, correndo paralelamente sem jamais se tocarem ou se confundirem. O seu tempo onírico só bebe de suas próprias fontes, de modo quase completamente autístico. O mundo pessoano é sem peso, e a totalidade da realidade material passa a obedecer a uma gravidade lunar ou aquática, que retém ao mesmo tempo que torna leves os movimentos dos corpos.

O si-mesmo pessoano jamais foi objeto transicional para dois, e jamais substituiu mãe alguma. Na ausência de espelhos mágicos – todos os espelhos são em certa medida mágicos, salvo para os grandes decepcionados, como Pessoa –, a imagem especular só traz em si o mesmo enigma de todas as faces e, àquele para quem o abismo é o único ponto de vista, a própria ideia de um duplo não tem lugar.

Em Pessoa, o reconhecimento parece ser assim uma função psíquica não meramente ausente, mas impossível: ausência de reconhecimento de si na totalidade de seu sistema. Eis por que é inimaginável algo como uma transferência em Pessoa, pois, uma vez que há um falso-reconhecimento, a transferência existe, e já está instaurada como tal. De fato, se a condição estrutural da transferência é também a negação do reconhecimento, uma vez que o outro não é nunca o que é suposto ser, sua instauração, no entanto, implica que o "campo" para o reconhecimento se encontre já instalado. Em outras palavras, apesar de sua condição falsa, o outro já está sempre lá. O solo de um outro alucinável é, assim, uma condição para pensarmos um interlocutor ausente da transferência. Para Pessoa, contudo, como para Celan (1990, p. 72), "Ninguém testemunha pela testemunha" ("*Niemand zeugt für den Zeuge*"), e, nesse caso, as próprias condições de possibilidade da transferência estão ausentes.

No lugar da transferência, surge em Pessoa a abertura a uma forma de alteridade interior. A heteronímia seria, nesse sentido, uma forma de encontro positivo com o outro, encontro análogo, mas não homólogo, ao reencontro do outro na experiência da transferência. O *outrar-se* constitui o modo mais importante do "encontro" com outrem em Pessoa... *O outrar-se seria então um terceiro modo de alteridade, alteridade interior que não exige a presença material de um outro para que seja eficaz no psiquismo.*

Pessoa (1986) tem o hábito de se referir, por exemplo, a Álvaro de Campos como seu "velho amigo" e "companheiro de psiquismo". Tal condição híbrida não seria análoga àquela outra, frequente na situação psicanalítica, em que um personagem de sonho ou de lembrança adquire pouco a pouco a espessura de um símbolo de utilização privada, capaz de permitir ao analisando nomear certas repetições?

Assim, a figura de um heterônimo teria um papel análogo ao de um processo de metaforização da neurose de transferência. Mas deve-se notar uma singular simetria inversa entre a metaforização da neurose de transferência e a heteronímia pessoana: enquanto a primeira parte da situação da transferência concreta sobre a pessoa do analista para tornar-se uma figura dotada de uma potência "óptica" interior, um heterônimo é, desde o início, uma figura autóctone e absolutamente associal – feita da mesma matéria dos sonhos, diria próspero – e que adquire um estatuto de alteridade socializada na medida de sua elaboração literária.

Para além do interlocutor do sonho: o lugar da mãe morta

A diferença descrita entre a origem autóctone do heterônimo e a origem social e encarnada da transferência permite que se retomem aqui os argumentos de Pierre Fédida (1985) sobre a função metapsicológica das noções de *interlocutor do sintoma* e *interlocutor do sonho* (p. 45).

Fédida, ao retomar a transformabilidade dos sintomas em neurose de transferência, faz uma interrogação fundamental: se são capazes de se transformar em transferência, os sintomas não teriam sido sempre dirigidos a alguém? Com efeito, partindo desse processo de deslocamento dos sintomas para o analista, Pierre Fédida (1992b) propõe a ideia de um *interlocutor do sintoma*, alteridade pré-transferencial à qual o sintoma estaria originariamente dirigido antes de transformar-se em transferência (p. 257).

Ora, a transferência vale, nesse sentido, como um *experimentum cruxis* que permite que a inferência de um *interlocutor* seja estendida a toda e qualquer formação de compromisso, por exemplo, o sonho. Pode-se, assim, considerar a capacidade do sonho de presentificar a memória do infantil – capacidade partilhada com a transferência – igualmente sob a hipótese de um *interlocutor*. Entretanto, deve-se notar que a negatividade própria à transferência exige que se pense o *interlocutor* como definitivamente estruturado a partir de sua *ausência*. Assim, se a noção de "*ausente*" na transferência se refere àquele que, pela presença do analista, evoca uma memória do infantil, será igualmente preciso refletir sobre o *interlocutor do sonho* sob a ótica de uma "alteridade ausente". Do mesmo modo, se a semelhança entre um heterônimo e uma transferência se refere à capacidade de presentificar a memória do infantil, a diferença entre eles implica conceber diferentes estruturas para o *interlocutor ausente* subjacente a cada um desses tipos de alteridade.

Vejamos, antes de mais nada, a diferença entre a imagem do *interlocutor do sonho* e a do *ausente da transferência*. São duas figuras que diferem, sobretudo, pelo fato de que a primeira é essencialmente "autística", e a segunda, "haloplástica". No entanto, ambas implicam o retorno do infantil inconsciente. O interlocutor do sonho seria uma noção metapsicológica suscetível de comportar o que definimos como terceiro tipo de alteridade, assim, distinto da "ausência da transferência" pelo fato de que não há necessidade de uma presença real, podendo invocar a memória do infantil *ab nihil*, ou, em outras palavras, de modo "autístico". Com efeito, Freud afirmava o sonho como a produção psíquica associal por excelência.

A *ausência da transferência*, cabe lembrar, não é de todo imaterial, uma vez que é o retorno do infantil, exercido por uma modalidade de *ausência* que depende da pessoa concreta do analista (Fédida, 1992b, p. 257). Dando um passo adiante, mediante a analogia com a negatividade da presença do analista, ou, melhor, de sua *ausência*, Fédida (1992a) avança a noção de *ninguém* como apoio negativo do interlocutor do sonho (p. 278). Notemos, assim, que a noção de *ninguém*, uma vez compreendida como *condição de possibilidade* do interlocutor do sonho, também gravita essencialmente no registro do autoerotismo. Se a *ausência da transferência* depende da *pessoa do analista* – objeto heteroerótico – para operar a memória infantil, o *interlocutor do sonho* depende da noção de *ninguém* como objeto autoerótico. Nesse sentido, os heterônimos em que Pessoa tem por hábito *se outrar*, os quais, em sua economia autística, se assemelham à noção de interlocutor do sonho, evocariam, pois, a noção de *ninguém* de Pierre Fédida como condição de possibilidade. Contudo, se os tomarmos como essencialmente dependentes da figura da mãe morta, eles evocarão a noção de *ninguém* em sua versão não erótica, ou seja, *ninguém* como apoio e condição dos vestígios do *investimento fracassado* das identificações pré-objetais.

A mãe morta como condição da heteronímia

A inquietante familiaridade da heteronímia revela em nós um tempo intemporal, anterior ao tempo cronológico. Tempo de uma morte antes do nascimento, e que instala previamente o real como o traço inexistente do que teria podido ser e não foi. Falsidade, pois, ainda mais radical do que aquela de uma identidade falsa na origem, e mera cicatriz vitalícia do bebê enganador.

Uma ficcionalização desmesurada da própria subjetividade, tal como vemos no caso da obra pessoana, estaria, nesse sentido, em relação com um *interlocutor* cujo lugar discursivo é radicalmente negativo, o lugar de *ninguém*. Tal lugar se encarnaria, em Fernando Pessoa, na imagem da *mãe morta*, figura de ausência radical que foi oposta à da mãe insaciável. Diferentemente daquela da mãe morta, a ausência da mãe insaciável é apenas uma ausência discreta, por assim dizer, de segundo grau, uma vez que há um desejo, ainda que marcado pela impossibilidade de saciedade. Com efeito, a encarnação do lugar de *ninguém* na *mãe morta* não permite a constituição da ilusão de um poder enganar o desejo da mãe, como no caso do bebê enganador de Lacan. É a própria estrutura desejante do discurso, isto é, sua dimensão de ato de palavra comprometido na conquista do desejo maternal, que se vê, assim, sem uma causa para sua sedução.

O bebê enganador, se pudesse sair de seu deslumbramento e observar-se do ponto de vista do bebê pessoano, descobrir-se-ia de súbito radicalmente privado de seu espectador único: descobriria sua mãe como tendo já sempre estado morta, e todas as mímicas encenadas para cativá-la se lhe revelariam como definitivamente inúteis antes mesmo de terem sido iniciadas. O bebê enganador se descobriria enganado, mas esse engano se provaria ainda mais perturbador do que o suportado pela mãe alucinatoriamente enganada, pois ele se descobriria vítima solitária de um engodo de ninguém. A magia de suas palavras não teria encantado ninguém além dele mesmo, e isso por uma espécie de efeito secundário, como se o engano de que foi vítima tivesse ocorrido por mero acaso. Esse bebê decepcionado de todo o possível, subitamente condenado a se encontrar desde sempre só diante de um cuidado absolutamente autístico da palavra por ela mesma, não é outro senão o bebê pessoano.

Se, por um lado, a mãe morta "permite" a Pessoa uma fraca fixação da função identitária do eu, por outro, "permite" também a ficcionalização do mundo. Ora, poderemos então traçar uma analogia com a situação analítica, em que o eu, como sintoma de coagulação defensiva da atividade de rememoração, se opõe à associação livre, esta última compreendida como atividade essencialmente disseminatória, que realiza uma despersonalização a cada recordar. Com efeito, no curso das associações livres, esses dois fenômenos, a fraca fixação do eu e a ficcionalização do mundo, estão presentes. A partir daí caberia um interrogar-se sobre o lugar da figura da mãe morta, tanto na situação analítica como na metapsicologia freudiana.

A mãe morta e o lugar de ninguém na experiência analítica

Ora, a mãe morta parece ser o interlocutor desse processo semionírico que é a heteronímia. Interlocutor que estaria na origem da impossibilidade de uma instauração da transferência, uma vez que seria o fundamento de uma não aliança imemorial.

Seguindo a teorização de Fédida, o interlocutor do sonho se posiciona como questão a partir da capacidade, partilhada pelo sonho e pela transferência, de operar a memória infantil. Tomando o mesmo caminho em sentido inverso, seríamos levados a situar a questão do lugar da mãe morta na situação analítica, ou, em outras palavras, a questão da situação metapsicológica da linguagem na ausência da transferência. Mas haveria ainda "situação psicanalítica" na ausência da transferência?

Segundo Fédida (1985), a situação analítica se define não a partir das constantes empíricas que o enquadre supõe, mas dos lugares de memória da linguagem (p. 29). É-nos então possível posicionar a questão do interlocutor da palavra *não transferencial* se antes admitirmos a existência de traços negativos, marcas-d'água daquele que jamais foi "desejado". Isso definiria um tipo especial do *imemorial*, não suscetível de se tornar um "conteúdo de lembrança". O lugar de um interlocutor sem uma memória infantil fundada no desejo definiria uma alteridade do mesmo tipo que a da mãe morta. Tratar-se-ia do lugar de ninguém, mas numa vertente não erótica, a partir dos fenômenos não transferenciais da palavra, em oposição à alteridade transferencial (já desejante) a partir da qual se define o interlocutor do sonho. O *lugar de ninguém* se abriria, a partir da *mãe morta*, como um avesso tanático de sua face autoerótica.

Se "ninguém" é o "umbigo" do autoerotismo e constitui o lugar de alteridade ausente do interlocutor do sonho, a mãe morta, enquanto interlocutor da palavra não transferencial, será sua outra abertura e, provindo do avesso do "umbigo", será ela o umbigo a partir de Tanatos. Deve-se evitar, no entanto, a representação de uma simetria subjacente a essas imagens, pois esses dois "umbigos" talvez não se encontrem jamais, a exemplo do umbigo da mãe, que só encontra o da criança nas teorias infantis de geração.

O *lugar de ninguém* do lado da mãe morta, centro geométrico da palavra não transferencial, não seria então sugerido pelo lugar que este *outro* ninguém – aquele *ninguém* de que fala Novalis – ocupa diante da língua?

"*Gerade das Eigentümliche der Sprache, daß sie sich bloß um sich selbst bekümmert, weiß keiner*", o que podemos traduzir literalmente como: "Precisamente o próprio da língua, o fato de que ela só se ocupa de si mesma, ninguém o sabe". Mas também o que diria uma tradução mais livre, aproveitando-se da abertura translinguística entre "*keiner*" e "ninguém": "Ninguém é o único a saber precisamente o mais próprio da língua: que ela se ocupa exclusivamente de si".

É bem verdade que não se pode mais considerar tal momento psíquico como "psicanalítico" se se crê que a psicanálise tem seus limites lá onde o desejo acaba. Essa hesitação é surpreendentemente atual nos debates entre psicanalistas, não obstante as especulações freudianas em *Além do princípio de prazer*, no qual se lê que esse "além" é, ao mesmo tempo e sobretudo, um "aquém" do desejo. A pulsão de morte é ali apresentada como um momento psíquico não erótico cuja "volúpia" é a de um retorno ao inanimado. Como se sabe, as especulações freudianas em torno da pulsão de morte se enraízam no fato de que o princípio do prazer não explica certos fenômenos clínicos. Esse fato legitimaria que tais especulações recebessem tanto ou mais atenção que aquelas sobre os destinos do desejo.

A ausência da transferência, ou, mais precisamente, a não transferência, é, assim, um dos momentos constitutivos da palavra na situação analítica. Isso não só nas análises ditas difíceis, mas também no que se compreende por discurso neurótico. O interesse da noção de mãe morta é, antes mais nada, o de abrir a escuta para esse momento psíquico fundamentalmente negativo, constitutivo da "fenomenalidade" da psicanálise. Cabe, assim, notar que as distinções que fizemos não constituem uma "nosologia tipológica", e sim lugares metapsicológicos da palavra na situação analítica. E, contudo, é preciso considerar a hipótese de que certos analisandos nos inserem de maneira mais crítica em tal momento não transferencial no interior mesmo da transferência. O trabalho "clínico" nessas condições é então, sem dúvida, muito mais difícil, talvez porque negue nosso "corpo teórico" mais conhecido, expressão que indicaria o estado já avançado de decomposição da verdade das metáforas com que, supõe-se, trabalhamos.

Se há ainda um lugar possível para o analista nessas condições, tal lugar deve se pautar por uma desassossegada solicitude com respeito às alteridades para não se deixar nelas fixar. Em princípio, todas as posições de alteridade podem ser ocupadas na contratransferência "respondendo" à ausência da transferência: mãe "histericamente" insaciável, mãe morta, mas também o lugar tanático de ninguém, cujo saber é o de uma dupla solidão: a de não ser, nem ter sido, o mais próprio da língua e a de ser único ao sabê-lo.

Se o analista sofre constantemente a ameaça de que suas palavras se tornem "diálogo", cabe lembrar que, no polo oposto de sua escuta, o aguarda em permanência o risco de uma queda estática no abismo de um reconhecimento impossível. Que nos deixemos tornar ninguém, que nos deixemos descobrir como mãe morta, sem, contudo, nos fixarmos na queda desse abismo, supõe a solicitude com o negativo que Fédida soube ter. Uma peculiar solicitude com memórias de não lugares, com os traços do que nunca existiu, solicitude com a proximidade da mãe morta, de modo que sua distância enigmática fosse seu carinho próprio. Fédida indicou que o mais próprio da palavra em situação analítica não pode ser tocado senão ao preço de escutarmos os silêncios dirigidos a uma mãe morta. Talvez cuidasse assim da familiaridade profundamente inquietante entre o silêncio de uma escuta da palavra por si própria, o silêncio aberto sobre o qual flutua a linguagem em psicanálise e o gélido sopro imóvel de palavras jamais proferidas por uma mãe morta.

Referências

Birman, J. (1991). *Freud e a interpretação psicanalítica*. Rio de Janeiro: Relume-Dumará.

Celan, P. (1990). Aschenglorie. In: *Gedichte, Band 2* (Bibliothek Suhrkamp). Frankfurt am Main: Suhrkamp.

Da Silva Jr., N. (1999). O abismo fonte do olhar. A pré-perspectiva em Odilon Morais e a abertura da situação analítica. *Percurso – Revista de Psicanálise, 23*, 13-22.

Da Silva Jr., N. (2001). A ficcionalidade da psicanálise. Hipótese a partir do inquietante em Fernando Pessoa. In G. Bartucci (Org.). *Psicanálise, literatura e estéticas de subjetivação* (pp. 289-322). Rio de Janeiro: Imago.

Fédida, P. (1978). D'une essentielle dissymétrie dans la psychanalyse. In *L'absence*. Paris: Gallimard.

Fédida, P. (1985). Passé anachronique et présent réminiscent. *L'Ecrit du temps, 10*, 23-45.

Fédida, P. (1992a). Auto-érotisme et autisme. Conditions d'efficacité d'un paradigme en psychopathologie. In *Crise et contre-transfert* (pp. 267-286). Paris: Presses Universitaires de France.

Fédida, P. (1992b). Structure théorique du symptôme. L'interlocuteur. In *Crise et contre-transfert*. Paris: Presses Universitaires de France Paris.

Ferenczi, S. (1923/1993). O sonho do bebê sábio. In S. Ferenczi, *Psicanálise III* (A. Cabral, trad.). São Paulo: Martins Fontes.

Freud, S. (1912/1982). Zur Dynamik der Übertragung. *Studienausgabe, Ergänzungsband*. Frankfurt-am-Main: Fischer Taschenbuch Verlag.

Heidegger, M. (1957/1990). Der Satz der Identität. In M. Heidegger, *Identität und Differenz*. Pfullingen: Neske, 1990.

Lacan, J. (1994). La relation d'objet. In J. Lacan, *Le Séminaire* (Livre IV). Paris: Editions du Seuil.

Lambotte, M.-C. (1993). *Le discours mélancolique. De la phénoménologie à la métapsychologie.* Paris: Anthropos.

Lévinas, E. (1974). *Autrement qu'être ou au-delà de l'essence.* Paris: Kluwer Academic.

Pessoa, F. (1935/1986). Carta a Adolfo Cascais Monteiro, 13 de janeiro de 1935. In *Obra poética e em prosa* (Prosa 1, Vol. II). Porto: Lello & Irmão.

Pessoa, F. (1986). Carta a Fernandes Lopes, 26 de abril de 1919. In J. Blanco, *Pessoa en Personne. Lettres et documents.* Paris: Editions de la Différence.

Pessoa, F. (1983). *Obra poética.* Rio de Janeiro: Nova Aguilar.

Pessoa, F. (1990). *Obra em prosa.* Rio de Janeiro: Nova Aguilar.

Pessoa, F. (1999). *O livro do desassossego.* São Paulo: Companhia das Letras.

Pontalis, J.-B. (1977). Naissance et reconnaissance du soi. In J.-B. Pontalis, *Entre le rêve et la douleur.* Paris: Gallimard.

Robert, P. (1995). *Petit Robert. Dicionnaire alphabétique at analogique de la langue française.* Paris: Société du Nouveau Littré/ Le Robert.

Tabucchi, A. (1990/2000). *Un baule pieno di gente. Scritti su Fernando Pessoa.* Milano: Feltrinelli.

Parte 2

O espaço social e o sujeito da diferença

4. O mal-estar na identificação: diferenças entre Fernando Pessoa e o sujeito pós-moderno[1]

Introdução

Gostaria de apresentar aqui algumas hipóteses sobre um campo que creio merecer o nome de *mal-estar na identificação*. Trata-se, sobretudo, de tentar descrever a estrutura histórica mais ampla que define esse mal-estar, a saber, aquela que é determinada pela cultura. De fato, esse é um dos sentidos da alusão que este título pretende fazer ao texto de Freud *O mal-estar na cultura*, que apresenta o modo pelo qual a cultura determina um mal-estar de modo necessário, e não apenas contingente.

Além disso, estou aqui me propondo também a pensar o mal-estar na identificação na cultura atual. Isso implica que se retome, de modo comparativo, algumas diferenças entre o sujeito moderno e o sujeito pós-moderno em suas respectivas formas de sofrer os males da identificação. A escolha de Fernando Pessoa não é, assim,

---

1 Uma versão anterior deste capítulo foi publicada em: *Revista Ide*, n. 64 (Interpretações da cultura), v. 40, p. 77-93, 2017.

um acaso; trata-se provavelmente do poeta que mais radicalmente questionou a existência do sujeito como tal, não apenas na língua portuguesa, mas na literatura como um todo. Minha intenção aqui é tomar Fernando Pessoa como um paradigma dos limites do projeto da modernidade. Contudo, Pessoa é igualmente um paradigma da crise e mesmo da falência do projeto moderno. Ele é autor de uma obra marcada por uma contradição exemplar. Pois, por um lado, a obra de Fernando Pessoa coloca em questão toda e qualquer pretensão do sujeito a fundamentar-se em uma consistência qualquer, avançando problemáticas da identificação do sujeito que fazem parte do dia a dia atual quanto à ausência de referências, e, por outro lado, ele o faz no interior de um horizonte absolutamente condizente com a modernidade.

Assim, Fernando Pessoa ocupa uma posição privilegiada no campo que nos interessa, o dos avatares da identificação entre a cultura e o sujeito. Mas, se Pessoa se coloca no interior do projeto moderno, isso implica que ele está fora do espaço de um mal-estar pós-moderno. Enquanto paradigma do mal-estar tipicamente pós-moderno na identificação, tomarei a experiência de alguns jovens com suas tatuagens e *piercings*. São relatos que dão a entender que tais modificações corporais se fazem como uma reafirmação da consistência do sujeito, mas no interior de um mundo onde isso já não faz mais realmente sentido. Haveria, portanto, entre Pessoa e o sujeito pós-moderno, uma relação de simetria inversa: Pessoa desconstrói a identidade em um mundo estruturado segundo identidades fixas, enquanto o sujeito pós-moderno busca se apoiar em uma identidade num mundo em que ela parece não funcionar mais.

A literatura moderna: da morte de Deus à morte do sujeito

A história da identidade individual do sujeito é mais breve do que poderíamos supor, dada sua importância em nosso tempo. Seu início se deu a partir do final da Idade Média, quando as instituições culturais perderam a força garantida pelo discurso religioso. O estado laico passa a organizar o espaço social e as relações entre os indivíduos. Inicia-se uma orfandade moral do homem e a necessidade de inventar a cada vez novas justificativas da moralidade. Com efeito, a modernidade se caracteriza pelo imperativo de uma *construção incessante de si*. Sem poder contar com um princípio transcendente que possa ser evocado para as coerções cotidianas, a forma contratual e racional, fundada na liberdade e na igualdade dos contratantes, é colocada no lugar da proibição do desejo por parte do discurso religioso (Taylor, 2010).

Naturalmente, a nova conquista trouxe consigo novas ameaças. É na literatura que podemos marcar mais claramente as novas angústias trazidas pela identidade como apoio ontológico do sujeito. O questionamento da identidade, da existência do narrador, foi uma das aventuras literárias características do século XIX. Hermann Melville inicia *Moby Dick* (1851) com a sentença: "*Call me Ishmael*", introduzindo o leitor na incerteza hiperbólica da identidade no mundo da narração. A radicalidade de tal questionamento possui um inquietante efeito de disseminação no espaço literário, sendo, em certa medida, inseparável da constituição desse espaço, tal como nos demonstrou Maurice Blanchot (1988). Se a identidade do narrador é uma aposta, não o seria também aquela de seu leitor?

Assim, trinta e poucos anos antes de Melville (1851/2008), Hoffmann (1816/2010) já desperta o leitor no interior do universo inquietante, quando inicia *O homem de areia* não com um narrador, mas com uma sequência incomum de trocas epistolares: Natanael escreve a Lothario, irmão de sua noiva, Clara, a respeito de seu terror na infância do homem de areia e sua associação entre Coppelius e Coppola, mas envia "erroneamente" essa carta a Clara, que lhe responde com outra carta, denunciando seu engano. Nataniel volta a escrever para Lothario sobre as assimilações entre a identidade de Coppelius, Coppola e Spalanzani, buscando separar o que é fruto de sua imaginação do que é real. O que esse quiproquó epistolar de fato revela é a ausência de um narrador que se responsabilize pela verdade da narração, inaugurando uma insegurança inédita na literatura e na cena cultural europeia.

A cultura aguardaria mais de um século até Lacan propor a hipótese de que essa ausência de um Outro do Outro possui uma função estrutural na própria constituição do sujeito. Na qualidade de estrutural, essa função pode estar sujeita a falhas, como a foraclusão do Nome-do-pai, a qual estaria na origem dos sintomas da psicose (Lacan, 1981). Mas, nesse meio-tempo, a ausência do grande Outro, a morte de Deus, teve tempo de amadurecer em inúmeras formas, tanto na literatura quanto na filosofia, até chegar à problemática da morte do sujeito.

Na filosofia, a ideia de uma eficácia própria dos processos de ruptura foi introduzida pelo pensamento hegeliano, ao conceber a negatividade como motor do movimento do pensamento filosófico. A centralidade da figura da negação no interior do sujeito do conhecimento implicou sua inclusão no campo de forças de seus objetos de conhecimento, abrindo a possibilidade de uma análise das condições históricas do conhecimento. A partir desse efeito de inclusão do espírito no mundo, o destino da figura da negatividade foi, nas ciências humanas, estar presente em questionamentos de vocação ética, fornecendo um fino instrumental de interpretação e de desvelamento de formas sutis de poder e violência, por exemplo, a genealogia foucaultiana dos mecanismos silenciosos do poder na própria textura do discurso e das organizações sociais.

Mas a negatividade hegeliana teve igualmente consequências marcantes no campo da teoria do conhecimento. Ideias como a transformabilidade do sujeito do experimento, durante o experimento e principalmente pelo experimento, foram concebidas ou apoiadas a partir dessa filosofia. Com efeito, a negatividade hegeliana é de natureza a transformar a própria estrutura e a lógica do conhecimento, rompendo com o paradigma kantiano de um sujeito imutável em suas categorias *a priori* da razão, com importantes efeitos de abertura no campo epistemológico.

Esse pensamento não apenas marcou o declínio irremediável do poder divino, como também abriu a possibilidade da falência de um ideal de razão como organizador do mundo e dos homens. Assim, a categoria do "semelhante" foi aos poucos sendo substituída por uma alteridade de "presença incerta". Autonomia inédita e desamparo transcendental aparecem como duas faces de uma mesma moeda no pensamento pós-hegeliano sobre a subjetividade. Na literatura do século XX, a problemática do negativo surgiu como a matriz de novas possibilidades de produção e de recepção artística. Robert Musil, Fernando Pessoa, Borges, Clarice Lispector, Joyce, Kafka, Celan, Beckett, entre muitos outros, exploram minuciosamente a poética trágica do "homem sem qualidades": um homem feito apenas de restos e silêncios da linguagem e cuja perplexidade diante de um mundo de forças sem sentido é sua única verdade.

Fernando Pessoa, uma obra sobre o fim do sujeito

A obra de Pessoa comporta a particularidade de abordar a figura da pessoa a partir do negativo, do nada constitutivo da pessoa. No *Livro do desassossego* (Pessoa, 1999), escrito pelo semi-heterônimo Bernardo Soares, temos um exemplo da desertificação do ser realizada por Pessoa:

> *Tornei-me uma figura de livro, uma vida lida. O que sinto é (sem que eu queira) sentido para se escrever o que se sentiu. O que penso está logo em palavras, misturado com imagens que o desfazem, aberto em ritmos que são outra coisa qualquer. De tanto recompor-me destruí-me. De tanto pensar-me, sou já meus pensamentos mas não eu. Sondei-me e deixei cair a sonda; vivo a cada pensar se sou fundo ou não, sem outra sonda senão o olhar que me mostra, claro a negro no espelho do poço alto, o meu próprio rosto que me contempla a contemplá-lo. (p. 201)*

No centro da escrita de Pessoa, encontramos uma função da pessoa (*Jemand*) que não é ninguém (*Niemand*). Aqui, antes mesmo de ser alguém, antes que ele adquira uma visão qualquer na imaginação do poeta, o interlocutor responde pela sua nulidade, pela ausência da qual testemunha a palavra *pessoa*. É nesta negatividade essencial, presente no seio mesmo da estrutura da alteridade, que a escrita pessoana parece encontrar sua origem.

O ser, ou melhor, a impossibilidade de ser, constitui a inquietude fundamental que atravessa a obra de Pessoa. Ele explorou as maneiras e as possibilidades de não ser em seus heterônimos de forma diferencial.

A inversão e a exploração dos aspectos dessa sombra, na qual o poder de corrosão ante a existência é absoluto, constituem o cerne da distinção dos heterônimos restantes: perante a mesma negatividade do tempo como finitude, o engenheiro futurista Álvaro de Campos reage com emoção, afirmando da existência sua intensidade, enquanto o médico latinista Ricardo Reis adota a melancolia estoica. A sombra da existência recebe ainda outros pontos de vista com o ortônimo Pessoa e o semi-heterônimo Bernardo Soares: além da finitude, também a alteridade vem assombrar a luz da presença. Em uma palavra, nós somos confrontados com o florescimento *em ato* da lógica virtualmente infinda de um *Tratado da negação*, obra capital de Raphael Baldaia, outro personagem larvar na constelação de subjetividades de Pessoa. Assiste-se, com efeito, a uma verdadeira *distinção animista de metáforas da negatividade*, porque cada um dos heterônimos encarna um modo privilegiado da ruptura com o totalitarismo da positividade do ser.

É talvez apenas na junção de todas essas negatividades que assombram a existência do sujeito que se poderia encontrar uma unidade para o mundo pessoano (Soler, 1995). Nesse sentido, *Fausto, uma tragédia subjetiva*, peça inacabada do movimento *teatro estático*, retoma e localiza com ainda mais precisão o campo no qual se circunscreve a distinção das negatividades que a obra de Pessoa opera, de modo que é possível afirmar a existência de uma "ontologia negativa rizomática" especificamente pessoana, caso se circunscreva esse lugar a partir da disseminação e da imbricação das diversas negatividades exploradas pelo autor.

É possível que tal afirmação não seja unanimidade entre os especialistas de Fernando Pessoa, dado que ela se conforma aparentemente mal a Alberto Caeiro. Esse heterônimo, mestre inconteste do neopaganismo lusitano, oferecendo um contraste absoluto com a versificação extensiva do não ser na obra de Pessoa, afirma-se como "o argonauta das sensações verdadeiras" e o "único poeta da natureza". Mas essa face luminosa de Caeiro esconde sua relação constante com a negatividade. Com efeito, *abster-se de nomear o inominável* poderia servir de máxima mesmo a este que é o heterônimo mais importante de Pessoa. Assim, encontra-se em Caeiro a mesma radicalidade que em Wittgenstein, na decisão de só ligar às palavras o lado luminoso do fenômeno, dito de outra maneira, sua presença: "Sobre o que não podemos falar, devemos calar", postula Wittgenstein (1990, p. 85) em seu *Tractatus*. Entretanto, tal injunção não saberia circunscrever a obra inteira de Pessoa. E é também verdade que Caeiro, não obstante sua posição privilegiada de fundador e organizador do universo heteronímico,[2] parece concentrar toda a potencialidade afirmativa do autor. Ainda assim, o que Caeiro coloca em evidência é simplesmente a sombra do ser, a obscuridade que assombra a existência ela mesma. Já no início de *O guardador de rebanhos*, Caeiro confessa saber ter o pasmo essencial da criança que, ao nascer, repara que nascera deveras. Ora, como seria possível para a criança pagã ter esse pasmo sem que, de algum modo, fosse sensível à possibilidade de que, em vez do universo, nada existisse? Assim, o mestre das sensações verdadeiras é também profundamente afetado pelo negativo. E, uma vez que esse negativo não pode ser uma sensação, Caeiro não pode confessar sua "existência", pois isso seria criar metafísica, isto é, substituir as coisas pelo que pensamos delas.

---

2 O nascimento de Caeiro no dia triunfal de 8 de março de 1914 coincide, com efeito, com aquele da constelação heteronímica. Não obstante a aparição nele de personalidades imaginárias desde a idade de 6 anos, após a perda de seu pai e de seu irmão cadete, não seria exato fazer coincidir a palavra *heteronímia* com qualquer alteridade em Pessoa. A literatura atual está geralmente de acordo sobre o fato de que essa denominação deva ser reservada às personalidades literárias. Ver, sobre esse assunto, Gil (1988), particularmente os capítulos IV e V.

Enfim, Fernando Pessoa antecipa em sua obra o fim do sujeito, fim que viria a caracterizar, juntamente com outros traços, o que chamamos hoje de pós-modernidade. Veremos, contudo, que, ainda que o sujeito em Pessoa esteja exalando seus últimos suspiros, sua obra é ainda perfeitamente concebível como uma das obras de gênio, uma obra que inaugura um estilo e que cria um universo novo, ou seja, uma obra moderna que afirma o homem como construtor de si mesmo.

Fernando Pessoa, um poeta moderno

O projeto moderno é essencialmente contraditório consigo mesmo; nele está já presente o seu fim: a criação compulsória de uma história futura implica que todo passado deve incessantemente ser reduzido a nada. Isso equivale a uma ruptura com a narrativa histórica e à adoção de uma forma substitutiva para a identidade, a saber, a pontilidade das sensações, na qual a presentidade atinge o seu grau máximo e é também o modo como o sujeito moderno se despede da história ocidental. Estamos no campo consagrado por Camus (1957) em *O estrangeiro*, em que a sensorialidade sem sentido define uma sequência temporal de acontecimentos unívocos, mas sem ligação entre si, inviabilizando uma história. Tal sequência não historial define, por sua vez, o destino de um sujeito cuja posição é aquela de um espectador perplexo diante da ausência de sentido. Este ponto extremo da experiência com o tempo parece se cristalizar naquele que Pessoa nomeia como seu mestre, Alberto Caeiro. A partir daí, resta apenas o relato de suas modalidades de dissolução. Nesse sentido, podemos reler a obra pessoana como indo para além do projeto moderno de construção do Sujeito com S maiúsculo. Mas a essência do projeto moderno ainda permanece no que poderia ser entendido como a "vontade de potência" na obra que se constrói a partir dos heterônimos em seu conjunto. O projeto heteronímico reverte a dissolução passiva em diversificação ativa e faz uma obra que se funda sobre o fim da unicidade do sujeito, dependente da narrativa daquele que é sempre coincidente consigo.

Assim, a própria constelação heteronímica reconstitui um sentido para a história, e esse aspecto da obra pessoana permite que ela seja inserida sem grandes hesitações no horizonte moderno. Fernando Pessoa organiza os seus principais heterônimos no interior de um improvável projeto de restituição da nação portuguesa como uma nação imperialista. Com pouco mais de 1 milhão de habitantes, Portugal dominou os mares do mundo na época das grandes navegações, e, ainda que por poucas décadas, a língua portuguesa se tornou a língua oficial para as transações econômicas. No início do século XX, contudo, tal restauração à categoria de império seria para Portugal tão improvável quanto o seria hoje, devido às mudanças da geoeconomia e da geopolítica. Para Fernando Pessoa, contudo, o imperialismo seria restaurado no campo da sensibilidade, ou seja, na cultura. De fato, a ideia de "reconstrução do paganismo" implica, para Pessoa, eliminar a experiência de interioridade como apoio do sujeito (ver o Capítulo 2). Ora, o maior problema desse projeto estético-filosófico fundamental é a derrota do paganismo pela sensibilidade "cristista", que, para Pessoa, é uma sensibilidade iludida pela metafísica e profundamente melancólica em seu interiorismo exacerbado. Mas, uma vez que essa derrota aconteceu de fato, fato lisível na história ocidental, trata-se de saber para Pessoa se isso é ou não indício de uma "fraqueza" congênita do paganismo e se cabe ainda querer reconstruí-lo.

Pessoa, para além da diversificação em vários autores, lança diversos movimentos estéticos aos quais heterônimos estariam filiados ou promoveriam. Entre os mais importantes destacam-se o *sensacionismo* e o *interseccionismo*, em que se localizam, respectivamente, o engenheiro modernista Álvaro de Campos e Fernando Pessoa ele mesmo. Contudo, o movimento destinado por Pessoa a restaurar o imperialismo lusitano, e sobre o qual ele mais trabalhou, foi o *neopaganismo*. Esse é o cerne e grande organizador dos heterônimos de Pessoa, projeto com o qual assina seu nome, segundo a lógica moderna.

A passagem da modernidade à pós-modernidade

Um autor importante para a compreensão da passagem da modernidade à pós-modernidade é Heidegger. Seu projeto de desconstrução da metafísica, explicitado na introdução de *Ser e tempo* (Heidegger, 1927/1979), pode ser lido como um projeto de desconstrução da identidade como princípio do Ser.

Ser e tempo aborda a problemática do ser sob um ponto de vista radical na história da metafísica: o ponto de vista da finitude do sujeito. Trata-se de um sujeito cuja constituição é negativa, pois esse sujeito só é, só se torna ele mesmo, a partir da possibilidade de uma diferença radical, aquela de deixar de ser si mesmo. Essa diferença radical é pensada por Heidegger na chave temporal da finitude, ou seja, a morte como possibilidade constitutiva da existência. É esse o sentido do título da obra: o sentido do ser só pode ser pensado pelo tempo e, ainda mais precisamente, pela temporalidade finita.

Como uma nova chave de leitura do ser e do sujeito que tem o *ser si mesmo* como uma constante preocupação, o *Dasein* é uma espécie de corrosivo universal, que desconstrói tudo a partir da própria negatividade. Essa máquina de desconstrução corrói o sentido do mundo, o futuro, o passado, o presente.

Ser e tempo poderia ser reduzido a um silogismo: 1) o *Dasein é feito de seus projetos, de suas possibilidades, não de suas realidades presentes*; 2) *sua possibilidade mais importante é aquela de não- -mais-estar-aí, ou seja, sua morte*; 3) *todos os projetos se dissolvem a partir dessa possibilidade da impossibilidade*. Clara está a razão pela qual *Ser e tempo* é uma forma de sentença de morte ao sujeito moderno, ao homem-projeto, ao homem adiante de si. Mas trata-se de uma sentença que, tal como a máquina demoníaca em *Na colônia penal*, de Kafka, estaria tatuada no próprio corpo desse homem moderno. Ao levar o homem moderno ao seu extremo, ao empurrar o homem-projeto aos estertores de sua missão, o *Dasein* heideggeriano se depara com a possibilidade última, a possibilidade da morte. O ser-para-a-morte se resume a isso: o desvelamento da ausência de sentido de todos os projetos, individuais e sociais, de todas as relações. Pior, é uma ausência de sentido que sempre esteve ali e que, portanto, revela também o engodo do qual sempre, desde o início, éramos vítimas. Assim, essa máquina de destruição de sentido destrói o presente, o passado e o futuro e parece aceitar apenas uma estranha forma de futuro anterior: aquele que nunca poderia ter sido. Trata-se do ápice do sujeito moderno, do sujeito que não pode supor nenhuma determinação prévia para si. Tal como um Atlas sem chão, ele deve carregar o mundo nas costas apoiado um em fundamento faltante. Mas refere-se a um nada que lhe foi feito sob medida, que lhe cabe na justa medida da sola de suas sandálias, um nada que é endereçado a ele e a mais ninguém, enfim, que o singulariza. Nesse sentido, é o caso de se falar de um sujeito que funciona numa lógica trágica, que simultaneamente o desconstrói e o constrói. Desse modo, o projeto de desconstrução da metafísica fundado sob a negatividade do sujeito trabalha contra si próprio, pois, ao reafirmar o sujeito que se constitui a partir da possibilidade de não-mais-estar-aí, *Ser e tempo* reafirma a consistência do sujeito moderno, que se candidata como substituto da ordem metafísica perdida.

Como dirá posteriormente o próprio Heidegger (1946/1991), precisamente esse ponto demonstra que *Ser e tempo* havia sido escrito numa linguagem metafísica. A partir dessa constatação, a segunda parte de *Ser e tempo* será abortada antes que possa vir à luz. Em seu lugar, Heidegger irá concentrar seu trabalho na própria linguagem, aproximando seu pensamento da poesia e o afastando da filosofia. Conceitos como verdade, sentido, compreensão darão lugar a desenvolvimentos sem a fixidez de conceitos e definições. De modo geral, a atividade e o empreendedorismo ainda presentes em *Ser e tempo* serão substituídos por termos ligados a uma postura passiva e de escuta em relação a um pensamento que lhe acontece ou não, que lhe é enviado ou não de um outro lugar.

Se deixarmos agora o campo filosófico e abordarmos essa mesma questão do ponto de vista sociológico, um dos primeiros a tomar o problema foi Lyotard (2010), que, em *A condição pós-moderna*, anuncia o declínio das metanarrativas em todas as suas instituições sociais, como na literatura, nas relações de trabalho, de saúde, de ensino ou mesmo afetivas. Richard Sennett (2004) descreve bem essa diferença em *A corrosão do caráter*, no qual analisa a diferença da relação com o trabalho entre duas gerações diferentes nos Estados Unidos.

Do ponto de vista discursivo, o que cai por terra com a impossibilidade das grandes narrativas é o próprio futuro como horizonte de sentido. Se o sujeito-projeto inerente à modernidade dependia de tal planície temporal diante de si, será precisamente essa extensão que será retirada do sujeito da pós-modernidade. Fredric Jameson (1985), outro pensador inaugural da pós-modernidade, demonstra a repercussão na arte, mas também no sujeito, que o esvaziamento do futuro provoca.

> Este componente novo é o que geralmente se costuma chamar a "morte do sujeito" ou, em expressão mais tradicional, o fim do individualismo como tal. Os grandes modernismos estavam, como dissemos, ligados à invenção de um estilo pessoal e privado, tão inconfundível como a nossa impressão digital, tão incomparável como nosso próprio corpo. Porém, isto significa que a estética da modernidade estava, de certo modo, organicamente vinculada à concepção de um eu singular e de uma identidade privada, uma personalidade e uma individualidade únicas, das quais se podia esperar o engendramento de sua visão singular de mundo, forjada em seu próprio estilo, singular e inconfundível... o que precisamos reter é um dilema estético: se está esgotada a experiência e a ideologia do eu singular, uma experiência e uma ideologia que sustentavam a prática estilística da modernidade clássica, já fica claro o que artistas e escritores do período atual afinal estariam fazendo. ...
> Daí, repetimos, o pastiche: no mundo em que a inovação estilística não é mais possível, tudo o que restou é imitar estilos mortos, falar através de máscaras e com as vozes dos estilos do museu imaginário. (p. 19)

Males do sujeito na identificação moderna e pós-moderna

A lógica neoliberal, que associa discursos ideológicos sobre o indivíduo-empresa com práticas de precarização do trabalho, parece realizar concretamente o conflito formal e filosófico entre a necessidade de construir-se um futuro e a perda do futuro. De fato, se a ausência de um horizonte de sentido define e diferencia todas as produções e experiências pós-modernas, ela encontra uma ressonância na realidade concreta da vida dos jovens, pois estes deparam-se cotidianamente com a impossibilidade de sonhar um futuro.

Com efeito, as possibilidades reais e imaginárias do projeto moderno já não se encontram presentes no contexto atual. Se o jovem pode valer como o paradigma, o modelo de sujeito do mundo de hoje, no sentido de que a juventude encarna a possibilidade pura, é igualmente verdade que o absolutamente novo parece ter se esgotado não apenas para as criações artísticas, como também para as possibilidades de conquistas econômicas: "nunca se falou tanto do ator e nunca, entretanto, o traço da ação individual sobre a marcha das questões comunitárias pareceu mais opaca e mais indecisa" (Baudelot & Establet, 2000, p. 213).

Diante da impossibilidade de um futuro sonhável, pode-se pensar que o sujeito responda com formas compensatórias a essa perda. Analisando o uso da tatuagem no contexto histórico argentino, Silvia Reisfeld comenta a simultaneidade entre a difusão da tatuagem e o agravamento da crise econômica e da decomposição social. Ela considera que a desilusão econômica pode ter afetado a dimensão dos ideais e, ligada a ela, a noção de temporalidade como projeção de futuro (Reisfeld, 2005, p. 150). De fato, se considerarmos que essa perda é localizável no campo dos ideais narcísicos, as perturbações da economia psíquica não poderão ser desconsideradas. É plausível pensar em um refluxo da libido de tais objetos ideais para o eu e, portanto, para o corpo. Se o corpo deve substituir um projeto futuro de si, essa recuperação de libido narcísica trará consigo algo dessa narrativa idealizada que precisou ser abandonada.

De fato, as marcas corporais são mais do que meras imagens. São também escrituras em que a letra deixa de ser significante e passa a valer como signo. Nessa faceta, isto é, como signo, a letra presentifica um investimento e, nesse sentido, "toma corpo". Comparativamente à identificação moderna, que é essencialmente narrativa, a identificação pós-moderna que se apoia na escrita sobre o corpo possui menos possibilidades de realizar-se pelo jogo significante, como também de submeter-se à fragmentariedade que o significante implica. A letra recupera um *quantum* de gozo perdido no regime significante (Silva & Silva Junior, 2017) e, nesse sentido, as modificações corporais podem ser entendidas como um processo de literalização dos processos de identificação. É possível pensar que as modificações corporais resultam e se articulam a uma alteração da economia psíquica como um todo. Se na identificação moderna a narrativa presentifica a tensão com inúmeras formas de negatividade, a exemplo da heteronímia de Fernando Pessoa com suas diferentes facetas (alteridade, finitude, espacialidade), a identificação pós-moderna parece adotar uma escrita ideogramática em que o negativo é obturado imaginariamente pelos elementos sensoriais. Trata-se aqui do destino pulsional da identificação em jogo nas modificações corporais, o qual implica uma espessura masoquista extremamente importante. Escreve Hölderlin que *o homem é um signo sem significação*.[3] Contudo, nas tatuagens, o signo sobre o corpo parece receber a impossível missão de ser uma garantia da significação do homem. David Le Breton (2008), no texto "Entre signature et biffure", compreende a relação entre a tatuagem e a identidade como uma forma de contrato de sangue:

---

3 Tradução livre do alemão "Ein Zeichen sind wir, deutungslos". Citado e comentado por Jacques Derrida (1987).

> *a marca tem apenas o sentido que o indivíduo lhe confere e este ressoa com a história pessoal. Comprar a parte do fogo[4] por meio do traço, da dor e do sangue. Se a assinatura traduz o fato de reivindicar-se como si mesmo, o apagamento manifesta o intolerável, a recusa de reconhecer-se. Por vezes, como uma saída honrosa, a marca permite jogar sobre todas as tonalidades do sentimento de si. Entre assinatura e apagamento, ela recobre uma ferida interior e se torna elemento de cura ou ao menos um remédio para entrar em uma existência mais propícia. (p. 133)*

A dor sentida nas modificações corporais é um dos elementos fundamentais em jogo na economia psíquica da identificação. Além deste gozo na chave do sofrimento, elementos narrativos ressurgem nos discursos dos jovens sobre as suas tatuagens e *piercings*, a saber, a articulação dos temas e locais do corpo escolhidos. Esses elementos narrativos estão articulados a significantes da história singular de cada um. Tal como num sonho, as palavras recuperam seu elemento visual. Severo Sarduy (1999; citado por Reisfeld, 2005), escritor cubano, recupera esse sentido onírico das tatuagens:

> *Recorrendo a essas cicatrizes, desde a cabeça até os pés, esboço aquilo que poderia ser uma autobiografia, resumida em uma arqueologia da pele. Só conta na biografia individual aquilo que ficou cifrado no corpo e que por si próprio continua falando, narrando, simulando o evento que o inscreveu. A totalidade é uma maquete narrativa, um modelo: cada um poderia, lendo suas ci-*

---

4 *Acquitter la part du feu*: a expressão significa aceitar perder o que não pode ser salvo para preservar o resto, ou seja, sacrificar.

catrizes, escrever uma arqueologia, decifrar suas tatuagens em outra tinta azul. (p. 91)

A construção de si pelo corpo exige o incessante confronto com a imagem de si. Essa é uma das portas pelas quais se mostra a impossibilidade de a tatuagem funcionar como uma garantia de significação para o sujeito. Mais especificamente, a negatividade incontornável de todo sentido ressurge aqui como ameaça que a imagem faz ao "original", isto é, ao sujeito. Na posição de ideal que ela necessariamente ocupa no projeto moderno de construção de si, a imagem passa a ser mais legítima do que o próprio sujeito: o verdadeiro, aquele que o sujeito *deve ser*, é aquele da imagem espelhada pelo ideal da construção de si. Essa ameaça é particularmente nítida na fala de um rapaz entrevistado em nossa pesquisa sobre marcas corporais:[5]

> *Então... O desenho das costas é bem discreto. Só dá pra ver quando tô sem camisa... A do braço é bem chamativo mesmo. Quando saio de camiseta, ninguém olha pra meu rosto. Isso me incomoda. A ponto de praticamente parar de usar camisetas. Mas enfim... Por ser estética, não deixa de ser para os outros... Mas com certeza fiz para mim, como uma realização pessoal. Quando tatuamos, transformamos o nosso corpo. Aquilo se torna parte de nós. (Daniel – fez a primeira tatuagem aos 17 anos e o primeiro* piercing *aos 15 anos)*

---

5 Projeto de cooperação internacional do Programa Capes/Cofecub 609/08: "Estudo comparativo internacional das marcas corporais autoinfligidas à luz do laço social contemporâneo".

Não será um acaso se na contemporaneidade os sujeitos forem quase sempre ameaçados pela imagem, seja por meio das modificações corporais, como tatuagens, implantes, cirurgias plásticas, seja pela sua imagem em circulação nas redes sociais. Trata-se da condução do projeto da modernidade levado ao seu termo, em que a imagem passa a ser o modelo do sujeito, mas em um mundo que não o sustenta mais, nem no discurso nem na possibilidade de sua realização concreta.

Há, assim, não apenas uma simetria inversa entre o sujeito moderno – ilustrado pela obra de Fernando Pessoa – e o pós-moderno – representado por jovens que se fazem tatuar – na estrutura social e cultural que emoldura e fornece as condições de possibilidade de cada identidade e suas correspondentes formas de mal-estar. Há também uma relação de continuidade entre ambas, uma vez que o sujeito pós-moderno continua a se pautar pela figura idealizada do homem-projeto. Diante da impossibilidade real de sua efetivação futura, esse sujeito não renuncia à necessidade de uma construção de si no presente, tomando seu corpo e imagem como material plástico e referente do que idealmente deve ser.

Essa nova função do corpo tem sido trazida criticamente à tona por artistas como Damien Hirst e Marc Quinn. Este último, por exemplo, fez uma escultura de si mesmo com seu próprio sangue congelado, que ele denomina *self*. Nesse caso, a coincidência entre o corpo representado como material plástico, modelo ideal e garantia da identidade, é colocada em primeiro plano, mas também a precariedade dessa aposta, na medida em que a obra se liquefaz com o aumento da temperatura (Frayze-Pereira, 2006; Minerbo, 2007), modo de condensar com precisão os destinos da identidade no sujeito moderno. Cabe concluir então com uma pergunta: quais relações podemos conceber entre o *mal-estar na identidade atual e o mal-estar na cultura*, tal como este último foi pensado por Freud?

Sob a expressão *mal-estar na cultura*, Freud define, na verdade, dois tipos de problemas estruturais *com origem na cultura*. O primeiro, oriundo do recalque das pulsões sexuais e seu retorno patológico, na forma de sintomas neuróticos. O segundo, ligado aos dois destinos possíveis da pulsão de morte, seja se orienta ao interior do sujeito sob a forma de masoquismo moral, seja se volta para o exterior na forma de pulsão de destruição (Freud, 1930/1982). Se o sujeito moderno deve construir-se, isso exige também uma construção de seu mundo, um trabalho sobre as coisas e a cultura que implica um investimento objetal, processo que é considerado por Freud (1923/1982) como propício para a fusão pulsional. Se, de fato, o sujeito pós-moderno está prejudicado nesta possibilidade de satisfação objetal para suas pulsões, estas tendem a se satisfazer no próprio sujeito, em seu corpo e em seu destino, o que acarreta uma desfusão e novas refusões (Freud, 1924/1982), e o surgimento de novas formas de gozo masoquista no cenário cultural (Silva Junior & Gaspard, 2016). Mas é também notório um aumento das formas de segregação violentas, inerentes ao que Freud denominou como *narcisismo das pequenas diferenças*. Isso significa que a solução pela exteriorização da pulsão de morte aparentemente também recrudesceu, e não somente as soluções na chave masoquista. De modo genérico, não seria incorreto afirmar que o mal-estar na identificação atual, em suas duas faces, interior e exterior, está ligado a um menor recurso da linguagem narrativa como intermediação entre o sujeito e seus outros do que o fazia seu antecessor, o sujeito moderno.

Referências

Baudelot, C., & Establet, R. (2000). *Avoir 30 ans en 1968 et en 1998*. Paris: Éditions du Seuil.

Blanchot, M. (1988). *L'espace littéraire*. Paris: Gallimard.

Camus, A. (1957). *O estrangeiro*. Rio de Janeiro: Record.

Derrida, J. (1987). Geschlecht II. La main de Heidegger. In *Psyché. Inventions de l'autre*. Paris: Éditions Galilée.

Frayze-Pereira, J. A. (2006). Acrobacias da identidade. In J. A. Frayze-Pereira, *Arte, dor. Inquietudes entre estética e psicanálise*. São Paulo: Ateliê Editorial.

Freud, S. (1923/1982). Das Ich und das Es. In S. Freud, *Studienausgabe* (Vol. 3). Frankfurt am Main: Fischer Taschenbuch Verlag.

Freud, S. (1924/1982). Das Ökonomische Problem der Masochismus. In S. Freud, *Studienausgabe* (Vol. 3). Frankfurt am Main: Fischer Taschenbuch Verlag,.

Freud, S. (1930/1982). *Das Unbehagen in der Kultur* (Vol. 9). Frankfurt-am-Main: Fischer Taschenbuch Verlag.

Gil, J. (1988). *Fernando Pessoa ou la métaphysique des sensations*. Paris: Editions de la Différence.

Heidegger, M. (1927/1979). *Sein und Zeit*. Tübigen: Max Niemeyer Verlag.

Heidegger, M. (1946/1991). *Über den Humanismus*. Frankfurt am Main: Vittorio Klostermann.

Hoffmann, E. T. A. (1816/2010). *O homem da areia*. São Paulo: Rocco.

Jameson, F. (1985). Pós-modernidade e sociedade de consumo. *Novos Estudos Cebrap*, *12*, 16-26.

Lacan, J. (1981). *Le Séminaire III – Les Psychoses*. Paris: Seuil.

Le Breton, D. (2008). Entre signature et biffure: du tatouage et du piercing aux scarifications. *Sociétés & Représentations*, *25*(1), 119-133.

Lyotard, F. (2010). *A condição pós-moderna*. São Paulo: José Olympio.

Melville, H. (1851/2008). *Moby Dick*. São Paulo: Cosac Naify.

Minerbo, M. (2007). Crimes contemporâneos: uma interpretação. Ou: O inumano. *Percurso – Revista de Psicanálise, 38*.

Pessoa, F. (1999). *Livro do desassossego*. São Paulo: Companhia das Letras.

Reisfeld, S. (2005). *Tatuajes: una mirada psicoanalitica*. Buenos Aires: Paidós.

Sarduy, S. (1999). *Obra completa*. Buenos Aires: Allca XX; Sudamericana.

Sennett, R. (2004). *A corrosão do caráter*. São Paulo: Record.

Silva, G. C. O., & Silva Junior, N. (2017). Letra e escrita na obra de Jacques Lacan. *Jornal de Psicanálise, 50*(92), 129-140.

Silva Junior, N. (1995). Um estado de alma é uma paisagem. Explorações da espacialidade em Fernando Pessoa e Freud. *Percurso – Revista de Psicanálise, 14*, 26-34.

Silva Junior, N., & Gaspard, J.-L. (2016). Elipses freudianas: as práticas e usos do corpo como sintoma da subjetividade neoliberal. *IDE*, 109-120.

Soler, C. (1995). Pessoa, le sphinx. *Barca! Poésie, Politique, Psychanalyse, 5*, 101-142.

Taylor, C. (2010). *Imaginários sociais modernos* (A. Mourão, trad.). Lisboa: Edições Texto e Grafia.

Wittgenstein, L. (1990). *Tractactus logico-philosophicus*. Frankfurt am Main: Suhrkamp Taschenbuch Wissenschaft.

5. Freud e a ontologia romântica da subjetividade: o universal e seus efeitos resistenciais na escuta analítica[1]

O discurso de Thomas Mann

Por ocasião do octagésimo aniversário de Freud, Jones pretendia realizar uma grande celebração. Ao tomar conhecimento de tais planos, Freud agiu rapidamente, visando impedir os acontecimentos comemorativos, ou pelo menos reduzi-los ao mínimo (Jones, 1993, p. 626). No entanto, a pressão sobre ele foi considerável e, pouco a pouco – sem dúvida ante a impossibilidade de escapar da data temida –, parece ter havido uma mudança nas intenções do mestre. Finalmente, a dita celebração ocorreu com a participação de Binswanger e de Thomas Mann como principais oradores. Este último e Arnold Zweig haviam, além disso, reunido votos e expressões de reconhecimento de aproximadamente duzentos artistas,

---

1 Originalmente um dos capítulos da tese de doutorado do autor: Silva Junior, N. (1996). *Le fictionnel en Psychanalyse. Une étude à partir de l'oeuvre de Fernando Pessoa*. Paris: Université Paris VII. Foi posteriormente publicado como Silva Junior, N. (2001). Freud e a ontologia romântica da subjetividade: o universal e seus efeitos resistenciais na escuta analítica. *Percurso – Revista de Psicanálise, 27*, 47-58.

o que, sobretudo acompanhado do discurso de Thomas Mann (1991), parece ter dado alguma satisfação a Freud (Jones, 1993).

A sequência das reações de Freud já poderia indicar uma clara hesitação diante da própria ideia de celebração. No entanto, o que mais nos interessa é o conteúdo do discurso de Thomas Mann, que, ao apresentar Freud como um legítimo representante da estética romântica alemã, nos permite marcar com precisão a ruptura especificamente freudiana com certas constantes nas teorias estéticas dessa tradição. O fato de Thomas Mann falar com conhecimento de causa e ser um guia experiente em matéria de romantismo garante a pertinência da recuperação dessa discussão para a clínica e teoria psicanalítica. Se sua argumentação demonstra a presença de tradições românticas em Freud, ela mostra igualmente que as divergências freudianas são sutis a ponto de escaparem a um autor do calibre de Thomas Mann. E não se deve esquecer que a ignorância das diferenças costuma ser paga a preços altos em psicanálise. Com efeito, nas resistências silenciosamente ativas no analista à própria psicanálise, deve-se incluir a questão do funcionamento eventualmente resistencial da teoria psicanalítica. Assim, trata-se aqui de examinar uma certa herança ontologizante da perspectiva romântica da subjetividade e a forma como esta é acolhida pela psicanálise. Visando à desconstrução desse tipo de resistência, optamos por examinar a noção de universal presente na teoria romântica da repetição. Ora, segundo o discurso de Thomas Mann, Freud preservaria e desenvolveria fielmente a grande tradição romântica alemã sem divergência possível. Mas em que sentido Freud preserva o pensamento romântico em sua obra, segundo o grande escritor?

Antecipando a primeira parte de nosso texto, diremos que é na prevalência dedicada à pulsão diante da razão que Freud se torna devedor incontestável do romantismo. A segunda parte visa iluminar não a linha ininterrupta dessa filiação, mas, ao contrário, um dos pontos cruciais de uma ruptura também inegável. Ora, a ruptura em questão, em nossa opinião, diz respeito à função ontologizante que a volta ao passado assumia no mundo romântico, ou seja, uma ruptura com a aspiração da alma romântica de um reencontro e de uma identificação com o Ser. Foi, sem dúvida, um dos resultados de sua desconfiança científica, ou melhor, da essencial tragicidade de seu cientificismo, o fato de Freud jamais ter considerado o retorno ao passado realizado pela lembrança carregada de afeto – nem qualquer outra modalidade de retorno para o passado – como um encontro do sujeito com sua essência íntima. Ora, para seu aborrecimento, Freud teve a oportunidade de constatar em alguns de seus melhores discípulos a insistência de novas versões dessa aspiração tipicamente romântica de retorno para um passado escatológico; por exemplo, na teoria do trauma do nascimento de Otto Rank ou, ainda mais claramente, na versão junguiana do inconsciente, na qual a busca de um encontro privilegiado do sujeito consigo mesmo era inseparável daquela de um retorno para o passado no mundo romântico.

Sobre a coincidência entre o divino e o humano no romantismo

Desde o início de seu discurso, Thomas Mann questiona a legitimidade que o artista teria para falar de psicanálise, mas o faz apenas para propor uma inversão dos sítios do saber legítimo: Mann coloca o artista abaixo do psicanalista apenas para melhor sustentar o fundamento de um conhecimento artístico (sonhado) da psicanálise. Ora, até então era a arte que tinha sido o objeto de estudo dos psicanalistas, tanto que essa inversão de papéis implicaria, segundo ele, uma equação de identificação do objeto que é conhecido – o artista – com o sujeito que conhece – o analista. Mas o mais curioso é ver Thomas Mann (1991) qualificar essa equação de identificação entre o sujeito e o objeto no ato do conhecimento como a própria essência da "iniciação psicanalítica" (p. 69). Examinaremos, em seguida, por que esse artista dá à psicanálise uma tonalidade tão mística.

Dois de seus próprios interesses teriam conduzido Thomas Mann à psicanálise: a abordagem da verdade como questão psicológica e a abordagem da doença como forma de conhecimento. É a Nietzsche que ele reconhece dever esses dois interesses. Mas é na ressonância entre a filosofia de Schopenhauer, na qual a vontade é prioritária em relação à representação, e no domínio do ego pela noção freudiana do id que Thomas Mann se detém mais longamente. Freud é considerado aqui como um legítimo herdeiro do século XIX, que se caracteriza pela crítica a um falso idealismo, sendo essa crítica, porém, feita não por "ódio contra a razão", mas ainda por amor ao ideal, mesmo que esse amor não tenha outro recurso que não "a ironia amarga" e o "pessimismo doloroso".

O orador evoca, assim, um texto específico de Schopenhauer como prova da filiação virtual de Freud a esse filósofo: "Sobre a aparente intencionalidade do destino do indivíduo". A partir da noção de "intencionalidade" desse texto, Thomas Mann reúne "destino" e "sonho", pois o destino de cada um seria análogo ao sonho, já que somos o "diretor de cena escondido" de ambos. É, portanto, pela prevalência da vontade sobre o destino que a própria vida se vê teatralizada, daí o coração místico da psicanálise: "a enigmática coincidência entre o mundo e o sujeito, entre o ser e o aparecer, . . . que constituiria o núcleo da doutrina analítica" (Mann, 1991, p. 78).

Nesse sentido, se, por um lado, a idealidade é necessariamente destruída como princípio transcendental por sua origem intencional no indivíduo, por outro, essa mesma idealidade – assim como todos os deuses – passa a ser considerada como criada pelo homem, o que faz com que este seja intimamente ligado à ordem da idealidade, ou seja, o homem é, ele próprio, divino. Thomas Mann chega a invocar Angelus Silesius com o intuito de reforçar essa divinização do humano: "Eu sei que, sem mim, Deus não pode viver um único instante, se eu desapareço, ele deverá necessariamente abandonar o espírito". O problema de Thomas Mann é então saber como reunir esses dois aspectos da relação do homem com o ideal. De um lado, a idealidade é invalidada enquanto tal, pois é apenas imaginada pelo homem; de outro lado, já que foi o homem quem imaginou a idealidade, ele próprio deve ser, de alguma forma, ideal.

Ora, a solução de tal paradoxo aparece em Thomas Mann pela noção de *elo*, um *elo* que se estabeleceria entre o homem e o divino. Elo este, portanto, essencialmente divino, cuja origem está no próprio homem e que se realiza no interesse das duas partes. Esse interesse seria então idêntico para cada uma dessas partes, e consistiria em sua *sacralização mútua*.

Notemos, além disso, que essa encarnação do mito na vida individual é condicionada a uma passagem do campo do significado para o campo ontológico: trata-se, na repetição do mito, não de uma questão de *als ob* (*como se*), de uma questão "como no mito", mas de um "ser o mito" (Mann, 1991, p. 86). E isso implica uma coincidência perfeitamente recíproca: não apenas o sujeito está completamente incluído no interior do mito, mas o mito também é resgatado pela singularidade de cada caso individual, pois existe, nessa lógica, a exigência de uma coincidência absoluta entre o sujeito singular e o mito universal. Ora, essa coincidência entre o sujeito e o mito torna-se, em Thomas Mann, um tipo de celebração, o que faz da lógica da celebração, por sua vez, uma fórmula de coincidência ontológica entre aquele que celebra e o acontecimento celebrado: a festa é a união ritual entre o humano e o divino.

Veremos, em seguida, como essa religação – e, por que não dizê-lo, essa religião – demonstra uma problemática ligada à questão do *símbolo* na tradição romântica. Por ora, devemos observar que uma tal religião implica uma *coincidência ontológica* entre o homem e seu deus. Ou seja, se, por um lado, deus é o próprio sujeito, já que é criado por este, por outro lado, o sujeito é deus, pois somente a divindade pode dar sentido ao sujeito: "Pois o mito é fundação de vida; é o esquema atemporal, a fórmula pia, na qual entra a vida quando ela reproduz seus traços do inconsciente" (Mann, 1991, p. 84).

A reprodução do esquema mítico a partir do inconsciente tem, portanto, a *função de significar* o sujeito singular: ela lhe dá seu sentido. Trata-se aqui, então, para Thomas Mann, de *repetição inconsciente*, e ele a considera na sua função organizadora ante o indivíduo. Na falta dessa repetição, o sujeito se encontraria essencialmente perdido ou, mais precisamente, em uma forma de *desamparo ontológico*. Dito de outra maneira, se para Thomas Mann a vida é um teatro, seus atores/autores não podem ficar sem um *roteiro*, uma *narrativa* fornecida pelos mitos. O mito é, dessa forma, considerado como essencial para a ratificação da vida individual: "o mito é a legitimação da vida; é somente por meio dele que ela encontra sua autoconsciência, sua realização e sua consagração" (Mann, 1991, p. 87).

Nesse estágio de nossa análise, já poderíamos nos perguntar se todas as coincidências entre o romantismo e a psicanálise reinvindicadas por Thomas Mann são de fato passíveis de serem confirmadas por esta última. Poderíamos ver, por exemplo, uma incompatibilidade entre a doutrina freudiana e o romantismo precisamente na questão da afirmação de uma benignidade uniforme da repetição. De fato, seria na questão do sentido do retorno para o passado que estaria a divergência entre os dois autores. Se em Thomas Mann a repetição de um passado mítico é uma celebração saudável, em Freud ela é, antes, da ordem do *pharmakon* (Derrida, 1989), ou seja, tanto fonte de mal como meio de seu desaparecimento (Freud, 1923, p. 267). Assim, a presentificação do passado é tanto uma causa do sintoma, visto que o sintoma é um retorno dos desejos infantis recalcados, como o seu remédio, pois por meio da lembrança carregada de afeto do passado, ao longo das associações livres, os sintomas podem desaparecer.

Ocorre, contudo, que a consagração do sujeito pelo mito sustentada por Thomas Mann não é absolutamente inocente. Pois o encontro do modelo mítico com o universal é por ele tratado ironicamente. O "modo irônico", segundo Northop Frye (1957/1990), seria aquele em que "a situação está sendo julgada segundo as normas de uma maior liberdade" (p. 34). Por ironia, Thomas Mann entende, por sua vez, uma forma particular de desprendimento da narração diante do personagem: se, por um lado, o personagem repete inconscientemente o modelo universal, por outro, o narrador está confortavelmente distanciado da experiência de repetição. A experiência irônica de leitura implicaria, por sua vez, uma dupla identificação e, consequentemente, uma cisão.

A razão impossível e a ironia romântica

Até este ponto, o sentido do título "Freud und die Zukunft" ("Freud e o futuro") deve ter permanecido completamente enigmático para os ouvintes da conferência, pois talvez já fosse uma evidência ao alcance de todos o fato de que o passado não é procurado por Freud para construir o futuro segundo uma forma mais adequada. A análise desconstrói o presente, o passado e o futuro conscientes não em razão de uma construção ou de um projeto em direção ao futuro, mas simplesmente porque é desconstruindo esta temporalidade cotidiana que lembranças esquecidas vêm à tona e os sintomas neuróticos tendem a desaparecer.

Além disso, o futuro não se constitui jamais, em Freud, como um *momento eficaz* do psiquismo, se o compararmos, por um lado, com a eficácia do presente sob a forma da necessidade e da dor e, por outro lado, com a incontestável eficácia do passado, esta última sob uma diversidade de formas, como os desejos e as angústias infantis. A esta falta de eficácia intrapsíquica do tempo futuro acrescenta-se uma visão trágica do poder humano: a impossibilidade radical de se evitar a infelicidade é um elemento constitutivo da teoria, como podemos constatar em "Análise terminável e interminável", em que Freud é absolutamente claro a respeito da impossibilidade de qualquer conquista durável do estado de saúde psíquica, saúde esta que será compreendida no final de sua obra como sendo essencialmente sujeita a um equilíbrio instável do registro econômico (cf. Capítulo 1).

Em confronto com todas essas razões o título do elogio de Thomas Mann parece ainda mais inquietante. Thomas Mann (1929/1991) já utilizava, em um outro texto sobre psicanálise, "A posição de Freud na história moderna do espírito", a noção nietzschiana de "retorno revolucionário". Ele considerava aqui essa invenção do romantismo como "o movimento mais radical do espírito alemão". O interessante deste texto – ainda que seja anterior à conferência em questão – é que ele explicita melhor o que constituiria, segundo Thomas Mann, o lado revolucionário do "romantismo freudiano". Ou seja, no sentido de que Freud teria uma especificidade qualquer em relação a esse romantismo que ele retoma. Ora, a dita revolução freudiana estaria no interesse pelas forças do mundo subterrâneo da alma, dando-lhes até mesmo uma primazia sobre a razão, *sem, contudo*, afundar na negação do espírito. O interesse de Freud pela pulsão "serve à vitória por vir da razão e do espírito, serve... ao esclarecimento (*Aufklärung*)".

Thomas Mann (1929/1991), nesta relação de esperança para com a razão, reconhece ainda a verdadeira herança da revolução romântica em Freud: "O que denominamos erroneamente "pansexualismo" de Freud, sua teoria da libido, é, em resumo, mística desnuda, romantismo que se tornou ciência da natureza" (p. 52).

Apesar da contínua ameaça da mística, o fundamento de uma tal aproximação entre a psicanálise e o retorno revolucionário específico do romantismo alemão foi ratificado com um certo humor pelo próprio Freud, em uma carta a Lou-Andréas Salomé (Freud, 1966, p. 198).

É assim que, sobretudo em sua função de ruptura com a psicologia racionalista, Thomas Mann encara "o futuro" no título: "Freud und die Zukunft". Haveria uma *outra razão* no horizonte das forças obscuras da pulsão. Freud seria, assim, o fundador de uma outra razão, uma razão *por vir*, que prepara a "morada de uma humanidade mais sábia e livre".

Sabemos que já existiam pelo menos alguns motivos nos escritos de Freud para que Thomas Mann sustentasse essa "razão por vir": em seus textos *O futuro de uma ilusão* e *O mal-estar na cultura*, Freud já havia mencionado que seu "deus Logos" era um deus por vir. Mas o mais importante é, sem dúvida, a questão do método: como, segundo Thomas Mann, Freud abriria espaço para "liberdade" e "sabedoria" no caos das pulsões sempre mais fortes que a razão? De onde partiria a força da clareza, se a luz da razão nunca passa de uma fulgurante chama que recai sempre na incerteza? Como apostar ainda em uma "outra razão" por vir?

A resposta desse artista vem da própria arte. Ainda que possa soar como uma "utopia", a vitória sobre "o grande medo e o grande ódio"[2] seria ainda possível pela "produção de relação irônico-artística (*ironich-künstlerisch*) e, nem por isso, infiel ao inconsciente".

Uma tal ironia artística é, antes de mais nada, uma "produção". É, portanto, um "artefato", mas esse artefato é passível de mudar o mundo supostamente natural: "ele infiltra a vida, retira dele sua ingenuidade brutal, o *pathos* da ignorância". A psicanálise opera "sua depatização quando ela cultiva o gosto pelo *understatement* . . . antes pela expressão tímida do que exagerada, pela cultura da palavra intermediária, sufocada, que procura sua força na medida..." (Mann, 1991, p. 91). A *modéstia* (*Bescheidenheit*), recorda Thomas Mann ao final de seu discurso, vem, na língua alemã, da expressão "saber alguma coisa, se informar" (*Bescheid wissen*).

O que Thomas Mann compreende por "ironia artística" vale também, portanto, em sua opinião, para a potência essencial da psicanálise. É apenas por meio da "ironia artística" que seria possível aproximar-se das forças subterrâneas da alma em nome de *uma razão outra*.

Observamos logo acima que Thomas Mann entendia a ironia como uma cisão entre o narrador e o personagem diante do saber sobre a repetição: o personagem é sua vítima cega, e o narrador, o observador divertido do eterno retorno do mito. No entanto, permanece ainda em suspenso a questão de como o gosto pelo *understatement*, ironia artística, pode estar relacionado com essa cisão entre o narrador e o personagem.

---

2 Não nos esqueçamos que estamos em 1936, em plena ascensão do antissemitismo: o ministro da Educação da Áustria, com efeito, dirigiu uma nota a Freud pelo seu aniversário, mas todos os jornais foram proibidos de fazer qualquer menção à data, sob pena de confiscação. Cf. a carta de Freud a Arnold Zweig de 31 de maio de 1936, citada por Schur (1975, p. 567).

O que nos parece interessante na solução irônica de Thomas Mann diante do impasse entre a repetição cega do mito (ou dos desejos antissociais recalcados no inconsciente) e sua observação distanciada é que ela constitui uma espécie de ruptura ambígua com a tradição romântica de uma busca de identidade no passado mítico. Se, por um lado, existe distanciamento da parte do observador, por outro lado existe a celebração do observado. De fato, a ironia seria aqui uma das formas assumidas pela decadência do romantismo, pois em sua idade de ouro – tal como poderemos constatar – a celebração do encontro era hegemônica. A ironia constitui, portanto, uma posição romântica terminal, mas ainda no interior do romantismo, o que estabeleceria, segundo Thomas Mann (1921/1991), uma espécie de elo hermético entre sua obra e a de Freud (p. 21).

O que seria então *a idade de ouro do romantismo*? Essa expressão supõe que, no interior do romantismo, existe um momento no qual as relações entre o universal e o singular podem representá-lo em sua essência. Ora, o essencial das posições românticas de Thomas Mann é observável em Schelling,[3] aqui considerado como um paradigma de sensibilidade romântica. Schelling, em sua *Philosophie der Kunst* (filosofia da arte), oferece-nos um quadro de pos-

---

3 A questão a respeito de Schelling poder ser considerado um representante legítimo do romantismo alemão é evidentemente controversa e aberta à discussão. A escolha exclusiva desse autor pode parecer arbitrária, e nós só a fizemos cientes desse risco. Nossa escolha, contudo, não é injustificada, pois a problemática que nos interessa aqui pode também ser encontrada em outros autores do romantismo alemão. Segundo Schiller por exemplo, a *Spieltrieb* (pulsão lúdica) é a união entre a *Lebenstrieb* (pulsão de vida) e a *Gestaltrieb* (pulsão de forma). A *Spieltrieb* é que pode fazer o encontro da vida e da forma (Schiller, 1785/1993, carta 15, parágrafos 1 e 2, pp. 58-59). Se assimilarmos a vida à singularidade do sujeito, fica fácil observar a problemática de que se trata aqui neste autor. Para a discussão específica da representabilidade do romantismo por Schelling, remetemos o leitor a Heidegger (1941/1991).

sibilidades de experiência estética que é construído precisamente a partir dos dois operadores que nos interessam: o universal e o singular. Essa discussão é importante para delimitar bem o horizonte de referências com o qual, segundo nossa hipótese, Freud rompe radicalmente, contrariamente à interpretação do autor da *Montanha mágica*.

Observaremos, assim, que Freud permanece inconciliável com o *quadro de idealidade* implicado na compreensão romântica do mito, pois ele invalida não somente o polo do universal em sua compreensão da experiência estética, seja ela do mito, seja de uma obra de arte, mas também a pedra angular da estética romântica: a possibilidade da identidade entre o sujeito com o universal, pois, no lugar de identidade, Freud afirma uma identificação fundada no desejo, o que significa uma abordagem do registro da ontologia como um registro ilusório da subjetividade. Veremos, assim, que Freud se esforça, de um lado, em se manter estritamente empirista e recusa radicalmente qualquer explicação transcendental do universal, e, por outro, como esse empirismo é essencialmente sustentado pelo registro do desejo em sua busca por uma realização impossível.

O universal e o particular em F. W. J. Schelling: o mito como identidade absoluta entre ser e significar

É, sem dúvida, supérfluo lembrar que, desde Kant, o universal fora integralmente deslocado para o registro da subjetividade, e o singular, para o registro das coisas. Dito de outra forma, o universal na tradição kantiana é, antes de mais nada, subjetivo e permanece essencialmente independente de qualquer acidente singular, daí a compreensão do conhecimento com sendo dependente de um *trabalho de subsunção do singular ao universal*. Se Kant deixa, assim, aberta uma espécie de abismo entre dois polos do conhecimento, o romantismo alemão conheceu seu apogeu explorando as possibilidades de identificação do universal e do singular. Entre essas explorações, a estética de Schelling ocupa uma posição estratégica para a nossa discussão. De fato, segundo essa estética, a arte teria uma posição simétrica em relação à filosofia, pois realizaria a identidade entre o singular e o universal no singular (o finito), enquanto uma tal identidade só pode ser realizada pela filosofia em seu polo universal.[4] Para Schelling, na verdadeira obra de arte o objeto singular seria também o universal, e isso sem nenhuma perda de sua singularidade.

Mais precisamente, Schelling propõe três modos possíveis da relação entre o universal e o singular: o modo esquemático, o alegórico e o simbólico.

> *A apresentação na qual o universal significa o singular, ou na qual o singular é contemplado por meio do universal, é o esquematismo. A apresentação, contudo, na qual o singular significa o singular, ou na qual o universal é considerado por meio do singular, é o alegórico. A síntese dos dois, na qual nem o universal significa o singular, nem o singular significa o universal, mas, ao contrário, os dois são absolutamente um, é o simbólico.* (Schelling, 1859/1990, p. 90)

Observamos de passagem que esses três modos da relação entre o universal e o singular têm um lugar específico para sua

---

4 Cf. Stirniman (1993, pp. 72 e ss.).

ocorrência: é na experiência do sujeito que essas diferenças são enunciáveis em Schelling:

> *Essas três formas de apresentação têm isto em comum, o fato de só terem se tornado possíveis pela imaginação (Einbildungskraft) e serem formas desta última, ressalvando que somente a terceira é exclusivamente a forma absoluta. Devemos ainda distinguir cada uma dessas três figuras. A figura é sempre concreta, puramente singular. (Schelling, 1859/1990, p. 51)*

A demarcação do lugar de eficácia deste plano de possibilidades como sendo o lugar da imaginação é essencial para que possamos comparar a estética schelliniana com a metapsicologia freudiana. Trata-se, portanto, não da percepção da obra de arte, mas, antes, de uma *criação da imagem* pelo sujeito *simultaneamente* à *percepção da imagem*. A função teórica desse processo *criativo* que supostamente ocorre no gênio é eliminar qualquer diferença entre a idealidade universal e a coisa singular. É nesta *potência de criação de imagens* que ocorrem os três modos possíveis de relação entre o singular e o universal.

O modo esquemático define, assim, uma experiência subjetiva na qual prevalece o universal em relação ao singular, ou seja, existe uma relação de significado que parte do universal e se dirige para o singular, como é o caso da filosofia ou da álgebra. O modo alegórico, em contrapartida, é o de uma experiência em que a relação de significado se desloca no sentido contrário: aqui, é o singular que prevalece sobre o universal, como é o caso da natureza, da ação (*das Handeln*) e da geometria.

Ao lado desses dois polos, definindo esta dupla possibilidade do movimento da metáfora em Schelling, deve-se conceber a entrada em jogo de dois outros: o do significado e o do ser, pois o modo simbólico define-se precisamente por sua indistinção entre o significar e o ser nas relações entre o universal e o singular. Segundo Schelling, esta indistinção absoluta entre ser e significar só pode ser encontrada na mitologia grega, na qual cada deus, em sua singularidade, simultaneamente *é* e *significa* o universal. A unidade no mito grego entre o singular e o universal vai par a par, em Schelling, com esta outra, a saber, a unidade entre *ser* e *significar*.

O plano de possibilidades estéticas em Schelling dá, portanto, ao mito grego um valor de paradigma em relação à arte como identificação quádrupla: entre o *universal* e o *singular* e entre o *ser* e o *sentido*. *A experiência do mito pode sempre, é verdade, ser alegorizada ou esquematizada, pois estas são duas possibilidades ontológicas no interior do símbolo, mas essas interpretações do mito o destroem como tal.* O quadro de possibilidades schellingianas contém, dessa forma, uma evidente dissimetria, pois se tanto o modo esquemático como o alegórico se mantêm no interior do registro do significado, o modo simbólico avança até o registro da ontologia, sem, no entanto, se identificar completamente com ele.

Deve-se observar que, para Schelling, o efeito simbólico dos mitos depende da indissolubilidade entre o registro do significado e o registro ontológico. De fato, "logo que fazemos estes seres (os deuses gregos) significarem, eles não são mais nada". No entanto, se os tomarmos apenas em sua realidade, será então sua ideia, seu conceito, que será destruído:

> *. . . não ficamos satisfeitos com o simples ser sem significado, como na simples figura. . . . O maior interesse dos mitos funda-se justamente no fato de que enquanto são simplesmente sem nenhuma relação – em si mesmo*

absolutos – deixam, ao mesmo tempo, transparecer o significado. (Schelling, 1859/1990, p. 55)

De fato, já que o mito constitui o simbólico por excelência, deve-se também concluir que a experiência estética do mito é uma experiência-limite do sujeito. *Experiência-limite* no sentido em que nela se juntam *perfeitamente* o universal e o singular. Ou seja, uma experiência na qual a singularidade *é* e *significa* o universal no humano e, inversamente, uma experiência na qual o humano universal se encarna *integralmente* – isto é importante – na singularidade em questão. Isso indica, no essencial, a verdadeira vocação da obra de arte no mundo romântico: suscitar no sujeito uma *ligação* entre o universal e o singular, entre o ser e o significar. Observamos de passagem que esta vontade de *ligação* obedece mais à herança da estética do belo do que à do sublime, a qual depende, ao contrário, da legitimidade da própria diferença entre o singular e o universal.

Veremos em seguida que a incompatibilidade deste quadro com Freud situa-se em dois níveis. No primeiro nível, o mais superficial, não há, em Freud, lugar psíquico para o universal; esse lugar é, de antemão, um lugar ilegítimo ou, mais precisamente, o universal não é uma causa primeira no psiquismo, não possuindo qualquer potência originária na vida psíquica. De fato, é precisamente quando a historicização do universal é proposta como um desvelamento de sua verdade, ou seja, com a análise histórica das entidades universais visando reduzi-las à expressão de interesses ou desejos singulares, como é o caso de Nietzsche ou Freud, que o romantismo começa a acabar.

Em um segundo nível, este mais profundo, é a própria questão do ser que é colocada em causa. De um certo ponto de vista, é possível sustentar que, em Freud, qualquer ontologia, qualquer relação com o ser, tende a se transformar em uma relação de significado.

Édipo, o universal psicanalítico como resistência de Freud

Começamos nossa análise das diferenças fundamentais entre o horizonte romântico e o horizonte metapsicológico pelo momento geralmente considerado como seminal da aventura psicanalítica: a descoberta do complexo de Édipo. No dia 15 de outubro de 1896, ele escreve a Fliess:

> *Ocorreu-me à mente uma única ideia que tenha valor universal* (von allgemeinem Wert). *Encontrei igualmente em mim o movimento amoroso em relação à mãe e o ciúmes em relação ao pai, e atualmente os considero como um acontecimento comum* (ein allgemeines Ereignis) *a todas as crianças pequenas. Sendo assim, compreendemos, a despeito de todas as objeções racionais que se opõem à hipótese de uma inexorável fatalidade, o efeito impressionante de* O Édipo Rei. [...] *A lenda grega apreende uma compulsão que cada um* (Jeder) *reconhece* [...]. *Cada espectador foi um dia, em germe e em fantasia* (Phantasie) *um Édipo e se aterroriza diante da realização de seu sonho aqui transposto para a realidade.*[5]

Ao reconhecer em si próprio desejos eróticos em relação à mãe e sentimentos hostis em relação ao pai, a história de Édipo adquire um caráter *universal* para Freud. Com efeito, a força poética da tragédia, seu efeito perene ao longo da história sobre milhares de espectadores, é tomado por Freud como uma confirmação da universalidade de tais desejos. Entretanto, tal movimento de universalização desses afetos antissociais, movimento aparentemente

---
5 Carta de 15 de outubro de 1897, citada por Schneider (1984, pp. 173-174).

necessário para que Freud os reconhecesse como *seus*, parece estar acompanhado de uma silenciosa supressão da própria singularidade. Os conflitos, a partir do momento em que são interpretados partindo do mito edipiano, não diriam respeito especificamente *a si próprio*, diriam respeito a todo mundo: todo mundo é Édipo. A verdade que se revela aos olhos de Freud muda, assim, de registro: ao invés de simplesmente *singularizá-lo*, ela o universaliza. Poderíamos dizer que Freud responde aqui ao *esquematismo* schellingiano, no qual o universal *significa* o singular, ou melhor, no qual o singular é considerado a partir do universal. Interpretar os conflitos infantis esquematicamente equivaleria então a dizer a si mesmo: eu, diante destes desejos terríveis, sou simplesmente mais um caso dos afetos universais representados na tragédia Édipo Rei. Não parece, pois, um acaso que, algumas semanas mais tarde, Freud confessava a Fliess não mais acreditar em "sua neurótica", substituindo a teoria da sedução traumática pela teoria da fantasia. E, se essas fantasias são na verdade universais, como o confirmam os mitos, vemos, de fato, uma forma de esquematização se deslocar para o centro da teoria psicanalítica.

Seria mesmo isso? De fato é possível que tenhamos concluído rápido demais que o encontro com Édipo foi uma espécie de esquematismo em Freud. Ele também pode muito bem ter-se dito: Édipo sou eu, são *meus* conflitos que revelam o sentido da história universal de Édipo, e esta, por sua vez, pode ser vista pelos meus conflitos, o que nos aproximaria do modelo alegórico. Entretanto, se examinarmos esse encontro por seus efeitos, não seria ousado também considerá-lo como um momento *simbólico* da psicanálise, no sentido que Schelling deu a esse termo, pois, enfim, o encontro das lembranças pessoais de Freud com o mito Édipo não teria sido *fundamental* para a experiência psicanalítica? O mito de Édipo, como associação livre de Freud, não teria a qualidade de simultaneamente significar e ser significado por todas as associações que o precederam?

Nesse caso, nos encontraríamos ante um momento privilegiado do *simbólico* de Schelling no próprio nascimento da psicanálise. O encontro e a intimidade inseparável entre o universal e o singular fundariam uma nova *mitologia*: a *mitologia psicanalítica*. Podemos observar desde já que uma tal mitologia seria, na definição de Schelling do símbolo, essencialmente impermeável à própria psicanálise. Essa definição repousa, precisamente, sobre a impossibilidade de analisar o símbolo: ela define o símbolo como o universal pelo singular e o singular pelo universal, e como uma unidade entre o ser e a significação. A consequência disso seria clara: o encontro freudiano com o mito universal do Édipo em suas associações seria inanalisável, o que quer dizer que esse encontro não seria passível de ser examinado como sobredeterminado e produzido por conflitos entre desejos inconscientes no indivíduo Freud. De fato, se o mito de Édipo é um universal inquestionável, a própria psicanálise seria uma reedição do mito, ou, retomando as palavras de Thomas Mann, "mística desnuda, ou romântica, tornada ciência da natureza."

Sem dúvida nenhuma, reconheçamos que existe algo na psicanálise que não combina com a denominação de "mística desnuda". O resultado de nossa discussão mostrou-nos que, se entendemos a experiência analítica a partir do quadro de Schelling, é a própria psicanálise que desaparece. Sabemos que o encontro de Édipo por Freud não pode estar acima da sobredeterminação. De onde viria, contudo, essa anulação da psicanálise? Talvez tenhamos aceitado rápido demais os termos iniciais de Schelling, sem examinar a possibilidade real de sua transposição para a psicanálise. De fato, a questão de um lugar, na psicanálise, para o *símbolo* schellingiano necessita um exame anterior, o exame da legitimidade do *universal mítico* na experiência da psicanálise.

A universalidade do Édipo e seus efeitos na escuta analítica

Os trabalhos de Monique Schneider,[6] que examinam de perto o primeiro encontro de Freud com o mito de Édipo, mostram-nos que, de fato, o raciocínio esquemático não está ausente nesse momento. Um delicado retecer dos movimentos entre as associações de Freud e a produção dos conceitos permite à autora focalizar o caráter profundamente sobredeterminado da entrada do complexo de Édipo no conjunto das noções, então *in statu nascendi*, da psicanálise.

Ao lado da construção conceitual do mito de Édipo, um aspecto mais obscuro da entrada do mito se insinuaria no processo analítico freudiano de então. Em sua leitura, Schneider demonstra como a descoberta da universalidade do complexo de Édipo teve, em Freud, o efeito de uma interrupção de suas associações livres, assim como um "desaparecimento" de seu discurso em primeira pessoa, que é substituído por um "todos nós" essencialmente anônimo.

Desde seus primórdios na cena psíquica freudiana o Édipo é acompanhado de um "desaparecimento". Desaparecimento mais que essencial, pois trata-se do desaparecimento da ama de leite que teria despertado nele sua sexualidade. Freud, em suas cartas a Fliess, a designa como sua *Urheberin*, palavra que evoca a criação originária, antes da qual nada teria existido. Ora, esta *potência feminina de criação originária* teria se tornado culpada de pequenos delitos no lar dos Freud. Somente o texto atento de Schneider pode dar conta de uma surpreendente simultaneidade, no pensamento

---

6 Sobretudo *Freud et le Plaisir* (Schneider, 1981) e *"Père ne vois-tu- pas...?"* (Schneider, 1985).

de Freud, entre a lembrança da prisão da ama de leite, o abandono da teoria da sedução, o enterro da figura feminina materna como estando na origem de uma sedução e a identificação com o universal com a ajuda do mito de Édipo. As passagens seguintes visam, menos que resumir essa elucidação, tornar clinicamente palpável a realidade circunstancial deste enterro/nascimento à qual o mito do Édipo está associado na história da psicanálise.

É, de fato, na própria carta em que Freud falou do desaparecimento (*Verschwinden*) de sua ama de leite sedutora e ladra – ama de leite no xadrez, desaparecimento associado a um temor que um destino semelhante esteja reservado à sua mãe: "*Grito como um desesperado!*" – que Édipo surge, para se encontrar promovido a uma função paradigmática, a de dizer o destino que é o de todo ser humano:

> *Ocorreu-me à mente uma única ideia tendo um valor geral* (von allgemeinem Wert). *Encontrei também em mim o movimento amoroso em relação à mãe e o ciúmes em relação ao pai, e os considero atualmente como um acontecimento comum* (ein allgemeines Ereignis) *a todas as crianças pequenas. (Carta de 15 de outubro de 1987)*

Sobrevoo de toda trajetória singular: a correlação pulsional que se acha colocada no lugar é posta como tendo um alcance universal. O termo *allgemein* (comum a todos) é, aliás, repetido. Uma tal abertura tornou-se possível por uma mudança de cena: não mais o quadro singular da cena familiar, mas o desenrolar da cena teatral onde se apresenta *O Édipo Rei*.

> *Assim sendo, entende-se, apesar de todas as objeções racionais que se opõem à hipótese de uma inexorável fatalidade, o efeito impactante de Édipo Rei. . . . A lenda grega apreende uma compulsão que cada um (Jeder) reconhece. . . . Cada ouvinte foi um dia, em germe e na fantasia (Phantasie), um Édipo e cada um se aterroriza diante da realização de seu sonho transposto, aqui, para a realidade. (Schneider, 1984, pp. 173-174)*

Schneider mostra também efeitos surpreendentes desta interiorização do trauma, a saber, a aceitação da culpa inconsciente, mas sob a condição de que essa culpa seja coletiva e impessoal. Torna-se claro o funcionamento resistencial desta identificação de Freud com um "todos nós" anônimo, que se apresenta como podendo compartilhar e dividir coletivamente a responsabilidade de um crime, ainda que imaginário. Não seria, portanto, audacioso antecipar nessas linhas a festa comunitária do banquete totêmico, que se poderá ler em Totem e tabu em 1913. De um lado, o assassinato e a sexualidade são interiorizados pelo sujeito, por outro lado, essa interiorização exige, ao mesmo tempo, que esse sujeito se apague no anonimato que o *Allgemein* (o coletivo) lhe concede. Schneider (1984) comenta:

> *Por trás da operação universalizante – escansão do* allgemein *(comum a todos) e do* Jeder *(cada um) – esconde-se uma operação mais desconcertante, assumindo a forma da reversão. A universalização não estende a outros o que foi descoberto no itinerário singular, no caso, as cenas de sedução, mas visa, ao contrário, anulá-lo. A aposta da hipótese edipiana é, de fato, a de tornar inútil e ilusória a hipótese antitética, a que colo-*

cava, na origem das histórias singulares, uma sedução efetiva. A cena da sedução muda de plano: não se situa mais no real, mas torna-se objeto de uma criação psíquica; são nossos desejos amorosos que nos fazem fantasiar uma sedução que existe apenas no imaginário. (pp. 173-174)

Assim, o valor etiológico atribuído à experiência traumática – cujo modelo era o do trauma físico de origem exógena – é deslocado para o interior do próprio sujeito sob a forma da dupla pulsões/fantasia originária. Desejos infantis, pulsões, fantasias originárias serão doravante as noções encarregadas de substituir o trauma na função etiológica que a teoria lhe atribuía diante do sintoma (ver o Capítulo 1). Essa substituição de hipóteses etiológicas traz, contudo, um caráter essencialmente trágico ao modelo freudiano de aparelho psíquico. De fato, se o excesso energético era definitivamente resolúvel pela catarse, a pulsão, por sua vez, representa uma espécie de agente traumático no interior do próprio sujeito, do qual ele nunca poderá escapar.

A prisão da criada teria, assim, prefigurado o enterro da experiência do trauma como hipótese causal do sintoma na metapsicologia freudiana e, portanto, na escuta analítica, de forma que o relembrar "acontecimentos traumáticos" perde evidentemente em importância aos olhos do analista. Com efeito, com o mito freudiano de Édipo, um esquema universal substituiria acontecimentos singulares diante do sintoma. Veremos, não obstante, Freud sustentar para sempre que ambos os fatores, o do trauma assim como o das fantasias originárias e das pulsões, serão causas possíveis da neurose (Freud, 1939, p. 542). Apesar disso, é preciso observar que a metapsicologia abre aqui um lugar legítimo para uma modalidade resistencial particularmente sutil, já que inscrita em seu próprio seio teórico. A lógica do esquematismo se encontra doravante inscrita nos instrumentos interpretativos da psicanálise, forçando *a priori* a escuta de lembranças singulares através do filtro universalizante de um esquema comum a todos. Se a recordação perde sua importância para ceder algum lugar à fantasia originária e à abstração inerente ao conceito de pulsão, a própria escuta das associações livres corre o risco de mudar radicalmente de direção: ao invés de ser guiada pelas ressonâncias singulares, internas ao discurso do paciente, essa escuta deverá procurar uma coincidência com as histórias narradas pelo paciente e com os modelos formais conhecidos de antemão pelo analista. É a escuta que pode se tornar esquemática, pois o singular das associações livres será visto aqui a partir do universal da teoria, de forma que a análise de Schneider pode ser considerada como crítica aparentemente incontornável do esquematismo imanente da metapsicologia como teoria geral do psiquismo sobre a singularidade da associação livre na situação analítica. Não haveria nenhum argumento contra tal revelação? Estaria a metapsicologia totalmente subjugada a este núcleo resistencial?

Ironia e tragicidade em Freud

Não será difícil reconhecer neste núcleo resistencial constitutivo da própria teoria analítica o elemento essencial daquilo que constituiria a *ironia freudiana* segundo Thomas Mann. Com efeito, tal ironia dependeria precisamente da possibilidade da fecundação, da celebração do universal mítico no singular. O universal, em Thomas Mann, dando um sentido ao singular e, portanto, dando lugar a uma celebração, o supõe, de alguma forma, como legítimo. O encontro do sujeito singular com o herói mítico pode, assim, ter uma função identitária para o primeiro.

Não seria ousado ver aí a própria essência do "retorno ao passado" pregado pelo romantismo alemão, pois somente na condição de uma legitimidade ontológica dada ao universal o romantismo pode sustentar a função identitária de um retorno ao passado. Por meio do estatuto ontológico dado ao mito por Schelling, por exemplo, a sensibilidade romântica permite a cada um – sem perder sua singularidade – imaginar-se em uma relação simbólica com seu universal arcaico. Ou seja, uma relação na qual o singular coincide perfeitamente com o universal, quer dizer, que ele significa e é o universal ao mesmo tempo.

Em termos metapsicológicos, poderíamos dizer que, no romantismo, a repetição do mito teria no mínimo uma função de gozo narcísico pela possibilidade de solidificação identitária que ele fornece. Nesse sentido, pode-se dizer que é por meio de um retorno para as origens míticas idealizadas que o romantismo sustenta seu investimento massivo nas representações de si mesmo. A singularidade do sujeito se apoiaria em uma legitimação metafísica do universal para se imaginar sob uma ótica privilegiada diante das dores do mundo.

Claro está que a atividade analítica seria inconciliável com a ideia de tal retorno comemorativo ao passado no modelo romântico do retorno ao mito, pois nem a repetição dos desejos recalcados na história individual, nem a repetição do id – repetição que, segundo Freud, encarrega-se de retomar o passado da espécie humana (Freud, 1938/1972, p. 61) – são passíveis de se constituírem como um objeto de identificação perfeita no sentido schellingiano do simbólico sem que a própria possibilidade de um discurso associativo seja suprimida. O sujeito repete tanto seu próprio passado como o da espécie, mas, em psicanálise, não há coincidência ontológica possível entre esse sujeito que repete e qualquer figura da repetição pela qual ele possa se representar. Ou seja, o ser e o significar não coincidem na situação analítica senão para assumirem uma função de resistência. A resistência, dizia Lacan, é um privilégio exclusivo do analista, mas se trata aqui de revelar como esta pode se esconder no próprio ventre de seu instrumento teórico, tal como os soldados gregos no cavalo de Troia.

Ora, a própria possibilidade de uma *fromme Jasagung*, a afirmação piedosa, vista por Thomas Mann como solução diante das forças obscuras da alma, já denunciaria o profundo romantismo de sua "ironia". Uma tal ambiguidade já era assinalada pela possibilidade de uma celebração artística da repetição mítica. Talvez nenhum outro ponto em seu texto testemunhe de forma tão clara seu distanciamento em relação à tragédia interior do sujeito na metapsicologia freudiana, pois na clínica analítica não há nenhuma possibilidade, para a consciência, de *dizer sim* à repetição inconsciente, de subsumi-la por meio da afirmação: nem esteticamente, nem religiosamente, nem pelo conhecimento teórico do inconsciente (Freud, 1925, p. 377).

Uma tal impossibilidade nos obriga a considerar ainda um outro nível da desconstrução do universal pela psicanálise. Uma desconstrução diferente de uma simples arqueologia do psiquismo, tanto em seu passado individual como em seu passado filogenético. Se aquilo que seria simbólico em Freud, ou seja, o encontro do sujeito com o universal mítico, não pode se consagrar no nível ontológico, isso não é apenas consequência do fato de que não há lugar legítimo para o universal, mas porque, em Freud, a essência do sujeito só é compreensível como distanciamento: o sujeito enquanto analisando encontra-se irremediavelmente condenado a se dividir entre o campo semântico e o campo pulsional. De fato, é no próprio interior do sujeito que esses dois campos se encontram cindidos de forma absoluta. Desse ponto de vista, Freud distancia-se de Thomas Mann, pois esta *tragédia interior* constituída por um tal distanciamento não admite nenhuma reconciliação possível entre o olhar divertido do narrador e a repetição bruta.

Ou seja, se é ainda possível considerar Thomas Mann como estando no interior do romantismo, pelo fato de existir uma consagração entre o individual e o universal, esse epíteto é impossível no que concerne ao conjunto da obra de Freud. É pelo fato de a teoria freudiana não ratificar integralmente a identificação do sujeito ao mito como um acontecimento ontológico, mas considerá-lo como um efeito imaginário, que podemos dizer que a ironia freudiana situa-se em um grau mais radical que a de Thomas Mann.

De fato, se Thomas Mann (1991) via ainda na repetição cega de seu Joseph um momento sagrado (p. 83), apesar do olhar divertido do narrador, somos confrontados, pelo desenvolvimento das teses freudianas até seu limite, à exclusividade de um olhar raramente divertido, e no qual a ironia estará mais próxima do ceticismo. Não será surpresa, então, se a expectativa de Thomas Mann de uma "comunidade na ironia" não puder ser correspondida por Freud. No entanto, isso não implica a impossibilidade de uma ironia especificamente freudiana, cuja força seria sustentada pela tragicidade profunda na construção do aparelho psíquico freudiano.

Cabe observar que uma espécie legitimamente psicanalítica de ironia seria legível eventualmente na impotência essencial do sujeito em manter qualquer assunção identitária. Tal impotência está presente como um fio de Ariadne no conjunto das proposições freudianas sobre o sujeito. Em outras palavras, trata-se aqui da impotência essencial do sujeito de *jasagen* – de dizer sim – à repetição que o interpela. Se, do lado da consciência, o sujeito não pode dizer sim à repetição, isso implica que o sujeito é, em Freud, constitutivamente uma vítima passiva. Ou seja, esse sujeito padece da presentificação involuntária do passado.

Será a partir de tal deslocamento patológico para o centro do essencialmente humano que o gozo da ironia poderá ser psicanaliticamente pensado. Naturalmente, esse momento não pode escapar dessa patologia essencial do homem diante da repetição – patologia, cujo sentido primeiro seria o de exposição passiva. Nessa compreensão do patológico, a figura romântica do sujeito que pode se autoafirmar pela ironia evidentemente não tem lugar. Em seu lugar, será o sofrimento passivo diante das forças obscuras da alma que deverá dar a tonalidade central das análises freudianas sobre a experiência humana e, eventualmente, sobre a ironia ela própria.

Referências

Derrida, J. (1989). La pharmacie de Platon. In Platon, *Phèdre* (Luc Brisson, trad.). Paris: Flammarion.

Freud, S. (1923/1982). Zur Theorie und Praxis der Traumdeutung. In S. Freud, *Studienausgabe Ergänzungsband*. Frankfurt am Main: Fischer Taschenbuch Verlag.

Freud, S. (1925/1982). Die Verneinung. Studienausgabe Band III: *Psychologie des Unbewußten*. Frankfurt am Main: Fischer Taschenbuch Verlag.

Freud, S. (1938/1972). *Abriß der Psychoanalyse*. Frankfurt am Main: Fischer Taschenbuch Verlag.

Freud, S. (1939/1982). Der Mann Moses und die monotheistische Religion: Drei Abhandlungen. In S. Freud, *Studienausgabe Band IX:* Gesellschaft Ursprünge der Religion. Frankfurt am Main: Fischer Taschenbuch Verlag.

Freud, S. (1966). Carta de 28 de julho de 1929. In Ernst Pfeiffer (Ed.), *Sigmund Freud – Lou Andreas-Salomé: Briefwechsel.* Frankfurt am Main: Fischer Verlag.

Frye, N. (1957/1990). *Anatomy of Criticism.* London: Penguin, 1990.

Heidegger, M. (1941/1991). *Die Metaphisik des Deutschen idealismus (Schelling).* Frankfurt am Main: Vittorio Klostermann.

Jones, E. (1993). *The life and work of Sigmund Freud* (Lionel Trilling and Steven Marcus, ed.). Harmondsworth: Penguin Books.

Mann, T. (1921/1991) Aus dem Tagebuch (24 Mai 1921). In T. Mann, *Freud und die Psychoanalyse, Reden, Briefe, Notizen, Betrachtungen, Herausgegeben von Bernd Urban.* Frankfurt am Main: Fischer Taschenbuch Verlag.

Mann, T. (1929/1991). Die Stellung Freuds in der modernen Geistesgeschichte. In T. Mann, *Freud und die Psychoanalyse, Reden, Briefe, Notizen, Betrachtungen, Herausgegeben von Bernd Urban.* Frankfurt am Main: Fischer Taschenbuch Verlag.

Mann, T. (1991). Freud und die Zukunft. In T. Mann, *Freud und die Psychoanalyse, Reden, Briefe, Notizen, Betrachtungen, Herausgegeben von Bernd Urban.* Frankfurt am Main: Fischer Taschenbuch Verlag.

Schelling, F. W. J. (1859/1990). *Philosophie der Kunst* (Gesammelte Werke, Band V). Darmstadt: Wissenschaftliche Buchgesellschaft.

Schiller, F. (1785/1993). *Über die ästetische Erziehung des Menschen.* Stuttgart: Reclam Bibliothek.

Schneider, M. (1981). *Freud et le plaisir.* Paris: Denoël.

Schneider, M. (1984). *Don Juan et le procès de la séduction.* Paris: Aubier.

Schneider, M. (1985). *Père ne vois-tu- pas...?.* Paris: Denoël.

Schur, M. (1975). *La mort dans la vie de Freud.* Paris: Gallimard.

Silva Junior, N. (1998). Modelos de subjetividade em Fernando Pessoa e Freud. Da catarse à abertura de um passado imprevisível. In M. E. C. Pereira (Org.), *Leituras da Psicanálise. Estéticas da Exclusão.* Campinas: Mercado de Letras.

Stirniman, V.-P. (1993, juin). *Poetics of the soul: tentative steps* (Diploma thesis). C.-G. Jung Institute, Küstnacht.

PARTE 3

Perspectivas do abismo e hermenêutica aberta

6. O abismo fonte do olhar: a pré-perspectiva em Odilon Moraes e a abertura da situação analítica[1]

> *A finalidade da arte é simplesmente aumentar a autoconsciência humana.*
> Fernando Pessoa

> *Um quadro é uma função que faz o sujeito se localizar enquanto tal.*
> Jacques Lacan

Arte e psicanálise: um sujeito que supostamente encontra-se consigo

As relações entre a psicanálise e a arte, já em Freud, são marcadas por uma complexidade que mal começamos a entrever. Certamente não se reduzem à mera aplicação dos conceitos analíticos

---

[1] Silva Junior, N. (1999). Um abismo fonte do olhar. A pré-perspectiva em Odilon Morais e a abertura da situação analítica. *Percurso – Revista de Psicanálise*, *23*, 13-22.

visando reconstruir a vida que exige a obra. Assim, mesmo no auge de sua busca de expansão do poder explicativo da psicanálise, Freud reserva sempre um lugar privilegiado ao artista como um arauto, um precursor genial das intuições analíticas, estas só conquistadas à custa de *suor e lágrimas*. Diante deste duplo do psicanalista (Kon, 1996), o Freud-conquistador acaba por depor as armas, tal como afirma, em 1928, no texto "Dostoiévski e o parricídio". Hoje é de acordo geral que a arte, assim como as formações culturais, tem para a psicanálise um estatuto análogo ao do sintoma: a teoria analítica deve transformar-se a partir do que não compreende nestes "fenômenos".

As duas epígrafes apresentadas parecem estar de acordo, e talvez estejam. Contudo, certamente não o estão no modo como *parecem* estar de acordo. Lacan e Pessoa sugerem que a função da arte é a de propiciar ao sujeito um encontro privilegiado consigo mesmo, em que o olhar para dentro dele revele sua própria essência, de um modo até então desconhecido, ou simplesmente esquecido, como que envolto pela analogia de um sono. As afirmações são assim perfeitamente substituíveis: a arte como "aumento da autoconsciência humana" parece justamente visar à "localização do sujeito enquanto tal". Mas o que cada uma dessas "disciplinas" concebe como *aumento da autoconsciência humana* e como *localização do sujeito como tal*?

No que concerne à arte, caberá questionar as concepções preliminares de sujeito que servem de guia, trilhas que dirigem esse sujeito no modo como ele deve encontrar-se consigo mesmo. Há algumas diferenças fundamentais em tais trilhas, dependendo da modalidade estética em que se passa a experiência do espectador. A escultura, tal como a arquitetura formal, supõe um espectador essencialmente móvel no espaço, capaz de andar em torno da obra.[2] A pintura, por sua vez, tende a fixar esse espectador num ponto do espaço, ou pelo menos limitar seus movimentos a uma restrita área. A modalidade estética define, assim, seu próprio campo de encontro de um modo preliminar, anterior à experiência do espectador. O campo proposto pela escultura permite, e de certo modo exige, o caminhar, parece supor que é caminhando que o sujeito pode aumentar sua autoconsciência. Já na pintura, para o encontro consigo não é preciso circular, para ela esse encontro nada tem a ver com uma experimentação geográfica do espaço.

A perspectiva e a identificação do sujeito com o ponto fixo

Assim, diferentes registros do sujeito são requisitados segundo a modalidade da experiência estética, a ponto de podermos inferir uma concepção de subjetividade implícita em cada tipo de arte. Sabemos que, além dessa diferença entre as diversas modalidades, a história demonstra que uma cultura produz diferenças no interior de cada tipo de arte ao longo do tempo. E, surpreendentemente, do ponto de vista do momento histórico em sentido amplo, as diferenças entre as modalidades estéticas parecem se homogeneizar em torno de um modo privilegiado de sensibilidade a cada época, a tal ponto que a história do sujeito estético apresenta analogias e correspondências com a história do sujeito em outros campos da cultura. Há uma coerência entre as sensibilidades, os discursos e as instituições sociais de cada época que se apresenta, segundo

---

2 Le Corbusier aponta a caminhada como a abordagem que espera dos visitantes de sua *Villa Savoye* em Poissy (cf. Kaufman [1981]). Já a arquitetura helênica concebia um espectador imóvel, como o demonstram as "correções" nos templos gregos, de forma que a percepção das colunas e dos capitólios fosse regular e equilibrada a despeito das deformações naturais da paralaxe.

Foucault (1966/1987), sem uma hierarquia de causalidades definida, mas com uma sólida coerência interna.

Assim, a identificação do sujeito cartesiano a um "ponto fixo" do discurso surge pouco tempo depois, mas ainda analogamente à invenção, pelos pintores florentinos, da *perspectiva artificialis*.[3] Antes disso, as relações de distância eram codificadas por um sistema de signos, os espaços eram hierarquizados segundo conteúdos religiosos, constituindo uma *perspectiva narrativa*, como na pintura pré-renascentista. Aqui os valores eram traduzidos pelo tamanho relativo entre as figuras, sua posição, além do próprio material da pintura, por exemplo, ao se pintar o manto de Cristo em ouro.

Com o Renascimento, o homem volta a ser a *medida de todas as coisas*, o que significa uma emancipação do olhar divino e, portanto, uma reorganização da experiência visual. A perspectiva deixa assim de ser "narrativa" para se aproximar da visão "natural", isto é, sem a mediação divina. A natureza deve ser abordada com a razão humana e segundo sua proporção: nisso consiste a base filosófica da invenção de uma nova técnica de representação, a *perspectiva artificialis*. Tal "invenção" significou na pintura uma radicalização – impensável até então – da imobilidade do espectador, a ponto de nela trazer efeitos análogos àqueles da descoberta do ponto fixo no pensamento. No sujeito suposto pela arte – tal como ele é definido por Pessoa, como *sujeito suposto tornar-se mais autoconsciente* – a noção de perspectiva deve, portanto, ocupar um lugar central.

Cabe notar, pois, que a perspectiva e, portanto, a fixação matemática do sujeito se desenvolvem de modo inseparável do pensamento filosófico. Esse desenvolvimento tem uma história

---

3 Existe extensa literatura sobre a história da perspectiva. As duas indicações que se seguem servem como introdução ao interessado: *L'origine de la perspective*, de Damisch (1987/1993), ao qual devo várias informações aqui presentes, além do clássico *La perspective comme forme symbolique*, de Panofsky (1975).

fascinante, numa espécie de busca tateante do sujeito como ponto fixo no espaço. A vitória técnica dessa busca é um elemento fundamental na constituição do sujeito ocidental, pois a *perspectiva artificialis* parece legitimar o *cogito* a partir do registro "natural" da sensibilidade, confirmando e reforçando o discurso filosófico.

Não devemos, contudo, confundir o ponto fixo da perspectiva com uma modalidade visual da instância egoica. A partir de Lacan, é possível compreender a perspectiva como assinalando na pintura um *locus* no espaço não primordialmente referente ao Ego, mas ao registro simbólico do sujeito. Com efeito, a figura em perspectiva, para além da mera apresentação da paisagem representada realisticamente, propõe sobretudo o ponto de vista de um observador essencialmente intercambiável, virtualmente presente em cada um de nós. Esse observador é simultânea e paradoxalmente único e múltiplo. Encarnaremos esse observador anônimo não como aquilo que nos singulariza, mas como algo genérico, algo que poderia pertencer a todos que se localizem em um mesmo lugar do espaço ou que participem de uma mesma cultura que conceba a existência do indivíduo enquanto "um caso" de uma função geral. Assim, se a perspectiva surge como um fenômeno cultural no interior da espacialidade que define e fixa o observador a um ponto de referência, ela o faz a mesmo título que uma senha (ou *Schibbolet*) que abre o sujeito para um novo espaço de existência. Em sua função de senha, a perspectiva abre a possibilidade da ambiguidade entre o singular e o genérico de cada um, oferecendo uma faixa de sociabilidade ao empirismo singular do sujeito.

O fato é que, a partir de sua identificação com o ponto fixo, um efeito de solidificação do sujeito é comum a dois registros, o do pensamento e o do olhar. A invenção da perspectiva é, assim, acompanhada de um duplo júbilo: por um lado o aumento da potência individual, por outro, a garantia de poder compartilhar com outros minhas experiências, crenças e ideias. Com efeito, um quadro em perspectiva parece colocar o espectador no interior da imagem vista, e nisso aumenta sua potência individual. Além disso, esse transporte está à disposição de todos: a cada sujeito, é-lhe facultado ver sob o ponto de vista de um sujeito universal; o ponto de vista da perspectiva possui, assim, uma força legitimante, que age sobre os espectadores individuais generalizando-os como "casos singulares".

Entretanto, tais conquistas do olhar trazem consigo novas formas de sofrimento, surgem novas possibilidades de perda de si. Ao ser transportado para o interior da imagem, o sujeito pode identificar-se com o olhar de um outro genérico, perdendo-se em primeira pessoa. Ao partilhar um ponto de vista comum a todos, o espectador está também sujeito à coerção implacável dessa força coletiva. O coletivo, cuja realidade parece ser sustentada pela experiência empírica da perspectiva em cada um, passa a exigir renúncias cada vez maiores do sujeito.

Para Kant, por exemplo, o sujeito moral se singulariza pelo respeito à lei moral universal: esse respeito é a "representação de um valor que traz prejuízo ao meu amor próprio" e uma máxima de "restrição, pela dignidade da humanidade em uma outra pessoa, de nossa estima de nós próprios" (Eisler, 1994, pp. 926-927). Note-se que nenhuma dessas formas de perda de si era possível antes da identificação do sujeito ao ponto fixo. Assim, a passagem ao mundo orientado pela perspectiva certamente traz, ao lado da expansão de sua potência, novas possibilidades de sofrimento e novas limitações ao homem.

A perspectiva traz consigo, evidentemente, outros males, por exemplo, seu caráter ilusório. Assim é que uma certa tradição crítica habituou-se a conceder um lugar essencialmente negativo à perspectiva em pintura, ligado à falsidade. Diferentemente da escultura, em que a perspectiva natural do espectador fornece novas verdades da obra, na medida em que ele a circunda, a perspectiva na pintura é um instrumento que dá a ilusão de ver mais do que a obra possui, donde sua genuína falsidade. A título de exemplo, o termo "fingidor" significava, em Portugal do início do século, um pintor decorativo, especializado em criar efeitos de mármore e baixos-relevos para aqueles com intenção de ostentar tais riquezas, mas sem os meios de possuí-las – sentido este injustamente ausente das exegeses da "Autopsicografia" de Pessoa. A acusação de uma falta moral no ilusionismo da perspectiva se mostra aqui sem hesitações.

Na pintura moderna, Cézanne e Picasso pintam visões de um olhar que ultrapassa a perspectiva: à fragmentação da paisagem corresponde uma fragmentação do olhar. O ponto fixo se divide e se multiplica, fragmentando, assim, as próprias fundações visuais do espectador cartesiano. É que, com a incerteza da razão como método primeiro de acesso aos objetos, a perspectiva analogamente cessa de funcionar como um apoio visual da certeza que o sujeito tem da própria unidade existencial. Nesse sentido, a perspectiva revela-se retroativamente como possuidora de uma natureza duplamente ilusionista: não somente mostra o que de fato não está no quadro, como também dá ao ser humano uma imagem exclusivamente homogênea de sua existência, dele escondendo suas diferenças consigo próprio.

A pré-perspectiva como olhar do exílio

Se, no auge da perspectiva, a arte tende a revelar o homem a si mesmo como idêntico à fonte do olhar, na pintura moderna, no cubismo, por exemplo, o que esta aparentemente revela é a diferença interna desse olhar, seus hiatos e lacunas, sua inconciliabilidade consigo próprio. Um elemento novo entra no sujeito que supostamente deve encontrar-se consigo diante do quadro. Esse elemento é a experiência de uma diferença constitutiva consigo mesmo e, portanto, a perda de um certo ideal de sujeito. A pintura de Odilon Moraes, apesar de visar igualmente a uma diferença do sujeito consigo, não pode, contudo, ser dita moderna. Apesar de ser essencialmente uma pintura da diferença, ela não se refere ao inconciliável interior ao homem, mas ao *inumano que constitui* o homem. Que inumano é esse? Não a crueldade para com o semelhante, nada que lembre as injustiças desdobráveis da máxima "*homo homini lupus*" (as quais parecem sempre reemergir com um despudor crescente, contudo), mas uma inumanidade anterior, que rastreia a inquietante faixa da existência em que "não existindo, somos". De que modo nossas sombras são-nos?[4] Como nosso fim nos constitui? Quais cautelas podem nos proteger contra uma inumanidade que nos pertence precisamente por sua inexistência? Questões às quais esta obra convida seu espectador na estranha experiência do olhar que propõe.

O que entendemos por *pré-perspectiva*? Em analogia à perspectiva, a pré-perspectiva visa à experiência autolocalizatória do homem. Ela o faz, contudo, não a partir de sua familiaridade com as coisas, não a partir de sua proximidade potente com o mundo, mas justamente a partir da face esquecida da invisibilidade das coisas, a partir de sua familiaridade arcaica com o silêncio e com o exílio. A perspectiva aproxima o olhar daquilo que já existe, mesmo

---

4 Conjugação incomum do verbo "ser", com efeito, mas que responde à função precisa de indicar um modo de ser em primeira pessoa cuja origem estaria essencialmente deslocada de si própria. Inspirei-me em Bernardo Soares, que força de modo análogo o verbo "ser" na primeira pessoa, e escreve: "Sou-me.", quando deseja dizer que existe "como entidade que a si mesma se dirige e forma, que exerce junto de si mesma a função divina de se criar" (Pessoa, 1999, p. 114).

que em longínqua distância. Odilon Moraes usa a perspectiva para aproximar o que não é, o que nunca foi, o que não pode ser. Não é, portanto, uma perspectiva ilusionista. E, contudo, a *vacuidade* da experiência humana é ali evocada pictoricamente, a ponto de localizar o sujeito no centro de tal vacuidade, e exercer de forma paradoxal e inquietante uma ressignificação da experiência cotidiana em seu próprio fundamento. Nesse sentido, trata-se de uma pintura *pré-perspectivista*. Perspectivista, pois *localiza* o sujeito, num projeto impensável sem o desenvolvimento da perspectiva na pintura. *Pré*, pois o faz num registro essencialmente heterogêneo, anterior e condicionante da consciência e da experiência cotidiana. Cabe desde já notar, contudo, que seu processo é essencialmente diferente daquele de uma "desconstrução" da perspectiva.

Para comentar como Cézanne *constrói* uma nova perspectiva, isto é, como sua pintura busca mostrar todas as faces dos deslocamentos possíveis, e como busca, por meio da destruição do espaço linear, falar sobre *todo o espaço*, Francastel (1977/1990) examina preliminarmente a *desconstrução impressionista* da perspectiva, isto é, o modo como o impressionismo se emancipara da perspectiva que o Renascimento construíra. Essa desconstrução da perspectiva não chega a desconstruir o espaço no qual esta é possível, e Cézanne, em sua reconstrução, reafirma sua confiança nesse espaço, uma vez que sua aposta é aquela de uma apresentação pura do objeto sem as excessivas vestes do olhar cultivado e organizador da paisagem.

A desconstrução da perspectiva é, nesse sentido, uma recusa da homogeneidade do olhar iluminista, mas não uma recusa da homogeneidade do espaço. O pré-perspectivismo, por sua vez, interroga o próprio espaço e, nessa busca, vai além do visível: é visual sem sê-lo realmente. Seu olhar vem de um exílio do espaço (ver o Capítulo 2), mostra o não mostrável, e assim transgride

Wittgenstein, que exorta o "calar sobre o que não pode ser dito". Escolhe Blanchot, que ironiza o insuspeitado otimismo do filósofo das dietas restritivas do discurso ao lembrar que "calar é também dizer" (Blanchot, 1980, p. 23).

"Cidades invisíveis", a criação da realidade

Analogamente à pintura religiosa pré-renascentista, seria possível dizer que estamos aqui *ainda* no registro de uma *pré-perspectiva narrativa*. Com efeito, o espaço como tal começa ali a ser interpelado em sua face impossível, mas tal interpelação acontece com recursos espaciais. Para falar de sua obscuridade, há uma narração da invisibilidade que segue um padrão temático. O espaço não dá conta da realidade, não há superfície e desenho ao mesmo tempo, não há plano e espaço tridimensional ao mesmo tempo (*Cidade Proibida*). Comparado a um momento posterior da obra, tal "método" pensa o exílio do espaço ainda de modo exclusivamente negativo, como limite e ruptura. E, contudo, o "método" é aqui traído pelos efeitos concretos de um olhar que se antecipa à revelia de sua hora, um olhar que tem no exílio não a privação, mas a própria *possibilidade do espaço*.

Assim, pelo "método" do espelhamento do desumano no homem, o espectador será literalmente arrancado do lar visual da pintura, manufatura de luzes, cores e texturas, para ver repentinamente a miraculosa fragilidade de todos os materiais (*Cidade dos Sonhos*). Olhar o invisível, eis a finalidade do processo pré-perspectivista. Mas tal fim é, naturalmente, um começo, pois, ao acariciar os fenômenos em sua fragilidade máxima, essa pintura refunda o visível em novas possibilidades (*Cidade dos Espelhos*). Não nos espantemos, pois, ao repentinamente perceber não somente novas cores e luminosidades nesses quadros, mas também objetos que teriam sido esquecidos, espelhos, reflexos vítreos, fotografias de esquinas estranhamente familiares e outros fragmentos do cotidiano. Traços de uma estranha realidade, que jaziam absortos no silêncio de uma tranquila e insuspeitável inexistência, nascem criando consigo universos completos quase já ignorantes do nada do qual despertaram.

Tal criação do visto, a produção espontânea de coisas sob nossos olhos, é um efeito aparentemente paradoxal se pensarmos na finalidade desrealizante da pré-perspectiva desse momento. Mas a plasticidade do perceptível é um efeito, por assim dizer, "natural" de um límpido olhar educado no seio do obscuro, onde a escuridão imanente a todos os visíveis esteve sempre presente em sua impresença máxima. Através dessa passagem pela "mãe de todas as noites" (Álvaro de Campos), onde a realidade do espectador é a primeira a ser desenraizada, serão as relações entre a realidade e a imaginação a sofrerem uma radical transformação. Eis a fonte ausente dos entes terrenos que incessantemente povoam a experiência visual dessa pintura, eis a valise oca de Cronópio donde provém a profusão de formas, o desfile excessivo de seres imaginários inventado por Peter Greenway no *Livro de Próspero* e do qual não nos libertaremos mais. É o mesmo Próspero quem diz: "*We are such stuff as dreams are made of, and our little life is rounded with a sleep*" ("Somos feitos daquilo que os sonhos são, e nossa curta vida é envolta por um sono" – W. Shakespeare, *The Tempest*, ato IV, 1979).

Tais seres não foram "pintados" pelo artista. Os espaços que ali vemos não derivam das ilusões da perspectiva tradicional, isto é, conscientemente objetivada nas representações a serem produzidas no espectador. Não sendo alucinados, no sentido clínico do termo, pois seu caráter ilusório está sempre presente, nem tampouco oníricos, pois não sonhamos, que seriam esses espaços, a quais ordens de realidade pertenceriam? O segredo dessa pintura que é capaz de transformar o olhar do espectador em olhar gerador das visões do cotidiano repousa em que ela pinta o invisível. Literalmente.

Haveria aqui alguma espécie de contato entre o artista e o espectador? Talvez. Aquele em que o espectador é o artista e, nesse sentido, com ele coincide. A natureza desse espectador-artista não é, contudo, fixa, pois nesse caso as visões seriam demasiado regulares. O espectador-artista é um criador de visões, o que rompe com o paradigma de um artista criador em oposição a uma obra criada e fixa. O efeito da experiência artística no espectador é o de atribuir-lhe o lugar de criador.

Qual seria então a natureza desse invisível? O artista pinta para o espectador, mas este não é ninguém em particular. Quanto mais dirigida for uma pintura, quanto mais objetivamente se concretizar um destinatário nas representações do artista, tanto mais longe de qualquer um resultará a obra, inclusive do destinatário eventualmente em questão.

Em analogia à função do analista como *sítio do estrangeiro*, segundo Pierre Fédida, o destinatário do quadro, esse espectador-ninguém, deve então ser indicado enquanto lugar, local, *sítio*: *sítio do olhar de ninguém*. Ninguém ocupa tal sítio, diferentemente do espectador da *perspectiva artificialis*. A conclusão pode parecer absurda, mas o artista parece dever pintar sob uma certa "fobia dos olhares". Deve pintar sob o desejo de sua obra não ser inteiramente vista, algo nesta deve permanecer em essencial segredo. A eventual suspeita de um enfraquecimento desse segredo provocada por sua enunciação enquanto segredo, como o faz a *pré-perspectiva narrativa* desse momento, me parece secundária. Ele só será eficaz sob a condição de sua verdade.

O *sítio do olhar de ninguém* não é, portanto, um lugar no espaço. Pelo menos não no espaço cotidiano. Trata-se de uma ruptura do espaço cotidiano. Esse espaço negativo será então a condição da produção de espaços positivos, realmente vistos pelos espectadores que os veem surgir do invisível. A experiência dessa forma de pintura tem um efeito incontrolável, a saber, a alteração dos espectadores. Nesse sentido, o encontrar-se consigo suposto no sujeito da pré-perspectiva seria a revelação a cada um de tal espaço negativo. A revelação deste "vazio", isto é, de uma inessencialidade constitutiva da existência, é, por exemplo, a raiz negativa do projeto estético de Fernando Pessoa (cf. Silva Junior, 1998, pp. 119-146): "A arte", diz Bernardo Soares, "consiste em fazer os outros sentir o que nós sentimos, em os libertar deles mesmos, propondo-lhes a nossa personalidade para especial libertação..." (Pessoa, 1999, p. 255). Se tal personalidade é aquela de um poeta, isto é, de alguém essencialmente *fingidor*, então esse projeto estético pode ser compreendido como aquele de uma iniciação do leitor a uma tópica das formas de inexistência.

"Diários", uma nova palavra

As palavras são desfeitas na arte. Rodin, ao nomear uma obra, longe de acrescentar um significado a uma forma despida de seu mármore em excesso, parece, antes, ressignificar as próprias palavras e delas retirar o peso de toda uma história de lugares comuns. Assim, *L'Homme et sa pensée*[5] será um ajoelhar suspenso do homem, seus lábios sobre um ventre de menina imprecisamente adormecida, e toda a ascese pleiteada pela filosofia desde Platão parece se estancar ao umbral de um erotismo púbere. *La*

---
5 "O homem e seu pensamento".

centauresse:[6] uma jovem e um corpo equino tentando se arrancar um do outro: na voz do mito já está presente a dor de um não. *Cathédrale:*[7] o instante íngreme de duas mãos num quase tocar e a absoluta tensão da envergadura gótica se precipitam num silêncio apaixonado. Talvez a força poética incontida das artes não verbais – pictóricas seria aqui uma redução indevida da escultura e música à pintura – seja precisamente esta. Rodin, mais uma vez, mestre, mas agora na escultura de palavras.

Que *Diários* seja uma sequência de sombras, que o prosaísmo dos monólogos cotidianamente presentes se dissolva em silhuetas sombrias que obscurecem o centro de um banho homogêneo de luz, tal interpretação é de natureza a trazer o inquietante para o interior do humano. Ocorre aqui o abandono da pré-perspectiva narrativa: não se pode mais falar espacialmente do espaço negativo. A língua espacial não é mais suficiente para se dizer o não do espaço. Ele deve se dizer na língua do homem: a partir de sua experiência mais própria. Essa experiência se passa aquém do espaço.

Diários, como dissemos, não retratam senão sombras. Tal visão sobre o tema não é anódina, contudo. A experiência desse inquietante é, em primeiro lugar, uma experiência na esfera visual e se dá com uma dupla despersonalização. Se "o quadro tem a função de localizar o sujeito como tal", então a sombra nos localiza em nossa ignorância mais própria. Uma sombra não é um espelho: o autorreconhecimento que procuramos em sua esfera bidimensional perde-se na impossibilidade palpável da escuridão muda. Esta constitui a primeira despersonalização do espectador diante de tal *Diário de sombras*.

---

6 "A centaura".
7 "Catedral".

Mas uma segunda despersonalização o aguarda, pois, afinal, nossa sombra nos é familiar, ela é *nossa sombra* antes de ser uma sombra qualquer. Assim, poderíamos, por exemplo, querer reconhecer em tais quadros o vestígio seguro de nós mesmos. Quando uma luz em nossas costas recorta nossa silhueta na parede diante de nós, a geometria cotidiana nos diz que essa sombra é testemunha de nossa corporeidade, de nossa realidade como matéria física opaca à luz. Afinal, uma sombra é o efeito de um objeto real que se interpõe entre uma fonte luminosa e uma superfície, e, nesse sentido, nossas sombras seriam as marcas flutuantes de nossa realidade mais concreta.

Mas o autorreconhecimento que poderíamos vir a ter neste âmbito tridimensional de *Diários* é desfeito de um modo sutil, pois uma nova incerteza em torno da sombra é sugerida pela imprecisão entre o ponto de vista do espectador e o suposto obstáculo humano à passagem da luz. O obstáculo humano em questão, com o qual coincidiríamos enquanto espectadores, situa-se num outro lugar, diferença esta dedutível pela falha da geometria familiar que silenciosa e fielmente confirma nossa identidade a um ponto no espaço. Nessa inquietante imprecisão abre-se uma cratera na própria ideia de "dia" e de "luz". Abre-se uma cratera no cotidiano da qual nossas sombras são talvez metáfora, mas metáfora demasiado exata e, portanto, insuficiente.

Soa ali um silêncio que se preserva de todas as palavras. Desvelada enquanto incessante possibilidade de tal abismo, a palavra *diário* jamais será a mesma. A sombra jaz doravante no interior dessa palavra, transformando-a, a nossos ouvidos, de modo essencial. Nesse sentido, trata-se de uma pintura inseparável de uma poética.

Lacan e a anamorfose em psicanálise: diferenças com a pré-perspectiva

A anamorfose é uma figura em perspectiva deformada que, para ser reconhecida, exige do observador um deslocamento, um abandono da sua posição convencional, e uma busca de um novo ponto de vista. Esse ponto é sempre extremamente preciso mas desconhecido, e sua descoberta revela, na figura até ali incompreensível, formas finalmente reconhecíveis. Para Lacan a anamorfose tem um lugar privilegiado na localização do objeto "a" no campo do olhar.

Com efeito, a partir de sua abordagem, a crítica do "conhecimento de si" em psicanálise se vê extremamente enriquecida pela experiência estética produzida pela anamorfose. Antes de mais nada, a anamorfose se apresenta como um segredo, como enigma visual. Como uma espécie de metáfora do encriptamento do sexo feminino, a anamorfose provoca a curiosidade, desperta o desejo e convida a uma exploração ativa. Como neste caso, não se trata, evidentemente, de uma exploração naturalística. A exigência que a anamorfose faz ao espectador é da ordem de um jogo: ele deve buscar seu lugar a partir de, levando em conta o desejo do outro.

Assim, a abertura prometida pela anamorfose brinca com a certeza que cada espectador possui do seu ponto de vista. Essa certeza será desfeita, refeita e desfeita novamente: a teoria solipsista do ponto de vista, o ponto fixo enquanto fonte independente do olhar, se mostra como um engano, em seu lugar o espectador recebe uma demonstração em primeira pessoa de que o lugar a partir do qual ele vê é um lugar sujeito ao imprevisível desejo de outrem. Nesse brincar erótico, um desejo que se entende inicialmente como exclusivamente solipsista, é surpreendido ao se ver a partir do desejo do outro. Não é por acaso que a anamorfose pode prescrever, para Lacan (1964/1973), o elemento fundamental da pulsão. Nela se revela que o material do objeto "a", objeto causa do desejo, não é nem um objeto concreto, nem uma representação, mas um desejo, o desejo do outro.

A riqueza da analogia com a anamorfose pode ser ampliada, já que a imprevisibilidade do desejo do outro não deixa de ressoar em uníssono com uma fragilidade já velha conhecida do sujeito psicanalítico: a possibilidade de ser devorado por uma figura arcaica. Tal possibilidade pode ser entendida como uma repetição do momento em que Édipo está diante do enigma da Esfinge. Caso não diga a resposta correta, será devorado, caso responda corretamente, a Esfinge se lançará ao abismo, metáfora geográfica da boca escancarada, o que reconstitui esse abismo como um segundo devoramento, desdobrado na linguagem do mito. O saber a resposta e a existência do enigma se excluem um ao outro.

De modo análogo, na anamorfose, duas experiências do olhar se excluem mutuamente. Por um lado, o olhar que aceita o enigma, cuja condição de possibilidade está aberta ao desejo do outro e, portanto, aberta às suas promessas e perigos. Por outro, o olhar que vence o enigma encontra o seu lugar. Édipo, com efeito, responde ao enigma de modo correto, dizendo: "O homem". Na iconografia é comum representá-lo com o indicador voltado para si mesmo, o que define o "saber de si", particular, como o "saber do que é o homem", em geral. Jean Auguste Ingres, a propósito, em seu conhecido *Édipo e a Esfinge*, parece concordar com a equação de exclusão mútua entre o saber e o enigma: o indicador direito de Édipo mostra a Esfinge, o esquerdo aponta para si próprio. Assim, a segurança do ver proposta pela perspectiva parece possuir o poder de tamponar um abismo: o abismo de um jogo no qual o desejo do outro é ontologicamente soberano e, portanto, insuportavelmente arriscado. Diante dessa fragilidade diante do outro, o olhar em perspectiva – uma vez encontrado o lugar enigmático da anamorfose – vem como que salvar o sujeito, recuperando-o em primeira pessoa, e garantindo-lhe a si mesmo a certeza de ser a *fonte primeira do próprio olhar*. Eis o limite da anamorfose em sua possibilidade de localizar o sujeito. Com efeito, sua negatividade questiona o lugar do sujeito no campo simbólico, seu enigma faz função de castração, isto é, indica onde está o objeto de seu desejo (Lacan, 1964/1973, p. 83), mas sua dúvida não coloca em questão a orientação que o campo simbólico como tal supostamente garante.

Cabe registrar, portanto, a diferença essencial entre a experiência visual da anamorfose e a experiência da pré-perspectiva. A anamorfose parece ser uma breve aceitação do abismo que a perspectiva obstrui sem hesitação: após um momento de desrealização, após um momento de queda livre no abismo, que pode ser breve ou longo, a anamorfose restabelece o sujeito em seu estatuto anterior, em sua identificação com o ponto fixo. A desrealização é, por assim dizer, acompanhada por uma promessa. Há um jogo entre o sujeito e um outro. Ao entrar nesse jogo, o sujeito se perde momentaneamente. Mas, se tudo se passa como previsto, o passe final será um reencontro do sujeito consigo, reencontro possível por meio de uma realização em comum, um encontro, entre o sujeito e o outro ao qual aceitou submeter-se. Na anamorfose se reforça a socialidade do visível descoberta na perspectiva.

No caso da pré-perspectiva, ocorre igualmente a desrealização inicial, mas sem reencontro consigo nos mesmos moldes da perspectiva e do mútuo entendimento. O pré-perspectivismo não refaz o sujeito como *fonte do próprio olhar*. Não porque siga uma espécie de princípio negativo, não porque diga simplesmente que "tudo é nada", mas porque ali se busca lembrar do modo em que "não sendo, somos", e, em vez de "tudo é nada", sua máxima seria "tudo e nada". O inacabamento, o vazio, o nada da pré-perspectiva não serve, assim, ao culto de um relativismo absoluto, não legitima a indiferença ética, nem abraça uma espécie de onivoracidade alegre. Sua estrada acaba onde a anamorfose acredita poder flertar e prosseguir, pois a pré-perspectiva propõe o próprio abismo como *fonte esquecida do olhar*.

A escuridão do abismo como *fonte esquecida do olhar* não a entende como parte somente dos fenômenos vistos, nem apenas como "ponto cego" do espectador, mas como possibilidade velada, como origem silenciosa da luminosidade presente no próprio ver. Nesse sentido, a pré-perspectiva se emancipa da ideia de um sujeito separado do mundo, onde as respectivas opacidades seriam compreendidas como elementos preliminares e limitadores de eventuais encontros. A experiência é aqui pensada como origem tanto do mundo quanto do espectador. O limite da escuridão é a condição esquecida da experiência, por isso não se trata de superá-la, mas de acolhê-la.

O que é uma abertura? A pulsão de morte na escuta analítica

Seria a clínica analítica de algum modo tocada por tal escuridão? Para responder a essa questão será preciso retornar à situação analítica, situação que é, de certo modo, instituída pelo "olhar do analista", ou seja, sua escuta.

A transferência, em princípio, seria compreensível como um modelo pictórico da construção da realidade, uma vez que sua análise permite desfolhar essa mesma realidade em memórias, desejos, ódios e temores arcaicos. O anacrônico é aqui o material, a matéria-prima, daquilo que se apresenta como realidade na situação analítica. Isso equivale à transformabilidade constante, constitutiva, de elementos pertencentes à realidade em elementos pertencentes à memória e à construção do infantil em psicanálise.

Mas tal transformabilidade exige um deslocamento dos sujeitos com relação à linguagem. Para que se revele em sua máscara de realidade presente, o arcaico deve ser "visto" de um lugar preciso. Com efeito, a presentificação do arcaico na situação analítica está condicionada a um reposicionamento a ser buscado pelos participantes, a uma reorganização imprevisível de lugares. "A relação", diz Freud, "entre a lembrança e a repetição é uma para cada caso" (Freud, 1920/1982, p. 229). Na medida em que o presente se revela como passado deformado, a analogia com a anamorfose interessa à situação analítica.

Tal analogia nos permite localizar na psicanálise este impossível desafio da pré-perspectiva: abordar a existência do homem a partir do *inexistente*, compreendê-lo a partir do *incompreensível*. Aqui a figura essencial será a da pulsão de morte. Com efeito, como *tendência inerente do organismo de retorno ao inanimado*, a pulsão de morte é o conceito por excelência da abertura para o nada no interior do sujeito, paixão por aquilo que é essencialmente incompatível com sua existência. Assim, diferentemente das pulsões eróticas, a pulsão de morte não possui objeto (e, portanto, tampouco representação), apenas finalidade: a finalidade de retorno ao nada. Mas como a pulsão de morte participaria da *escuta* em psicanálise? Como poderia a força motriz do maior obstáculo ao processo analítico, a saber, a *culpabilidade inconsciente*, ser igualmente a sua condição? Como seria o *além do princípio do prazer* uma forma de cuidado deste? Seria o domínio do inexistente de algum modo eficaz na experiência analítica?

A escuta analítica, enquanto orientada pela metapsicologia,[8] constitui-se como uma *hermenêutica do discurso*. Emprego o ter-

---

8 Naturalmente, há outras fontes da escuta, entre elas, a cultura, o momento

mo *hermenêutica* em um sentido diferente de Paul Ricoeur (1966), uma vez que, já no interior da primeira teoria das pulsões, compreendo *o registro econômico como interior à hermenêutica freudiana*, e não como contraponto fisicalista desta última. *Hermenêutica do discurso* significa aqui o conjunto das categorias teóricas a partir das quais a palavra e as condições de seu sentido são abordadas em psicanálise, isto é, como um conjunto de modelos que se define funcionalmente, a partir de sua abordagem da palavra, do discurso e da linguagem em sentido amplo. A estrutura de uma abertura é, segundo nossa hipótese, o ordenador fundamental da escuta psicanalítica a partir da segunda teoria das pulsões.

Mas o que é uma abertura? Uma abertura não é simplesmente um buraco, mas, antes de tudo, a possibilidade de uma passagem por este. Uma abertura, uma porta ou uma janela, por exemplo, sendo essencialmente a possibilidade de uma passagem entre dois espaços diferentes, não pertence a nenhum desses espaços. Uma abertura não é, portanto, *feita de* espaço. A matéria da abertura é a *possibilidade*, a possibilidade de uma passagem. Este *local não espacial* da abertura é um intervalo. O intervalo que abre a possibilidade da passagem de um espaço ao outro se faz pela ruptura deste. Assim, a abertura inaugura uma negatividade própria do espaço.

Precisamente pelo caráter inconciliável que parece ter sua força demoníaca com todos os propósitos do cotidiano, podemos compreender a pulsão de morte como uma abertura. Uma abertura no quê? Na escuta analítica derivada do princípio do prazer e do princípio de realidade.

De fato, na primeira teoria, tanto as pulsões sexuais quanto as pulsões de autoconservação "lutam" contra a morte em nome da

---

socioeconômico e, *last but not least*, o inconsciente do próprio analista. Esses aspectos não são aqui indicados senão no modo como tendem a encobrir e a velar aquilo que entendemos por *abertura da psicanálise*.

preservação e da expansão da vida. A segunda teoria das pulsões, isto é, a pulsão de morte, introduz a morte no interior do movimento vital, como sua finalidade primeira. Diante dos propósitos essencialmente eróticos do inconsciente, a pulsão de morte é uma ruptura radical, uma vez que, a partir de seu ponto de vista, a *finalidade* da vida é a morte. A pulsão de morte representa, portanto, uma ruptura radical da hermenêutica psicanalítica da primeira teoria das pulsões – eis o que permite considerar a pulsão de morte como uma *abertura, isto é, uma ruptura no espaço da escuta analítica fundada exclusivamente no princípio do prazer e no princípio de realidade*. Se a figura da pulsão de morte pode reclamar uma tal abertura da escuta, ela é homóloga àquela, na pré-perspectiva, do *abismo fonte do olhar*. Mas onde, no interior da situação analítica, se poderia ler a eficácia da ótica negativa do abismo? Como conceber a pulsão de morte como um elemento da *hermenêutica psicanalítica do discurso*?

Em sua função de escuta, a abertura da pulsão de morte se revela sobretudo pela noção do *inquietante* como constitutiva da situação analítica. Sabe-se que, em Freud, o *inquietante* resulta de um *conflito de julgamento* preciso: justamente aquele entre a realidade e a fantasia. Proponho a extensão desse sentido do *inquietante* para aquele de um conflito entre a existência e a inexistência, conflito que se revela amplamente, por exemplo, na heteronímia de Fernando Pessoa (ver o Capítulo 9).

O conflito entre o que existe e o que não existe está além do conflito entre o que é julgado como real e o que é julgado como fantasia. Nele se mostra a incerteza da existência de ambos, tanto do real quanto da fantasia.[9] Mostra-se, assim, um fenômeno cuja

---

9 Tal incerteza é a fonte primeira da integralidade da poética pessoana e encontrável mesmo no mais natural dos heterônimos, o verdadeiro poeta da natureza, Alberto Caeiro. Ver o Capítulo 2.

força independe e ultrapassa aquelas do princípio do prazer e do princípio de realidade. No que concerne a nossa clínica, a pertinência de tal incerteza na escuta analítica é aquela de possibilitar um acolhimento da palavra em sua relação com o nada, relação esta anterior à relação da palavra com outras palavras.

Cabe questionar, a partir da função de acolhimento assim pensada, se tal *abertura da escuta* se configura ainda como uma *hermenêutica do discurso*, caso essa expressão se defina como uma abordagem fundamentalmente ativa, visando a um encontro com sentido do discurso. Não seria tal *escuta hermenêutica* essencialmente análoga à visão proposta pelo projeto da perspectiva, ou ao seu derivado, isto é, o projeto da anamorfose? Com efeito, a questão é pertinente, pois se a abertura da escuta encontra o discurso a partir da passividade, se a palavra da associação livre depende da incerteza da escuta, essa abertura não pode ser confundida com uma hermenêutica que hierarquiza a fala assim como a perspectiva ordena o espaço. Tentemos novamente. Não é simplesmente a incerteza, mas, antes disso, a *passividade da incerteza*, a condição negativa necessária, o fundamento paradoxal, da escuta da associação livre. A liberdade da fala implica uma abertura anterior na escuta que a acolhe, abertura homóloga à possibilidade da visão na pré-perspectiva, em que *abertura* significa *passividade da incerteza* e *adoção do abismo* como fonte do olhar.

Fala –

Mas não separa o não do sim.

Dá sentido também a teu dizer:

dá-lhe a sombra

(Paul Celan, "Fala tu também")

Referências

Blanchot, M. (1980). *L'écriture du désastre*. Paris: Gallimard.

Damisch, H. (1987/1993). *L'origine de la perspective*. Paris: Flammarion.

Eisler, R. (1994). *Kant-Lexikon* (Anne-Dominique Balmès e Pierre Osmo, ed. e trad.). Paris: Gallimard.

Foucault, M. (1966/1987). *As palavras e as coisas. Uma arqueologia das ciências humanas*. São Paulo: Martins Fontes.

Francastel, P. (1977/1990). *Pintura e sociedade*. São Paulo: Martins Fontes.

Freud, S. (1920/1982). Jenseits des Lustprinzips. In *Studienausgabe* (Band III). Frankfurt-am-Main: Fischer Taschenbuch Verlag.

Kaufman, E. (1981). De Ledoux à Le Corbusier, origine et développement de l'architecture autonome. Paris: L'Équerre.

Kon, N. M. (1996). *Freud e seu duplo. Reflexões entre arte e psicanálise*. São Paulo: Edusp.

Lacan, J. (1964/1973). L'Anamorphose. In *Le Seminaire* (Livre XI: *Les Quatre Concepts Fondamentaux de la Psychanalyse*, pp. 75-84). Paris: Seuil.

Panofsky, E. (1975). *La perspective comme forme symbolique*. Paris: Les Éditions de Minuit.

Pessoa, F. (1999). *O livro do desassossego, composto por Bernardo Soares*. São Paulo: Companhia das Letras.

Ricoeur, P. (1966). *De l'interprétation*. Paris: Seuil.

Shakespeare, W. (1979). The Tempest. In *The Complete Works of William Shakespeare*. London: Spring Books.

Silva Junior, N. (1995). "Um estado de alma é uma paisagem...": explorações da espacialidade em Fernando Pessoa e Freud. *Percurso – Revista de Psicanálise, 15*, 26-34.

Silva Junior, N. (1998). Modelos de subjetividade em Fernando Pessoa e Freud. Da catarse à abertura de um passado imprevisível. In M. E. Costa Pereira (Org.), *Leituras da psicanálise. Estéticas da exclusão*. Campinas: Mercado de Letras.

7. "*Who's there?*": a desconstrução do intérprete segundo a situação psicanalítica[1]

Recordar-se pelo esquecimento, novamente o fora.

Blanchot (1980)

Hamlet?

"*Who's there?*" Que precisamente tal questão realize a abertura de Hamlet pode parecer não mais que um acaso: essa seria uma declaração fortuita, de pouca significação ou densidade literária, diante da dor crescente que se desdobrará na peça. Contudo, essa interrogação aparentemente banal antecipa com precisão toda a geometria trágica do príncipe das hesitações. Sem sabê-lo ainda, Bernardo, o fiel amigo de Hamlet, dirige a pergunta não àquele que se revelará o fantasma do rei a clamar vingança, e sim à sua sombra: a pergunta sobre o "quem" é, assim, dirigida ao negativo

---

1 Uma versão anterior deste artigo foi publicada em *Revista Ide*, n. 44 (Linguagem I), v. 30, p. 25-31, 2007.

de um espectro, um destinatário duplamente problemático para questões de identidade.

Com efeito, considerada a partir da ambiguidade desse destinatário, a questão "Quem está aí?" se desdobra em duas interrogações desiguais: por um lado, o questionamento da identidade de alguém; por outro, o questionamento de sua existência. Em outras palavras, trata-se de uma intimação feita a alguém capaz de responder por si ou de um apelo sem destinatário, dirigido a ninguém? A inquietante necessidade com que Hamlet será tragado pelo labirinto de sua loucura demonstra que apenas a impossibilidade de uma resposta responde à questão que se faz na abertura – questão essencial, portanto, pois coloca a peça em seu movimento próprio.

Sabe-se que o teatro elisabetano invariavelmente começava com uma cena marcante e brusca: trompetes de uma festa, uma briga de casal ou um duelo, qualquer coisa que fosse capaz de romper com o palavrório distraído do público e despertá-lo para a realidade cênica. Recurso prosaicamente necessário, se lembrarmos que vários teatros da época não possuíam palco, e que os atores compartilhavam o mesmo nível do solo que os espectadores. A questão "Quem está aí?" vale, assim, em princípio, apenas como recurso de abertura cênica. E, contudo, e justamente com esse fim, trata-se de uma questão dirigida a cada um da plateia. Então, e talvez precisamente como apelo à sombra de um fantasma, a questão poderá evocar a imensa escuridão em cada espectador e, como consequência, sua inquietante familiaridade com o espectro do rei morto. *Espectador* e *espectro*! Como pudemos até aqui, de maneira sistemática, não ver a origem comum de ambas as palavras? Se "Quem está aí?" são as primeiras palavras pronunciadas na peça, então o espectador ainda não se esqueceu de quem é, podendo ser questionado diretamente sobre esse saber: tem em primeiro plano o fato de saber-se médico, artesão, mercador ou nobre. Mas já não poderá responder a essa questão com tais registros de identidade. Na verdade, se a pergunta o atingir, o espectador sabe já que não tem resposta a oferecer e que, nesse sentido, se encontra diante de uma dívida impagável. Pode-se dizer que, apenas nesse momento, as cortinas do espetáculo se abrem de fato. E, se o trágico destino de Hamlet se abre a partir da impossibilidade de um saber sobre si, essa mesma impossibilidade abre o espaço cênico como tal. Mas então já será difícil localizar o espaço de tais cortinas: estariam no palco, se abrindo para um espaço ficcional, ou estariam na alma, se abrindo para espaços até então invisíveis?

A recepção do sentido em psicanálise e sua condição negativa

A impossibilidade de responder à questão da própria identidade será, portanto, a condição negativa tanto da abertura da tragédia particular de Hamlet como daquela do espaço cênico como tal. Pode-se perguntar se o espaço cênico e a impossibilidade do saber sobre si se descortinariam necessariamente juntos. Com efeito, não é senão sob a condição dessa impossibilidade que cada um poderá se encarnar em Hamlet ou em qualquer outro personagem. Não será, assim, mero acaso se a difícil geografia da abertura cênica interessar à psicanálise em uma de suas questões mais críticas como uma teoria da escuta, a saber, aquela que diz respeito às suas condições de possibilidade de recepção do sentido. Não seria a criticidade de toda e qualquer teoria da recepção do sentido oriunda da psicanálise homóloga à complexa abertura de Hamlet? Ultrapassando as meras analogias funcionais, as homologias implicam seus elementos a partir de uma mesma origem: nossos braços são análogos às asas das aves, mas homólogos às dos morcegos. Se as cortinas do palco se abrem somente a partir da impossibilidade da questão lançada por Bernardo, se as janelas ao outro se abrem apenas sob a condição da irresponsabilidade mais radical quanto à própria identidade, esta mesma e impossível questão não seria igualmente a condição da abertura da escuta analítica como tal? Dito de outro modo, em sua dependência da impossibilidade de resposta sobre a própria identidade, a escuta analítica possuiria uma estrutura homóloga não apenas à abertura da tragédia em foco, como também homóloga à abertura dos espaços cênicos e ficcionais como um todo (ver o Capítulo 8). Se aquele que escuta deve necessariamente ser alguém vulnerável a transformações imprevisíveis, então a condição mesma de toda e qualquer escuta psicanalítica seria a incapacidade de responder sobre si. Nesse sentido, para a psicanálise, o intérprete depende de uma exposição radical àquilo que a tragédia grega nomeava como *pathos*, isto é, o sofrimento como afecção sem apelo.

Note-se que, na experiência analítica, não somente o analisando deve ser pensado necessariamente como um outro para si, como o próprio analista deveria sê-lo em sua escuta. O analista estaria, assim, exposto a uma estrutura de desconhecimento constitutiva de sua escuta, homóloga àquela despertada pelo chamado de abertura em *Hamlet*. Em que medida esse desconhecimento é pensado teoricamente como condição do sentido e, portanto, da linguagem em psicanálise? Longe de pensá-lo, tal desconhecimento é, ao contrário, sistematicamente silenciado por construções da escuta analítica como ativamente interpretativa. Nessa construção do intérprete, a psicanálise recupera modelos perspectivistas da hermenêutica, pois, a exemplo da perspectiva na pintura, ao considerar a metapsicologia uma hermenêutica pensada como ponto de vista sobre o discurso, o analista necessariamente se toma como idêntico a si mesmo, isto é, como a única fonte do próprio olhar (ver o Capítulo 6). A teorização psicanalítica pode tomar como certas as condições de possibilidade dessa escuta, posição de certeza que supõe uma "soberania quase absoluta do intérprete" (Birman, 1991, p. 232) em seu gesto interpretativo.

Ao descrever o processo analítico exclusivamente como um processo de deciframento, é possível construir uma teoria do intérprete sobre hermenêuticas, isto é, sobre a base de teorias da interpretação fundamentalmente incompatíveis com essa experiência. Isso o identifica ao Édipo que vence o mistério da Esfinge transformando-o em enigma resolúvel pela atividade da razão que não duvida de seus próprios fundamentos (Loparic, 1989), em que a certeza da existência do intérprete vale como condição de possibilidade da interpretação. Movimento de autoafirmação do intérprete ainda presente em um certo momento de Lacan, ao conceber a situação analítica segundo uma anamorfose (ver o Capítulo 6), ou seja, segundo o modelo de uma perspectiva encriptada e que, portanto, reforça a concepção ativista do intérprete como aquele que é desafiado a desvendar um segredo para poder ver a verdade.

Na medida em que propõe modelos e estruturas sobre patologias, e na medida em que a psicanálise pensa tais modelos no âmbito da linguagem, a abordagem da metapsicologia como chave interpretativa, como hermenêutica perspectivista do discurso do paciente, é, sem dúvida, uma vocação incompatível com a escuta analítica. De fato, inúmeras outras tradições hermenêuticas resultam em compreensões igualmente incompatíveis com a experiência analítica. No período bíblico, por exemplo – em Orígenes e em São Tomás de Aquino –, a hermenêutica significava, sobretudo, mas não apenas, um conjunto de regras práticas de interpretação de passagens obscuras dos textos sagrados. Tal vocação torna a escuta analítica evidentemente impossível, uma vez que a patrística supõe uma rede de saber preestabelecido que se constitui como fonte segura do sentido, o que naturalmente oblitera a estrutura aberta do discurso na experiência analítica. Retornemos, contudo, à obliteração específica da hermenêutica perspectivista.

O lugar do analista o expõe a uma estrutura de desconhecimento constitutiva de sua escuta (Silva Junior, 1999), daí a inquietante familiaridade da situação analítica com o chamado de abertura em Hamlet: *"Who's there?"*. É nesse sentido que, na medida em que concebe o sujeito da interpretação identificado com o ponto de vista da dimensão perspectivista, a psicanálise retoma uma tradição de linguagem que reforça a centralidade do sujeito da consciência. A compreensão metafísica da linguagem presente na concepção hermenêutica oblitera, desse modo, a abertura do intérprete em seu próprio fundamento, isto é, sua incerteza de si. Essa crítica encontra seu predecessor mais contundente na filosofia heideggeriana.

Em *Ser e tempo*, Heidegger (1927/1979) interpreta a investigação metafísica sobre o sentido do Ser como um questionamento que pensa o Ser a partir dos entes. Ao pensar o Ser como ente, entretanto, a metafísica necessariamente pensa a temporalidade do Ser como uma temporalidade linear e virtualmente infinita, feita de uma sucessão infinita de momentos presentes. Isso seria resultante, em última instância, da estrutura existencial do *Dasein*, que, acossado por sua angústia diante do poder-não-mais-estar-aí, sistematicamente foge de sua possibilidade última e oblitera a própria finitude sem cessar, inclusive no campo do pensamento sobre o Ser. Após a "virada" dos anos 1930 (*die Kehre*), a crítica heideggeriana à metafísica se desloca da subjetividade e passa a considerar a própria história do Ser como a origem do velamento ao fundamento infundado. Com efeito, um voluntarismo essencialmente metafísico permanece em vigor na terminologia heideggeriana de *Ser e tempo*, por exemplo, na possibilidade de um estar-aí decidido (*Entscheidung*) diante do ser-para-a-morte (*Sein-zum-Tode*).

É dessa forma que a subjetividade autônoma ainda vigente no *Dasein* será considerada posteriormente por Heidegger (1949) vestígio metafísico em *Ser e tempo*.

Será nesse sentido que o perspectivismo presente na construção do intérprete compartilhará do velamento metafísico ao seu próprio fundamento infundado, inviabilizando de antemão a experiência propriamente psicanalítica, pois tal silenciamento, metafísico na essência, oblitera qualquer possibilidade de uma receptividade ao sentido. Retomemos os antecedentes históricos da hermenêutica perspectivista, cuja abordagem metafísica pode ser considerada incompatível com sua própria experiência psicanalítica da linguagem.

A perspectiva na hermenêutica racionalista de Chladenius

Apesar de o perspectivismo ter sido um modelo do sujeito do conhecimento em Leibniz e Kant, foi Johann Martin Chladenius (1710-1759) que, inspirado por uma vocação racionalista, explicitamente introduziu a noção de perspectiva no interior da reflexão hermenêutica. Essa noção é por ele pensada como ponto de vista:

> *Aquelas circunstâncias da alma, do nosso corpo e de toda nossa pessoa, que fazem com que, ou são causa para que, representemos para nós alguma coisa desse modo, e não de outro, [nós as] queremos chamar de ponto de vista.* (Chladenius, Introdução para a correta interpretação de discursos e escritos racionais, *citado por Grondin, 1991, p. 106*)

O conceito de *ponto de vista* resulta, assim, da exigência da necessidade nos resultados da interpretação. Com efeito, a necessidade de representar alguma coisa de um modo e não de outro é que exigirá, retroativamente, uma estabilidade nas condições de interpretação. A dificuldade está no fato de que tais condições dizem respeito às "circunstâncias da alma, do nosso corpo e de toda nossa pessoa". Poderíamos nos perguntar: como alguém pode pretender conquistar estabilidade em territórios tão movediços? Ora, o modelo do espectador construído na experiência visual da perspectiva artificial, técnica pictórica desenvolvida pelos pintores florentinos sob a inspiração de um método (ver o Capítulo 6), fornece aqui uma forma de fixação do que parecia, até então, essencialmente móvel e cambiante. Com o auxílio de procedimentos geométricos que ao mesmo tempo conferem universalidade e anonimato ao lugar do espectador da perspectiva, qualquer um poderia ver uma paisagem a partir de um lugar fixo, fosse ele acessível ou não aos recursos mecânicos da época. Assim, a concepção racionalista da hermenêutica procura se fortalecer ao tomar a perspectiva como paradigma: na medida em que o modelo da perspectiva passa a definir o ato de interpretação, o lugar do intérprete pode ser pensado como resultante de uma construção geométrica. Uma codificação geométrica do lugar do intérprete permitiria um resultado necessário em sua interpretação, sempre repetível, portanto. De tal modo seria possível a uma hermenêutica atingir o caráter de previsibilidade encontrado na ciência e de necessidade, encontrado na lógica e na geometria.

A perspectiva, do solipsismo kantiano ao psicanalítico

Pensada como uma teoria racional sobre o sentido, isto é, como uma hermenêutica de pressupostos estáveis e resultados necessários, caberia considerar a metapsicologia uma construção em perspectiva sobre o discurso. Mas, na medida em que o correlato dessa construção geométrica do intérprete é um solipsismo radical, a compreensão da situação analítica a partir da perspectiva artificial é um suicídio teórico e prático. Seguindo o modelo de hermenêutica vigente no período racionalista, no qual se insere Chladenius, a escuta analítica necessariamente acarretaria a obliteração da alteridade. Note-se que tal obliteração é inerente ao sujeito do conhecimento kantiano (De Mauro, 1969, p. 87), pois, uma vez que o ato de conhecimento foi, a partir de Kant, essencialmente pensado como atribuição ativa de sentido por um sujeito ao seu objeto, esse ato exclui toda e qualquer possibilidade de recepção do sentido. Assim, uma escuta em perspectiva implica a adoção de um modelo de sujeito no interior da experiência psicanalítica duplamente incompatível com esta última: ela suprime do intérprete sua incerteza existencial e retira do outro a possibilidade de ser uma fonte de sentido, de modo que a estrutura de conhecimento pensada como disposição frente a frente, entre um sujeito e seu objeto (*Gegenstand*), se mostra tributária de duas incompatibilidades *a priori* com a escuta analítica. Por um lado, essa disposição depende de e está relacionada com a forma metafísica de interpretação do ser, com a recusa de pensá-lo como fundamento de seu próprio ato interpretativo. Por outro, tal recusa metafísica se traduz como recusa de toda passividade e, portanto, da possibilidade mesma de uma relação com o sentido pensada como recepção.

A perspectiva em Nietzsche como atividade ontológica

Ora, a perspectiva continua a oferecer-se como um modelo forte na história da hermenêutica, ainda que tenha havido um rompimento com a centralidade da razão na compreensão do sujeito. Ela o faz, no entanto, sem abrir mão da obliteração propriamente metafísica em relação a seus fundamentos e, portanto, mantendo intactas suas incompatibilidades com uma escuta psicanalítica. Na filosofia nietzschiana, a noção fundamentalmente perspectivista de interpretação assume uma magnitude ontológica (Grondin, 2001), na qual ficará clara sobretudo a recusa de toda e qualquer passividade como a condição mesma de existência do intérprete. Para Nietzsche, "o perspectivismo é aquilo por cuja causa cada centro de força – e não apenas o homem – constrói todo o mundo restante a partir de si, isto é, o mede com sua força, o prova, o forma..." (Nietzsche, *Der Wille zur Macht*, citado por Heidegger, 1961, p. 271).[2]

Heidegger comenta a passagem acima de modo a recuperar sua articulação com a vontade de poder: "Nietzsche fala de perspectiva. Só que a 'perspectiva' não é jamais a simples linha da visão, na qual algo é contemplado, e sim o olhar para fora que visa e inspeciona as 'condições de manutenção-crescimento'" (Heidegger, 1961, p. 269). Note-se que ele ultrapassa a impermeabilidade kantiana ao sentido proveniente de um outro, pois, diferentemente do solipsismo do olhar kantiano, a modalidade nietzschiana, ao inspecionar e buscar garantir as próprias condições de manutenção--crescimento, compreende seu "outro" como fonte de interpretação análoga a si próprio. Porém, tal olhar compulsivamente mensurador, longe de se constituir por esse outro, se vê por ele ameaçado

---

2 As traduções foram feitas pelo autor.

com frequência. Trata-se, portanto, no perspectivismo nietzschiano, de compreender esse outro olhar na medida exata de superá-lo. Fica evidente a impossibilidade de aceitar uma receptividade do sentido em tal contexto teórico. Ora, em oposição à hermenêutica da vontade de potência, na escuta analítica a relação com a linguagem exige a vulnerabilidade do intérprete diante do imprevisível, exige a incerteza como fundamento metodológico.

Poder-se-ia objetar, com razão, que as hermenêuticas kantiana e nietzschiana não inspiraram obras importantes na abordagem da psicanálise. Entretanto, o fato de não terem agido de modo direto não significa que a recusa metafísica em acolher a incerteza do intérprete não tenha deixado de marcar profundamente as relações entre hermenêutica e psicanálise. Haveria, contudo, outras tradições hermenêuticas, tradições essencialmente abertas à incerteza identitária do intérprete capazes de inspirar a psicanálise? Uma retomada histórica mais cuidadosa permite localizar momentos de tematização do intérprete em que sua essencial incerteza de si não está velada, pelo contrário: modelos de interpretação em que essa incerteza é apresentada como condição da verdade da interpretação. Assim, no seio do período teológico da hermenêutica, a passividade do intérprete se apresentava como uma das condições últimas de toda a interpretação dos textos sagrados.

A passividade na hermenêutica de Santo Agostinho

> *Com que disposição deve a pessoa aproximar-se da interpretação de passagens não transparentes da Sagrada Escritura: no temor de Deus, no único cuidado de procurar, nas Escrituras, a vontade de Deus; impregnado*

> *de piedade, para que não tenha prazer em contendas de palavras; revestido de conhecimento da linguagem, para que não fique preso em palavras e maneiras de falar desconhecidas...* (Santo Agostinho, De doctrina christiana, citado por Grondin, 1991, p. 72)

Em Santo Agostinho, o temor a Deus consiste em uma condição da possibilidade de compreender as Sagradas Escrituras. Se, para ele, a alma é *feita (facticia est anima)*, fabricada artificialmente por Deus como são os ídolos feitos pelos pagãos (Agamben, 1988, p. 18), então ela não é soberana sobre si própria. Santo Agostinho atribui às disposições afetivas incontroláveis no intérprete um estatuto de condição da possibilidade de interpretação. Com efeito, nem o temor nem a fé podem ser criados por decisão.

A fé era uma graça divina que podia ser recebida, acolhida. Um intérprete era entendido como alguém sem completo domínio sobre suas condições interpretativas, para cuja compreensão a receptividade contava tanto quanto sua atividade. Note-se que a falta de controle não era pensada como "ruído" da interpretação, e sim como uma de suas condições. Isso significa que a interpretação ainda dependia, em Santo Agostinho, de elementos fora do campo da vontade do intérprete, isto é, de elementos que no intérprete supunham uma relação de diferença consigo.

Vejamos agora uma segunda escola hermenêutica, também deixada *en souffrance* pela teorização psicanalítica a respeito de suas próprias e paradoxais condições de recepção do sentido: Schleiermacher.

O incompreensível como origem do sentido em Schleiermacher

Se, em Agostinho, a incerteza do intérprete se funda no estatuto de criatura do homem, Schleiermacher, ao levar o racionalismo ao seu limite extremo, abre, por uma via inversa, um espaço metodológico inédito ao desconhecimento na tarefa da interpretação. Sua nova concepção de hermenêutica apenas pode se realizar, segundo Jean Grondin (1991), por meio de uma inversão completa na hierarquia do compreensível e do incompreensível:

> *A compreensibilidade era antigamente o primário ou inato, a não compreensão, por assim dizer, a exceção. . . . Schleiermacher põe essa perspectiva "ingênua", provinciana, de cabeça para baixo e pressupõe o mal-entendido (o equívoco) como realidade básica. (p. 127)*

Schleiermacher (1999) parte do pressuposto de uma universalização do mal-entendido, definido por ele como a condição de uma *strengere Hermeneutik*, ou seja, uma hermenêutica rigorosa capaz de aspirar a um estatuto de ciência:

> *Mesmo no conhecido, é de fato o estranho que a nós se manifesta na língua, quando uma ligação de palavras renega-se a tornar-se clara; é o estranho que se manifesta na produção do pensamento, mesmo quando ele é muito análogo ao nosso, quando o encadeamento entre as partes isoladas de uma série ou a extensão destes renega-se a se fixar e nós, inseguros, vacilamos. (p. 45)*

Eis por que o paradigma schleiermachiano da experiência com o desconhecimento será a conversa íntima entre amigos, pois mesmo aí ele se "percebe realizando operações hermenêuticas" para compreender o sentido das palavras de seu interlocutor. Schleiermacher (1999) observa que o estranho não

> *se limita aos casos em que a língua é uma língua estrangeira, mas também na própria língua, e, note-se, inteiramente independente dos diversos dialetos nos quais ela eventualmente se decompõe, ou de particularidades que se encontram em um e não em outro [dialeto]. Existe para cada um o estranho nos pensamentos e expressões de um outro [interlocutor], e isto nas duas exposições, a oral e a escrita. (p. 33)*

A partir desse pressuposto de uma universalização do mal-entendido, desdobram-se novas e interessantes problemáticas em Schleiermacher. A primeira delas será uma concepção de linguagem bipartite, que diferencia seu aspecto codificado, formal e genérico, acessível e obrigatório a todos falantes, de seu aspecto criativo, definido pelo uso inédito que cada um faz da língua. Trata-se de problemática ligada a um tema novamente caro à psicanálise atual, a saber, a questão do estilo. Diante do estilo de um autor literário, diz Schleiermacher, diante do seu uso singular e criativo da língua, o tradutor se encontra sempre sem nenhum guia ou método seguro, ainda que conheça perfeitamente a totalidade das determinações sintáticas e semânticas empregadas pelo artista. Nesse caso, para Schleiermacher, a solução será nada mais nada menos que o recurso ao procedimento divinatório, ou seja, a adivinhação – recurso que não só coloca, sem mediações, a hermenêutica fora do campo da certeza do intérprete sobre seu próprio ponto de vista, como também exclui o critério científico da necessidade em seus resultados.

Essas duas possibilidades de teorização da experiência psicanalítica com o sentido não resultaram em influências importantes. Por intermédio de outra tradição hermenêutica é que se fará a mais completa tentativa de abstração da hermenêutica própria à psicanálise – a saber, aquela de Paul Ricoeur (1965). Nela é que poderá ser localizada claramente a recusa metafísica da incerteza do intérprete.

A hermenêutica psicanalítica como tradução em Paul Ricoeur

Para Paul Ricoeur, que levou mais longe o projeto de um exame da hermenêutica própria à psicanálise, esta se define como método a partir de uma concepção híbrida da linguagem, aquela de ser ao mesmo tempo uma hermenêutica e um modelo energético do discurso. O desejo, segundo o autor, sendo o objeto por excelência da psicanálise, seria, em última instância, o responsável pela duplicidade na natureza da teoria analítica. Objeto essencialmente híbrido, isto é, dividido entre o campo do sentido e o campo das forças pulsionais, o desejo exigiria, por assim dizer, uma hibricidade correspondente na própria ciência sobre ele fundada. Cabe notar que, para o autor, a semântica do desejo seria mais forte do que sua energética pulsional, o que nos permite questionar: que teoria da linguagem fundamenta tal semântica? E como essa teoria concebe as relações discursivas entre um sujeito e seu interlocutor?

Ricoeur se inspira no modelo da tradução proposto por Dilthey: interpretar equivale a um trabalho de transposição de uma língua e a outra, de transformação do incompreensível em compreensível.

Dilthey concebe a tradução como um trabalho que busca traduzir o estrangeiro em familiar, supondo, no entanto, desde sempre, algo de familiar nesse estrangeiro – isso como condição de possibilidade da própria ideia de tradução. Assim, tal concepção de hermenêutica concebe uma modalidade apenas relativa de alteridade, em que a estrangereidade do outro, por princípio, jamais poderá ser absoluta, já que ela só se apresenta como analogia do próprio sujeito. O problema dessa concepção é que tal modalidade relativa de alteridade será sempre fechada em sua constituição ao radicalmente outro, essencialmente impermeável, portanto, à surpresa e à própria incerteza.

Conforme vimos, na situação analítica, a incerteza de um intérprete em relação à própria identidade adquire um sentido para além de uma contingência factual: ela não é um empecilho à boa interpretação; pelo contrário, constitui-se em condição de possibilidade da própria interpretação e pode ser considerada, portanto, como uma incerteza metodologicamente necessária. E, tal como a dúvida a respeito dos fundamentos da própria teoria, ela não se confunde com a incerteza sobre esta ou aquela hipótese interpretativa. A incerteza metodológica diz respeito à própria natureza do discurso hermenêutico em seu poder interpretativo.

Uma hermenêutica derivada da psicanálise pensada nos termos de Paul Ricoeur desembocaria no fechamento diltheyano da hermenêutica, em que o pressuposto de uma identidade de fundo entre o intérprete e seu outro vale como garantia de compreensão do todo.[3]

A aproximação da psicanálise à hermenêutica se faria aqui segundo uma compreensão essencialmente metafísica da linguagem,

---

3 Tal deficiência não pode, contudo, ser considerada como definitiva na teoria de Ricoeur (1990), que assume a negatividade do sujeito como um elemento forte de toda identidade narrativa em *Soi-même comme un autre*.

em que ambas partilham de uma cegueira ativa quanto à precariedade de seus fundamentos. A adoção de uma modalidade apenas relativa de alteridade exige que o intérprete do discurso do outro mantenha a sua posição no discurso como elemento sobre o qual não se pode falar – a certeza sobre a própria identidade é algo que deve ficar fora da discussão. Já a adoção de uma modalidade radical de alteridade exige, por sua vez, que se coloque incessantemente em questão a compreensão do outro.

Assim, a hipótese de Paul Ricoeur em *De l'interprétation*, de acordo com a qual a psicanálise teria uma constituição teórica mista, a saber, um amálgama entre uma energética e uma hermenêutica, não chega a reconhecer uma vocação propriamente hermenêutica da energética freudiana. Mas, uma vez que o intérprete seja reconhecido a partir de sua diferença consigo próprio e, portanto, fora de qualquer princípio de autonomia e soberania de si, podemos conceber a energética pulsional igualmente como hermenêutica. Trata-se assim de conceber os limites do campo do sentido impostos pela energética pulsional como elemento indissociável da experiência do sentido. Isso significaria adotar uma concepção de hermenêutica compatível com a inconsistência e a incerteza do intérprete, isto é, uma hermenêutica aberta ao não sentido como condição do sentido. A energética freudiana vale então como hermenêutica privada da psicanálise e, em sentido estrito, também como alternativa a uma concepção de hermenêutica como "ciência do sentido".

A anterioridade da linguagem como condição da recepção do sentido

Aquele que recebe o sentido não o recebe senão sob a condição de uma dupla exposição. Primeiramente, uma exposição à incerteza do sentido, que, como se sabe, é a condição mesma de qualquer projeto hermenêutico. Seja como arte divinatória, seja como ciência de decifração, a hermenêutica pressupõe sempre a incerteza e o desconhecimento do sentido de um fragmento da linguagem, o qual será objeto de uma tentativa de deciframento.

Conforme vimos, a explicitação desse desconhecimento como premissa é a principal conquista da hermenêutica em seu período racionalista, quando ela assume a vocação de um método. Há, porém, uma insuficiência fundamental na tradição hermenêutica racionalista em relação ao não sentido, pois sua incerteza se restringe às possibilidades de sentido do fragmento escolhido, entre as quais caberá uma escolha do intérprete. O intérprete, em tal tradição, não somente escolhe uma ou outra possibilidade de sentido, mas é igualmente responsável por gerar o conjunto de todas as suas possibilidades, de modo que toda alteridade só é pensada a partir do próprio sujeito, sem que ele se altere em seu gesto interpretativo. Nessas condições, está excluída a hipótese de recepção do sentido: a exposição gerada pela mera incerteza do sentido dos fragmentos de linguagem nem garante a possibilidade de sua recepção, nem a suprime necessariamente.

Para que se garanta tal possibilidade de recepção de sentido, deve-se recorrer a uma outra exposição, uma exposição anterior, a exposição do intérprete à incerteza de si próprio. Essa segunda modalidade de exposição já não pode ser concebida nos mesmos moldes da primeira, já que o intérprete deve aqui se haver com a insuficiência constitutiva de qualquer possibilidade de sentido, assim como do conjunto de possibilidades que venha a gerar a seu próprio respeito. Logo, diferentemente da incerteza quanto ao sentido de um fragmento de linguagem, a incerteza de si expõe o intérprete à sua vulnerabilidade existencial, no sentido de que o que se abre como questão é sua existência. Sob essa condição, receber um sentido qualquer, ousar escutar, significa se expor a um risco, um risco existencial, isto é, um risco de alteração e, portanto, da perda de si (Hamacher, 1999).

O fato de o risco da perda de si ser uma condição da escuta analítica exige que repensemos a suposição de que a linguagem é um instrumento de comunicação, e a teoria, um instrumento do olhar. Com efeito, como demonstrou Heidegger (1927/1979) em *Ser e tempo*, na ideia de instrumento à-mão residem heranças metafísicas, o que a torna inviável como modelo de uma linguagem capaz de recepção do sentido. A natureza crítica da experiência analítica se desdobra e se traduz pela questão de saber se se trata de uma teoria sobre o discurso do outro, ou de uma teoria aberta a outro discurso, pois o risco da alteração depende do convívio com o não familiar, o infamiliar. Freud aborda o tema da *Unheimlichkeit* sem explicitamente abordá-lo como fundamento constitutivo de toda e qualquer experiência linguística. E, contudo, a sombra da dupla exposição acompanha seu texto como um espectro silencioso e fiel (ver o Capítulo 8).

A exposição existencial como condição de possibilidade da interpretação será a grande conquista do período histórico-ontológico da hermenêutica, em que tal exposição máxima do intérprete garante a possibilidade de reinterpretar a história da metafísica, seja como a história de uma vontade de poder (Nietzsche), seja como uma fuga compulsiva do pensamento diante da própria vulnerabilidade (Heidegger, 1927/1979). Em outras palavras, será, paradoxalmente, a impossibilidade da interpretação o limite do sentido, aquilo que garantirá, doravante, o intérprete como aquele que pode ter acesso ao sentido.

Na interpretação heideggeriana, a metafísica se define por interpretações do ser a partir dos entes como presença e extensão infinitas, o que significa excluir sistematicamente a finitude da interpretação do Ser. De fato, o sentido crítico de *Ser e tempo*, em seu projeto de reinterpretação da história das interpretações sobre o Ser, tem sua arquitetura sustentada e também limitada pela questão: quem é este ente que compreende o ser? Fundamentalmente dirigida a si próprio, a pergunta. "*Who is there?*" somente desdobra seu sentido em face da impossibilidade de sua resposta, como uma espécie de dívida impagável. Dívida, e não dúvida apenas. A dúvida pede uma solução teórica, em princípio solucionável pelo exercício lógico ou científico, enquanto a dívida é sempre uma questão moral. Sobre esse aspecto invariavelmente moral da dívida, cabe notar que, na língua alemã, a mesma expressão, *schuldig sein*, significa alternadamente, segundo seu contexto, "estar em dívida" ou "ser culpado".

A pergunta de abertura de Hamlet faz duvidar do que não pode ser objeto de dúvida, gerando culpa: se me pergunto quem sou, posso não saber, portanto, se sou. Assim, precisamente a questão "*Who's there?*" poderá receber um lugar de destaque em *Ser e tempo* (Heidegger, 1927/1979, pp. 272-289) na estrutura do *apelo*. Trata-se, na realidade, da única questão capaz de sustentar um estatuto ontológico, da única locução capaz de compartilhar a finitude, a mesmo título que o silêncio angustiado, sem velá-la sob um manto de esquecimento, como todas as outras locuções; aquele que chama se distancia de todo reconhecimento (Heidegger, 1927/1979, p. 274). A questão "Quem está aí?" goza, portanto, de um estatuto excepcional neste livro que condena como falsas todas as falas possíveis e aceita oficialmente apenas o silenciar como modo da fala que não se esconde da própria morte: "A consciência moral fala apenas e constantemente no modo do calar-se" (Heidegger, 1927/1979, p. 273). Ao não fugir da falta de sentido que lhe concerne, a angústia do *Dasein* é que dará sentido à pergunta que a despertou.

Ora, a preexistência da linguagem ao sujeito é um dos elementos que fazem parte da complexa virada dos anos 1930, período que representou, para Heidegger, a superação da linguagem metafísica da subjetividade presente em *Ser e tempo*. Se a anterioridade da linguagem é o que caracteriza a natureza do intérprete em Agostinho, e, em última instância, seu caráter de criatura – a alma humana não é a origem de si própria –, será esse caráter de não soberania sobre si, precisamente, o novo elemento em Heidegger em sua compreensão da linguagem.

Para o segundo Heidegger, a linguagem precede o ser humano. Tal precedência retira, no campo da hermenêutica, a certeza e a segurança do intérprete. Partindo do questionamento heideggeriano, tratar-se-ia, então, de saber de que modo a estruturação da relação de conhecimento pensada na disposição frente a frente entre um sujeito e seu objeto (*Gegenstand*) depende e está relacionada com a forma metafísica de interpretação do Ser, com sua recusa de pensá-lo como fundamento de seu próprio ato interpretativo. A recusa metafísica em pensar o próprio fundamento se traduz como recusa da passividade, eliminando *a priori* a possibilidade de uma hermenêutica pensada como recepção do sentido.

Pensar a passividade na incerteza como condição da escuta convida o analista a uma abertura para a inexistência, para a negação de si, uma preservação da iminência da própria anulação sem a qual nada pode ser recebido. Nesse mesmo sentido, a passividade não pode ser nomeada, o que não significa que ela esteja excluída da linguagem. Simplesmente deixaria de ser, caso admitisse obedecer às injunções e ordens de um sujeito soberano sobre seu dizer. Um analista deve escutar na passividade de sua incerteza. Falar em passividade na incerteza serve, assim, antes de mais nada, para pensarmos uma condição da linguagem e, ainda mais precisamente, uma condição da recepção do sentido. Isso supõe uma preexistência do outro no material da palavra analítica – existência anterior, portanto, à alteridade explicitamente nomeada ou invocada no discurso consciente. Comentando um tema caro a Paul Celan, a questão da matéria do interlocutor, Pierre Fédida declara, a propósito: "O interlocutor é feito no material de linguagem do poema" (Fédida, 2001, p. 4).

Referências

Agamben, G. (1988). La passion de la facticité. In G. Agamben & V. Piazza, L'ombre de l'amour: le concept d'amour chez Heidegger (pp. 9-107). Paris: Payot.

Birman, J. (1991). Freud e a interpretação psicanalítica. Rio de Janeiro: Relume-Dumará.

Blanchot, M. (1980). L'écriture du desastre. Paris: Gallimard.

De Mauro, T. (1969). Une introduction à la sémantique. Paris: Payot.

Fédida, P. (2001). De l'impression du rêve. In H. Mesot, Des interprétations du rêve: Psychanalyse, Herméneutique, Daseinsanalyse (pp. 5-251). Paris: PUF.

Grondin, J. (1991). Introdução à hermenêutica filosófica. São Leopoldo: Unisinos.

Grondin, J. (2001). Von Heidegger bis Gadamer: Unterwegs zur Hermeneutik. Darmstadt: Wissenschaftliche Buchgesellschaff.

Hamacher, W. (1999). *Premisses: Essays on philosophy and literature from Kant to Celan*. Stanford: Stanford University Press.

Heidegger, M. (1927/1979). *Sein und Zeit*. Tübingen: Max Niemeyer Verlag.

Heidegger, M. (1949). *Sobre o humanismo: carta a Jean Beauffret* (E. Stein, trad.). São Paulo: Abril Cultural.

Heidegger, M. (1961). *Nietzsche II*. Pfullingen: Neske.

Loparic, L. (1989). *Heidegger réu: ensaio sobre a periculosidade da filosofia*. Campinas: Papirus.

Ricoeur, P. (1965). *De l'interprétation*. Paris: Seuil.

Ricoeur, P. (1990). *Soi-même comme un autre*. Paris: Seuil.

Schleiermacher, F. (1999). *Hermenêutica: arte e técnica da interpretação* (C. R. Braida, trad.). Petrópolis, RJ: Vozes.

Silva Junior, N. (1999). Metodologia psicopatológica e ética em psicanálise: o princípio da alteridade hermética. *Revista Latinoamericana de Psicopatologia Fundamental*, 3(2), 45-73.

PARTE 4
Uma passagem inquietante: a psicanálise entre ciência e literatura

8. A ficcionalidade da psicanálise: hipótese a partir do inquietante em Fernando Pessoa[1]

No lugar oficial que Freud lhes confere em sua obra, a ficção e a arte seriam uma espécie de reduto do processo primário no seio da realidade cotidiana (Freud, 1911/1982). Partilhariam, assim, dois espaços diferentes, mas não antagônicos, aquele da cultura e aquele das patologias. Desse duplo pertencimento, decorrem duas considerações aparentemente opostas na comparação entre a arte e a ciência. Por um lado, a partir da comparação da arte com a psicanálise, os artistas teriam perspicácia natural para o inconsciente, perspicácia da qual o psicanalista estaria lamentavelmente privado em vista do seu método científico. Nesse caso, ainda que estejam no mesmo domínio, o artista ultrapassa o psicanalista em vista da liberdade de que ele goza em seus meios. Por outro lado, toda e

---

1 Originalmente um dos capítulos da tese de doutorado do autor: Silva Junior, N. (1996). *Le fictionnel en Psychanalyse. Une étude à partir de l'oeuvre de Fernando Pessoa*. Paris: Université Paris VII. Foi posteriormente publicado como Silva Junior, N. (2001). A ficcionalidade da Psicanálise. Hipótese a partir do Inquietante em Fernando Pessoa. In G. Bartucci (org.), *Literatura, psicanálise e estéticas de subjetivação* (pp. 289-320). Rio de Janeiro: Imago. Publicado também em *Revista Conteúdo PSI*, 1(1), jan./jun. 2019.

qualquer modalidade estética teria um caráter regressivo quando comparada à renúncia exigida pelo exercício da ciência psicanalítica, o que aproxima a arte das formações sintomáticas que se satisfazem com a fantasia e se distanciam da realidade. Nesse caso, há em Freud uma clara recusa a aproximar a psicanálise da ficção.

Contudo, há uma terceira possibilidade de lugar para a arte que surge na obra freudiana. Com efeito, para além do lugar oficial de reduto do processo primário e suas consequências antagônicas, a ficção, tal como ela é trabalhada no texto "O inquietante" (Freud, 1919/1982), possui um singular poder de colocar entre parênteses tanto a realidade como os conteúdos imaginários elaborados pela ficção. A essa capacidade de suspensão da diferença entre realidade e ficção – capacidade, portanto, estruturalmente heterogênea ao seu enraizamento no processo primário – atribuímos o termo *ficcionalidade*. Segundo pretendo demonstrar, o *inquietante*, experiência isolada por Freud na produção literária, é uma das possíveis expressões da ficcionalidade da ficção. Contudo a ficcionalidade, nesse sentido, não é um privilégio exclusivo da ficção ou da arte. Este capítulo visa comparar a ficção e a psicanálise especificamente a partir da *ficcionalidade* de ambas.

Considerar que a psicanálise possui esse mesmo poder da arte, o de suspensão da fantasia e da realidade, é, contudo, um passo que implicaria um reposicionamento de amplas consequências. Em primeiro lugar, a ficcionalidade nada tem a ver com uma satisfação regressiva de fantasias infantis – pelo contrário. Em segundo lugar, admitir que a psicanálise possui uma *ficcionalidade própria* a colocaria não necessariamente contra, mas certamente em um lugar diferente daquele da *Weltanschauung* (visão de mundo) científica que Freud (1933/1982) tanto prezava. Com efeito, nada na ciência é feito para que se coloque a realidade e a ficção em um mesmo plano a partir de uma abertura e uma suspensão da diferença entre elas. A ficcionalidade da psicanálise a colocaria assim em um lugar entre a ciência e a literatura: da ciência, a psicanálise conservaria uma certa deferência aos limites entre a realidade e a ficção, da literatura, ela manteria uma certa descrença de que possamos sempre reconhecer onde estão esses limites ou mesmo se existem de fato. Ou seja, considerar a psicanálise a partir de sua ficcionalidade exige que repensemos sua posição ante a realidade e a linguagem como diferente daquelas tomadas tanto pela ciência quanto pela literatura. Ora, a ficcionalidade se apresenta a Freud sob a chave de uma ameaça e, mais particularmente, sob o signo de uma forma do inquietante. Como estas são também formas com as quais a ficção se apresenta à psicanálise, a primeira tarefa é distinguirmos o tipo de ameaça que cada uma delas, *ficção* e *ficcionalidade*, faz sobre a escrita freudiana.

A ficção como ameaça em Freud: um inquietante presságio da ficcionalidade

Com efeito, na escrita freudiana podem ser encontradas marcas da *ameaça da ficção sobre a psicanálise*. De fato, a despeito da familiaridade entre a ficção e a psicanálise na habilidade de ambas em perceber e desvelar conteúdos inconscientes, há claros traços de que esta representa uma ameaça para a psicanálise. Tais traços surgem com uma leitura psicanalítica do texto, que frequentemente deixa escapar um conflito que só aparece de modo indireto, por meio de justificativas para tratar de um tema tão pouco respeitável como a ficção. Tome-se a seguinte passagem do texto "O inquietante":

> *[a liberdade do escritor para escolher de saída seu mundo de representação] é bem conhecida há muito tempo e é provavelmente o objeto de profundas apreciações da*

parte dos profissionais da estética. Nós fomos levados até este campo de investigação sem clara intenção, ao ceder à tentação *de elucidar a contradição que alguns exemplos traziam à nossa dedução das causas do inquietante. (Freud, 1919/1982, p. 274, grifo nosso)*

Esta justificativa deslocada para um ato apresentado como não intencional, reforçada pela voz passiva da ação, pela negação, e traída pela expressão de um erotismo igualmente deslocado, torna evidente que o desejo de Freud em manter separados os campos da psicanálise e da estética está envolto em uma outra trama de conflitos, como se houvesse ali algo perigoso, indigno ou inconveniente a sua ciência e, contudo, extremamente tentador. Aqui, para além do fato de se constituir como objeto de estudo da psicanálise, a ficção parece também possuir o poder de corrompê-la e, portanto, de assombrá-la. Uma possibilidade, ainda que especulativa, para contextualizar historicamente essa ameaça seria a crítica feita por Kraft-Ebbing à teoria da sedução de Freud, ironicamente qualificada de "*conto de fadas científico*" (Kon, 1996, p. 165). Outra possibilidade seria a confissão feita por Freud a Fliess de seu incômodo com seus relatos de caso, que mais pareciam personagens de romance. Não é, contudo, por essas vias que nos conduz um exame mais detalhado das ressonâncias textuais subjacentes a esse desejo de Freud de afastar a psicanálise da literatura. Uma insistência de significantes nesse mesmo texto nos remete a uma outra lembrança de Freud. Trata-se de um incidente onde ele se vê também "levado (a algum lugar) sem ter querido". Dessa vez, para uma rua de prostitutas:

> *Um dia, quando, numa quente tarde de verão, eu flanava pelas pequenas e desertas vielas de uma pequena cidade italiana,* acabei caindo por acaso numa zona,

cujo caráter não podia duvidar por muito tempo. *Só se via mulheres maquiadas nas janelas das pequenas casas, e me apressei em deixar a apertada rua no primeiro cruzamento.* Mas, depois de ter errado um momento sem guia, *me encontrei de repente na mesma rua onde já começava a despertar olhares, e meu afastamento apressado só obteve como resultado fazer-me cair uma terceira vez ali, desta vez por um novo desvio. Mas então fui tomado por um sentimento que só posso qualificar como inquietante, e fiquei contente quando, sob a* renúncia de novas viagens exploratórias, *me reencontrei na* piazza *que havia deixado há pouco. (Freud, 1919/1982, p. 260, grifos nossos)*

Uma leitura cruzada desses dois trechos permite ver como a involuntária insistência de Freud em retornar à rua das prostitutas espelha as mesmas fórmulas e expressões da hesitação subjacente à sua relação com a ficção. Assim, "ao renunciar a novas viagens exploratórias" em suas perambulações pelas vielas de uma cidade italiana, Freud *se proíbe de ceder ao seu desejo sexual*, enquanto, quando se trata de "uma tentação de elucidar uma contradição", *ele cede ao desejo de exploração epistemofílica*. Note-se que as expressões parecem estar trocadas: "viagens exploratórias" remetendo à varredura do mundo exótico feita pelos cientistas e aventureiros do século XIX, e "tentação de elucidar uma contradição", ao erotismo no mundo do pensamento. Mas nos dois polos essa simetria inversa os movimentos são hesitantes, isto é, se inserem numa trama conflituosa e permitem entrever que a ressonância inconsciente entre os temas instaura uma significação mútua entre a ficção e a sexualidade que acaba por deixar traços na escrita freudiana.

A maquiagem em excesso na face das prostitutas remete, por exemplo, a uma presença clandestina da ficção na realidade, a um transbordamento dos adornos estéticos que mostra que estes só servem para *criar uma ilusão de verdade*. Não seria essa a maior ameaça deste texto, que, como poucos, aproxima a ciência psicanalítica da literatura? De fato, a confissão de ter deixado a *piazza* pública da ciência, e ter-se deixado levar ao campo da investigação estética sem tê-lo realmente querido, é rapidamente envolta pela justificativa de ter "cedido à tentação de elucidar uma contradição...".

Note-se que tal erotismo não está claramente presente na expressão "renúncia em levar adiante novas viagens exploratórias", em que, porém, o contexto das *pequenas e desertas vielas* era francamente sexual. Nesse caso, um tranquilo horizonte teórico é evocado por Freud para descrever uma angustiante e apressada tentativa de fuga da viela apertada e quente de prostitutas italianas. Aqui o discurso teórico parece tamponar um assustador desamparo diante do desejo sexual bruto. O mais surpreendente talvez seja que as metáforas um pouco deslocadas de cada um dos campos seriam perfeitamente intercambiáveis.

Um tal intercâmbio entre *tropos* referentes à ficção, à busca da verdade e à sexualidade recalcada é, sem dúvida, testemunha de um outro nível de recusa e conflito, em que um perturbador parentesco da situação analítica com a ficção se anuncia. Com efeito, se a transferência amorosa pode representar o perigo de uma inundação de erotismo real na situação clínica – situação que é descrita por Freud com a metáfora de um teatro, o lugar de falsas representações por excelência! – subitamente incendiado, a ficção é, por sua vez, também perigosa para a psicanálise, já que a falsidade do teatro pode sempre invadir a cena analítica. Esse último perigo, contudo, não é senão raramente explicitado na escrita freudiana. Uma dessas raras ocasiões, e de modo apenas indireto, parece ser precisamente o perigo de contaminação pela ficção que Freud aparentemente teme ao lastimar ter cedido à tentação de elucidar o inquietante produzida pela literatura.

Examinando as formas do inquietante descritas por Freud em seu texto, ficamos com a impressão de que ele se orgulha de conceder à psicanálise o inquietante proveniente do retorno dos aspectos infantis da alma, mas mostra-se pouco inclinado a aproximar o tratamento e a teoria psicanalítica dos poderes desrealizantes que ele descreve na ficção.

No primeiro caso de inquietante, a psicanálise está em terreno sólido. De fato, segundo Freud, o inquietante despertado pela psicanálise é parcialmente responsável pela aversão do leigo a essa ciência com poder de desvelar o recalcado. Para o leigo, haveria nas descobertas dessa ciência uma proximidade com a crença animista da Idade Média – "quase correta, de um ponto de vista psicológico" –, que consistia em atribuir "todas essas manifestações patológicas à ação de demônios" (Freud, 1919/1982). Para Freud, a psicanálise também poderia desencadear um sentimento inquietante, uma vez que também ela nos faz retornar a cenas de afetos e forças há muito ocultas. Assim, a psicanálise, devido à sua determinação a desvelar os poderes "demoníacos" da alma, pode tornar-se inquietante para muitas pessoas:

> *Eu não me admiraria em escutar que a psicanálise, que se ocupa da descoberta dessas forças ocultas, tenha se tornado inquietante para muitas pessoas justamente por causa disso. Em um caso em que tive sucesso no restabelecimento de uma moça adoentada há muitos anos – e ainda que nem muito velozmente –, escutei isso da própria mãe da paciente mesmo muito tempo após esta estar curada.* (Freud, 1919/1982)

O inquietante causado pela psicanálise viria então da ameaça de uma irrupção súbita de forças obscuras ocultas, frequentemente evocadas pela ficção. Nesse caso a aproximação com a literatura não é de modo algum problemática para Freud. Pelo contrário, a explicitação dessa afinidade surpreende, assim como em outros momentos nos quais Freud parece à vontade para descrever o aspecto especulativo ou até mitológico da psicanálise.

No entanto, quando se trata da capacidade da ficção de forjar ou criar uma segunda realidade, indistinguível da realidade empírica, a aproximação com a psicanálise não é de modo algum bem-vinda. Tamanha heterogeneidade de posições perante a literatura não deixa de refletir, de forma singular, a profunda e complexa tensão no pensamento freudiano entre as aspirações voltadas para um reconhecimento de sua ciência como uma pertencente às ciências naturais, a admiração pelos escritores ao longo de sua vida e a tentação filosófica de sua juventude.

Freud abordou a metapsicologia da ficção quase exclusivamente a partir da primeira teoria das pulsões, e, portanto, sob a hegemonia de uma hermenêutica do princípio do prazer. A ficção seria, sob tal princípio, uma das formações de compromisso entre o recalque e o retorno do recalcado. Ela ocuparia, portanto, um lugar legítimo ao lado do sonho, do lapso e do sintoma. Mas essa abordagem, que oscila entre uma ameaça em ser considerada como um conto de fadas científico e uma posição exclusivamente ativa, e em que a psicanálise se posiciona como *cientificamente exploratória*, tende a recalcar uma *outra familiaridade* com a ficção. Encontramos irrupções sutis dessa outra familiaridade recalcada em certos pontos de seus textos. Um desses pontos se encontra justamente em "O inquietante". Nesse texto, a ficção não pode ser compreendida apenas como um retorno inconveniente de conteúdos recalcados, pois parece revelar uma impossibilidade de distinção última entre a ficção e a realidade.

Como um recurso metodológico, essa estranha propriedade da ficção será aqui isolada pelo exame do inquietante em Fernando Pessoa, pois o tipo de inquietante que sua obra desencadeia não é compreensível nos elementos conceituais que Freud nos fornece para a análise da ficção em seu texto. Será precisamente a partir das reformulações teóricas que a exceção pessoana exige que poderemos passar uma perspectiva, indissociável da ficção, igualmente presente na psicanálise, a saber, *ficcionalidade*.

O inquietante freudiano e o desassossego pessoano no encontro de suas traduções

Qual será o material de sua (nossa) subjetividade? De onde vem a realidade que atribuímos ao nosso eu? Fernando Pessoa, ao falar da realidade de Caeiro, Reis e Campos, de certa forma, responde a essa insondável questão: "Que essas três individualidades sejam mais ou menos reais que Fernando Pessoa – o problema é metafísico; ele, afastado que está do segredo dos deuses, e não sabendo portanto o que é a 'realidade', não poderá jamais resolvê-lo" (Pessoa, 1928/1986, p. 1424).

Uma resposta comum ao fenômeno heteronímico e que evita a sideração metafísica que ele desencadeia é aquela que consiste em sublinhar a unidade do autor real dos heterônimos, sugerida quando Pessoa assina "Fernando Pessoa, ele mesmo", ou quando encontramos o adjetivo que marca uma oposição à heteronímia, "Fernando Pessoa, ortônimo". Busca-se assim reencontrar a ordem com a ajuda dessa promessa de um sujeito "mais verdadeiro" que os outros, promessa realizada, reconheçamos, sem muita convicção, pois é feita no interior de uma lógica que nos lembra que algo foi negado. De fato, o adjetivo "ortônimo" é utilizado por Pessoa pela primeira vez no sentido de uma reação à sua "inexistência enquanto Alberto Caeiro" (Pessoa, 1990, p. 95). O apaziguamento que esse "Fernando Pessoa, ele mesmo" poderia trazer ao restabelecer uma certeza do fundamento real do sujeito não se mantém por muito tempo, pois, após a entrada no universo da heteronímia, ele se revela como sendo nada além de ocultamento, esquecimento de um vago mal-estar que já nos tocou. De fato, a tendência comum é a de resolver a questão compreendendo os heterônimos como um truque preparado maquinalmente por Pessoa ele mesmo. Entretanto, o enigma de realidade quase virtual do suposto autor não desaparece por isso. Trata-se do enigma de fundo que toma inevitavelmente todo leitor de Pessoa e que foi tão bem situado por Michel Schneider:

> *Coloquemos esse enigma da forma mais clara possível. Ele reside na virtualidade de um eu literário que usa à sua maneira máscaras e trapaças, ou no teor verdadeiro e na profunda densidade de um artista que se entrega a uma polifonia controlada das vozes que traz em si? É essa oposição (verdadeiro-falso, ser-parecer) que domina o caso de Pessoa? (Schneider, 1984, p. 243)*

Pode ser então que os truques não sejam truques, o que torna esse escritor ainda mais profundamente inquietante. Vejamos o caso do *semi-heterônimo* Bernardo Soares, que ocupa uma posição estratégica em relação à criação literária de Pessoa. A abordagem do heterônimo por ele apresenta certamente a vantagem de mostrar os "bastidores" de fenômeno heteronímico (Gil, 1988, p. 220). Partimos, portanto, de Soares em direção ao espaço dos outros heterônimos. Escrevendo em prosa, ele se entrega a descrições detalhadas de seus estados de espírito, menos limitadas pelas exigências poéticas ou filosóficas de seus colegas. É nele, sem dúvida, que se manifesta a escrita mais associativa de Pessoa. De fato, Pessoa define esse seu *semi-heterônimo* como o efeito de uma escrita em que o raciocínio e a afetividade do Fernando Pessoa ortônimo foram suprimidos.

Bernardo Soares morava na mesma rua que Pessoa e exercia o mesmo cargo de contador que ele. Sua única obra foi *O livro do desassossego* (Pessoa, 1999), uma compilação de notas escritas entre 1913 e 1934, ou seja, durante praticamente toda a vida literária de Pessoa. Mas esse "diário íntimo" é, paradoxalmente, o diário de "alguém que não teve vida":

> *Eu invejo – mas não sei se invejo – aqueles de quem se pode escrever uma biografia, ou que podem escrever a própria. Nessas impressões sem nexo, nem desejo de nexo, eu narro indiferentemente minha biografia sem fatos, a minha história sem vida. São as minhas Confissões, e, se nelas nada digo, é que nada tenho a dizer.* (Pessoa, 1990, p. 54)

O que significa de fato esse título que dá nome ao laboratório heteronímico, *desassossego*? Uma excursão pelas dificuldades de tradução desse termo para a língua francesa revela algumas de suas sutilezas, em geral banalizadas para o falante de português. André Bréchon, no prefácio da tradução francesa, justifica a opção da criação do neologismo *intranquilité* para a tradução de *desassossego*:

> *A tradutora acreditou ser melhor descartar de início a tradução habitual por "*inquiétude*". Essa palavra é*

> *tão usada que não sentimos mais nela a distinção entre o prefixo e o radical que a compõem: a quietude e sua privação; ou então teria sido necessário adotar a grafia "in-quietude". A palavra, cujo conteúdo é, além disso, mais preciso em francês do que em português, é de uma banalidade psicológica e metafísica bastante diferente da banalidade mais expressiva da palavra portuguesa "desassossego", cujas conotações são ao mesmo tempo mais sentimentais e mais concretas (além disso, o português tem também a palavra "inquietação").*
> *(Bréchon, 1988, p. 37)*

Em alemão, Unruhe foi o termo escolhido na tradução de Inés Koebel (Pessoa, 2006), palavra cujo leque semântico é bastante próximo a "desassossego", uma vez que sublinha a continuidade entre experiência emocional e física desse estado: "Unruhe: tensão interior contínua; preocupação; angústia, impaciência, moção incômoda, insatisfação premente, ruminação" (Wahrig Deutsches Wörterbuch, 1997, p. 1278). Em língua inglesa, a opção foi por *disquiet* (Pessoa, 2002), que enfraquece essa faceta corporal presente em "desassossego": "sentimentos de preocupação e infelicidade por algo, incômodo" (Oxford, 2010).

Uma problemática análoga ocorre na tradução do título *Das Unheimliche*, de Freud. É interessante que, comparado a *Unruhe*, e apesar de se tratar de um mesmo tipo de oposição entre raízes semânticas bastante próximas e até certo ponto intercambiáveis em várias línguas, no caso de *das Unheimliche*, um sentido a mais – justamente aquele explorado por Freud e que examinaremos a seguir – se acrescenta à experiência de *Unruhigkeit*. Não por acaso, Freud parte de uma explicação minuciosa dos sentidos do adjetivo *unheimlich* segundo diversos dicionários alemães, e cuja retomada nesse contexto estaria fora de lugar. Cabe, porém, lembrar que, até há pouco, esse título era traduzido como *inquiétante étrangeté* em francês. Em português há uma interessante variação entre duas opções aparentemente opostas: "inquietante estranheza" e "inquietante familiaridade".[2] Na língua francesa, por exemplo, a tradução *inquiétante familiarité* já foi também sugerida (Hommel, 1993, pp. 153-154), ressaltando o familiar em vez do estranho como o agente do inquietante. Ora, a última opção para a tradução de Jean Laplanche do texto de Freud diz simplesmente 'L'inquiétant', opção que se nutre da oposição presente na própria palavra, tal como em alemão e que, estranhamente, coincide com uma das possibilidades de tradução de "desassossego" para o francês.

Vejamos a seguir de que modo Freud examina os elementos e situações frequentemente associados com a experiência inquietante, para além daquilo que um exame linguístico do termo *Unheimliche* pode revelar.

O inquietante dos duplos

Como de costume, o estilo de argumentação de Freud considera sucessivamente várias hipóteses, descartando o que considera inadequado e mantendo o que lhe interessa, antes de apresentar sua hipótese para o fenômeno que estuda. A cada uma das hipóteses analisadas por Freud, farei também uma tentativa de explicação do

---

2 Além disso, outras tentativas foram feitas para a difícil tradução do título dado por Freud, com maior ou menor sucesso, como "O sinistro" e "O estranho". Remeto aqui à mais recente delas: "O infamiliar", com uma nova e primorosa tradução feita por Ernani Chaves, Pedro Heliodoro Tavares e Rogério Freitas. Cf. Freud, S. *Infamiliar, O (Das Unheimliche)*: seguido de *O homem da areia* e *E.T.A. Hoffmann*. Coleção Obras Incompletas de Sigmund Freud. Autêntica, 2019.

inquietante despertado pela obra de Pessoa, de modo a descartar algumas respostas aparentemente válidas para esse sentimento.

Freud retoma inicialmente a hipótese de Rank para a origem do inquietante baseada na figura do duplo. Para Rank, o duplo seria uma forma de o Eu se reassegurar contra sua desaparição, "uma negação intensa do poder da morte" (Freud, 1919/1982, p. 258). De fato, a duplicação como defesa contra a aniquilação era um mecanismo há muito conhecido por Freud: na linguagem dos sonhos, por exemplo, a multiplicação do símbolo genital é considerada um sinal de negação da castração. A diferença é que o suporte das representações do duplo seria o narcisismo primário, o amor ilimitado por si mesmo, e não o órgão genital, como na castração. Tal deslocamento não é anódino, pois toca a questão, delicada na metapsicologia freudiana, da sensibilidade do sujeito à sua própria finitude. Aqui, a morte, contra a qual o duplo seria uma reação, é reinterpretada por Freud como ameaça ao narcisismo primário. Uma só gramática responde a diferentes ameaças: diante da castração, o pênis se multiplica, diante da morte, a imagem do sujeito se multiplica. Dessa forma, a castração e a morte são colocadas como podendo se refletir mutuamente. A operação de leitura da multiplicação como reação ao aniquilamento é, portanto, aparentemente deslocável, na metapsicologia freudiana, de um registro de negatividade a outro. Além da reação de desdobramento que elas desencadeiam, é a *Vernichtung* (aniquilamento; literalmente, redução a nada) que une assim essas duas entidades que são a castração e a morte.

No que se refere à ameaça direta de morte (como ameaça de extinção do narcisismo primário), ela não parece ser, segundo Freud, inquietante em si. Assim como a castração, a ameaça de morte é eficaz, nesse contexto, apenas como *possibilidade*, e não como *realidade*. O *possível* é, contudo, eficaz: sua consequência é a *produção de uma série* daquilo que foi ameaçado, seja o pênis ou a representação do sujeito enquanto portador do narcisismo primário.

Mas não nos enganemos. O caráter plural do duplo, ou, dito de outra forma, a presença de um ser que se soma ao ser do sujeito e a multiplicidade daquele que supõe-se que exista apenas no singular, não pode ser considerado como a causa de seu caráter inquietante para Freud (1919/1982):

> *essas representações (do duplo) surgiram sobre o terreno do amor ilimitado por si mesmo, o amor do narcisismo primário, que domina a vida psíquica tanto da criança como do primitivo e, com a superação dessa fase, a simbolização do duplo se modifica; já tendo sido o reasseguramento da vida, agora ele se torna o inquietante presságio da morte.*

O caráter inquietante se adiciona ao múltiplo por meio de um processo metonímico que remete àquilo que a multiplicação nega, mas não a qualifica desde sua origem.

Apostamos assim que não é na pluralidade que devemos buscar o inquietante da heteronímia de Pessoa. O fato de encontrarmos um escritor que partilha sua obra com outros escritores, mesmo que imaginários, não seria suficiente, seguindo a argumentação de Freud, para que fôssemos tomados por esse sentimento inquietante, esse "desassossego ontológico", como veremos a seguir.

Não seria, nesse sentido, o caráter serial dos heterônimos o motivo do inquietante da heteronímia de Pessoa. A pluralidade, além disso, não é uma simples reação à ameaça à existência. Pelo contrário, não é difícil encontrar sob a pena de Álvaro de Campos, o engenheiro de Glasgow e pagão futurista, o fenômeno da multiplicação de si mesmo como uma condição de sua existência. Note-se que a inversão da relação entre inexistência e pluralidade se encontra igualmente presente no labirinto da heteronímia. Por exemplo, Ricardo Reis, o médico latinista, afirma que a pluralidade é indissociável da inexistência:

> *Inúmeros outros vivem em nós*
>
> *Se penso ou se sinto, ignoro*
>
> *Quem pensa ou quem sente.*
>
> *Sou apenas o lugar*
>
> *Onde se sente ou se pensa*
>
> *(Pessoa, 1928/1986, p. 859)*

Para Freud, a *Unheimlichkeit* do duplo poderia estar, em princípio, ligada seja à pluralidade, seja ao aniquilamento, dois polos de uma lógica de equivalências do inconsciente. Entretanto, na medida em que examinamos mais de perto essas duas possibilidades como fontes do sentimento inquietante, chegamos a uma espécie de impasse: esse sentimento não vem nem de um nem de outro fator. De onde vem então o sentimento inquietante do duplo, se nem o aniquilamento nem a pluralidade podem ser sua causa? Passemos a uma segunda possibilidade examinada por Freud.

A hipótese examinada passa a ser a do futuro Supereu. De fato, a origem da representação do duplo no psiquismo não se restringe ao reasseguramento imaginário da sobrevivência do sujeito; essa representação pode também ser criada pela consciência moral (*Gewissen*), que faz do eu seu objeto de observação. O que posteriormente Freud denominaria como Supereu dirige ao duplo as críticas originalmente endereçadas ao eu do sujeito.

No caso da heteronímia, vemos que a capacidade de auto-observação se desenvolveu em Pessoa de uma forma surpreendente, a ponto de termos a impressão de que a acuidade do olhar voltado sobre si mesmo estaria na origem do próprio desdobramento pessoano. De fato, a acuidade da visão que distingue cada coisa e que, contudo, não pode ver a si mesma é um dos elementos-chave do paganismo de Alberto Caeiro. Com efeito, Caeiro é um mestre do paganismo a partir de uma excelência do seu olhar, olhar de um "objetivismo absoluto" para *tudo que é*, sejam pensamentos, sejam ovelhas (ver o Capítulo 2). A consequência primeira de tal objetivismo é uma horizontalização da oposição interior/exterior que conserva intacta, porém, a diferença tópica desses lugares.

A espacialidade instaurada por Alberto Caeiro poderia, assim, ser compreendida como pré-espacial, a mesmo título que é pré-espacial o sentido dado por Heidegger ao *Da* do *Dasein*. *Da* em alemão significa "aqui" ou "lá". Compreendê-lo, contudo, de um ponto de vista espacial seria um equívoco quanto ao seu sentido em Heidegger. A espacialidade quotidiana é uma noção derivada da ordem dos objetos (*Vorhandenheit*). Mas, para Heidegger, a própria espacialidade quotidiana deve ser tornada possível por uma pré-abertura. A expressão *Da* do *Da-sein*, este *ente* que "cria" seu próprio espaço, "se refere a essa abertura essencial" (Heidegger, 1927, p. 132). A "objetividade absoluta" de Caeiro possui essa característica de ser pré-espacial. É o fato de ela ser pré-espacial, assim como essa abertura do *Dasein*, que permite o comércio com os objetos "no espaço". Como um caracol que secreta o caminho sobre o qual vai passar, o *Dasein* produz a espacialidade do espaço no qual vive. É a partir desse ponto de vista pré-espacial que podemos entender que Pessoa experimente o exterior como interior e, inversamente, o interior como exterior. A noção do *Da* implica uma participação ontológica do próprio *Dasein* na criação do mundo no qual existe. Se o ver o mundo exige a luz, o próprio *Dasein* possui uma *lumen naturale*, uma *luz* natural, anterior à luz do dia. Quer dizer, ele é "em si mesmo, enquanto ser-no-mundo, iluminado, não por um outro ente, ele próprio é a luz. Um objeto (*Vorhandenes*) só se torna acessível sob a luz ou escondido na escuridão para um ente também iluminado existencialmente" (Heidegger, 1927, p. 133). O objetivismo absoluto do olhar de Caeiro diz respeito a essa *iluminação da existência daquilo que é*. Vemos nos dois casos, a saber, em Heidegger e em Caeiro, a impossibilidade de um restabelecimento de uma oposição ontológica na relação do sujeito com os objetos, oposição que estaria tanto bem quanto mal garantida pela ideia de representação, cuja adequação ao objeto seria a medida de sua verdade (ver o Capítulo 9).

Nós nos enganaríamos, contudo, em acreditar que essa transformação de espacialidade confundiria as diferenças quotidianas que fazemos entre a realidade material exterior e a nossa realidade interior. Um detalhe importante do objetivismo absoluto pessoano é que ele não transforma necessariamente em "mera ficção" o que é interior. Caeiro vive na contemplação da existência pura tanto da imaginação quanto da realidade. Uma das grandes habilidades de Caeiro é precisamente a de ter separado completamente a oposição interior/exterior da oposição existente/inexistente. Caeiro não escreve senão o que existe; é essa a essência de seu paganismo. De forma que o sonho, enquanto absolutamente real, não pode, em Caeiro, opor-se à realidade exterior, talvez ela mesma feita de sonho (ver o Capítulo 2).

Os heterônimos partilham espacialidades sutilmente diferentes em relação aos seus lugares, mas podemos observar que nenhum deles as concebe ingenuamente. Uma das determinações da interioridade excessiva de alguns heterônimos se encontra junto ao ato de olhar. Em *O livro do desassossego*, Bernardo Soares descreve uma forma de desdobramento de si intrinsecamente ligada ao poder de distinção do olhar: "Vendo-me de fora, como quase sempre me vejo" (Pessoa, 1999, p. 485).

A auto-observação, por mais sutil e perfeita, não permitiria, porém, segundo Freud, o desencadeamento do inquietante devido à sua restrição a uma "psicologia do eu". Entretanto, o Supereu, instância que, separada do Eu, teria a função de vigilância sobre este último, encontra-se estreitamente ligado também ao inconsciente e transborda, portanto, para além de uma "psicologia do eu":

> *Penso que quando os poetas lamentam o fato de duas almas habitarem o homem, e quando os psicólogos populares falam da clivagem do eu no homem, eles estão sendo levados por esse desdobramento que pertence à psicologia do eu, entre a instância crítica e o resto do eu, e não pela oposição, trazida à luz pela Psicanálise, entre o eu e o recalcado inconsciente. É verdade que essa distinção se encontra velada pelo fato de que, entre aquilo que é rejeitado pela crítica vinda do eu, se encontram em primeiro lugar os restos do inconsciente.* (Freud, 1919/1982, p. 258)

Note-se que a auto-observação de Bernardo Soares não é a auto-observação de uma instância crítica, e ele tampouco lamenta a pluralidade de suas almas. Sua auto-observação parece antes ser tomada como um destino com o qual ele se reconcilia por meio da escrita enquanto distração:

> *Se escrevo o que sinto, é porque assim diminuo a febre do sentir. O que confesso não tem importância, pois nada tem importância. Faço paisagens do que sinto. Faço férias das sensações. . . . Minha tia velha fazia*

paciências durante o infinito do serão. Estas confissões são as paciências minhas. (Pessoa, 1999, p. 54)

Ora, as confissões de Bernardo Soares se constituem de sutis mudanças do tempo e de divagações em torno de sentimentos diferentes que ele experimenta no mesmo instante. Nada aqui se parece com os devaneios heroicos em que o desejo, nascido de um passado infantil, retorna pela representação de um outro si mesmo, aquele que o sujeito gostaria de ter sido mas cujas inibições e recalques não permitem. A pluralidade de Eus em Fernando Pessoa não parece responder à onipotência de origem narcísica burlando a vigilância do Supereu.

A clivagem da qual fala Freud referindo-se à capacidade de auto-observação dos poetas e dos devaneios não é, portanto, o que Pessoa chamava de sua capacidade de "outrar-se", um de seus neologismos, que, como a palavra "heteronímia", ele criou no próprio movimento de sua experiência inédita. "Outrar-se" significa uma maneira de "tornar-se outro", isto é, pensar, sentir e escrever a partir de um outro, diferente de si. No "outrar-se" reside a matriz dos heterônimos, determinando assim uma precedência da estrutura da alteridade sobre aquela da duplicidade, precedência esta igualmente presente, por exemplo, em Borges (Bartucci, 1999). Nos devaneios, o Eu daquele que devaneia continua a ser o mesmo; é a situação que muda. No "outrar-se", o Eu e a situação mudam; o Eu antigo não está mais presente na cena sonhada; ele é, antes, negado em sua ipseidade pelos novos habitantes.

De fato, em nome de seu autoengendramento a partir do vazio, em nome de sua maneira de se criar "eco e abismo ao pensar", Soares "se multiplicou ao se aprofundar", de forma que encontramos aqui o surgimento das alteridades interiores a partir do estranhamento do sentir: "Em cada uma dessas sensações sou outro, renovo-me dolorosamente em cada impressão indefinida. Vivo de impressões que não me pertencem, perdulário de renúncias, outro no modo como sou eu" (Pessoa, 1999, p. 123).

Unheimlichkeit *e a temporalidade*

Prosseguindo em sua investigação sobre o inquietante, Freud sugere uma segunda possibilidade, em que uma dinâmica temporal complexa é examinada como a causa desse sentimento:

> *O aspecto inquietante do duplo só pode originar-se no fato de o duplo ser uma figuração que pertence aos (primeiros) tempos superados da vida psíquica, figuração que revestia então um sentido mais amável. O duplo se tornou uma figura assustadora assim como os deuses se tornam demônios quando sua religião é destruída (Heine, Os deuses no exílio). (Freud, 1919/1982, p. 259)*

A essência do inquietante no duplo seria, assim, determinada pela regressão do eu. Freud comenta da seguinte forma os problemas do eu nos escritos de Hoffmann (1816/2010) em *O homem de areia*: "Trata-se em cada caso de uma retomada de fases isoladas da história do sentimento do eu, de uma regressão a épocas onde o eu não havia ainda se delimitado com relação ao exterior e aos outros" (Freud, 1919/1982, p. 258).

A hipótese temporal do inquietante será, em seguida, desvinculada do eixo do desenvolvimento do eu para ser estendida a outras instâncias do psiquismo. Assim, por exemplo, será a *Hilflosigkeit*, isto é, o desamparo de certas situações oníricas, um dos pontos para o qual o sujeito pode retornar por ocasião de fenômenos inquietantes, ou mesmo a onipotência do pensamento, ou a compulsão à repetição, quando a realidade vem a encontrar por acaso um desejo ou quando ela parece se repetir.

O fator de desencadeamento do inquietante não se restringe, porém, ao retorno de fases simplesmente *superadas* do psiquismo. Freud distingue, na verdade, duas fontes do inquietante: a que se origina do retorno do que foi *superado* e a que se origina do *retorno do recalcado*. No primeiro grupo, o efeito inquietante poderia ser evitado pela substituição das formas primitivas e infantis de pensamento por um "questionamento racional da realidade material" dos fenômenos inesperados, ou, dito de outra forma, em vez de reagir com uma forma de pensamento animista em relação às coincidências que encontramos na vida, o sujeito pode reagir lançando mão de um pensamento racional no qual se trata, antes de mais nada, de estabelecer um teste de realidade. É evidente que as expressões "questionamento da realidade material" e "teste de realidade" opõem um mundo empírico a um mundo fantasmático e animista. E a *Unheimlichkeit*, nesse grupo, parece ser considerada por Freud como desencadeada por ocasião de um retorno inesperado desse pensamento primitivo em uma situação psíquica na qual ele não tem mais legitimidade.

Ora, a *Unheimlichkeit* da heteronímia é, com efeito, desencadeada pela suspensão da "crença na realidade material" de uma subjetividade, a de Pessoa, no caso, o que parece colocá-la ao lado do inquietante do primeiro grupo, quer dizer, daquela que se origina de uma superação de uma fase do desenvolvimento do eu. Trata-se aqui, segundo Freud, de crenças infantis em relação à realidade material dos fenômenos que são, de fato, fantasmáticos; crenças que serão invalidadas em seguida por um pensamento preocupado com o "teste de realidade". O que se acreditava existir materialmente na infância será reconhecido definitivamente como fantasma pelo adulto. Caso crenças infantis ressurjam repentinamente na experiência adulta, o sentimento de *Unheimlichkeit* se produzirá. Por exemplo, o duplo, de cuja existência a criança tinha certeza, pode despertar o inquietante no adulto devido à sua aparente reemergência na percepção deste.

Não é difícil concluir que, segundo Freud, a experiência do inquietante só é possível no interior da cultura ocidental moderna. Com efeito, apenas alguém pertencente a essa cultura pode sofrer esses tipos de conflitos, em que uma visão da realidade "empírica e objetiva", governada exclusivamente por leis "naturais", substituiu a *Weltanschaaung* dita primitiva, imersa em um determinismo divino ou animista. Poderíamos dizer com uma certa precisão que, na ausência da abordagem racional e moderna do mundo, falta também a condição de possibilidade do sentimento inquietante. Em outras culturas ou em outras épocas de nossa cultura, como no Renascimento – quando vigorava um sistema de leitura dos sinais do sobrenatural no mundo natural, descrito exemplarmente por Foucault (1966/1996) –, fenômenos análogos provavelmente desencadeariam outros sentimentos.

Tal como vimos, o sentimento inquietante em Fernando Pessoa não surge de uma ameaça real de aniquilamento. Segundo penso, ele vem de um tipo singular de inexistência que, desde as primeiras páginas de seu "diário do desassossego", ocupa uma posição central na obra pessoana como um todo. Bernardo Soares escreve:

> *Cheguei hoje, de repente, a uma sensação absurda e justa. Reparei, num relâmpago íntimo, que não sou ninguém. Quando brilhou o relâmpago, aquilo onde supus uma cidade era um plaino deserto; e a luz sinistra que me mostrou a mim não revelou céu acima dele. Roubaram-me o poder ser antes que o mundo fosse. Se*

> *tive que reencarnar, reencarnei sem mim, sem ter eu reencarnado. (Pessoa, 1919/1982, p. 257)*

De fato, não encontraremos o medo da morte real em Pessoa; suas questões mais inquietantes são as da morte antes do nascimento, do aborto no nível ontológico, da negação lúgubre anterior ao momento de entrada na existência:

> *Sou os subúrbios de uma cidade que não existe, o comentário prolixo de um livro que ninguém jamais escreveu. Não sou ninguém, ninguém. Sou o personagem de um romance ainda a ser escrito e flutuo, aéreo, disperso sem ter sido, entre os sonhos de um ser que não soube me acabar.* (Pessoa, 1919/1982)

Encontramos aqui um dos elementos mais insólitos do discurso pessoano: o desocultamento de um fundamento inexistente na própria existência. Ora, uma possível inquietante familiaridade dos leitores com *Pessoa ortônimo* não viria dessa revelação? Possivelmente, uma vez que nossa realidade material é frequentemente colocada no mesmo nível que a ficção pelo fenômeno heteronímico.

Note-se desde já que, se for esta a particularidade do inquietante provocado pela heteronímia, ela parece exigir uma inversão da fórmula freudiana, pois, se os limites entre a realidade material e a ficção se encontram no centro do fenômeno da heteronímia, a perturbação destes se dá no sentido inverso daquele descrito por Freud. Com efeito, a heteronímia pessoana suscita uma incessante invalidação de nossa crença na realidade material. O que acreditávamos de forma definitiva existir materialmente se insinua como um simples fantasma ou ilusão reconfortante. Neste caso, o que retorna não é a crença na realidade material de uma ficção, como nos casos descritos por Freud, mas o descobrimento do fundamento fictício na base de um saber até então considerado real. Se algo retorna aqui, este "algo" é a descrença na realidade material de nosso Eu.

Note-se que, na heteronímia, a invalidação de nossa existência material não acarreta, porém, a nossa inexistência. Trata-se antes de nossa existência como personagem de ficção que parece se presentificar, como descreve Pierre Fédida (1985), de modo anacrônico (p. 26). Mas onde encontrar esse tempo infantil em que nossa existência seria sentida apenas como ficção? Esse tempo cujo retorno inesperado na cena atual – cena de crença na existência como puramente material – desencadearia o inquietante em nós, seria um tempo vivido? Não necessariamente, sua eficácia pode vir de um passado construído, projetado a partir do presente, como no poema "Pobre velha música", de Pessoa:

Pobre velha música!

Não sei porque agrado,

Enche-se de lágrimas

Meu olhar parado.

Recordo outro ouvir-te.

Não sei se te ouvi

Nessa minha infância

Que me lembra em ti.

Com que ânsia tão raiva

Quero aquele outrora!

E eu era feliz? Não sei:

Fui-o outrora agora.

(Pessoa, 1924/1995)

Trata-se, nesse poema, certamente de um conflito entre o que pertence ao domínio da ficção e o que pertence à realidade material, como quando arcaicas "crenças animistas", segundo Freud, invadem a cena presente. Mas as posições ocupadas por cada um dos polos do conflito se encontram invertidas.

No caso do inquietante do duplo ou dos fenômenos relativos à onipotência do pensamento infantil, a crença da criança na realidade material desses fenômenos se opõe à descrença do adulto. Nesse caso, o conflito de julgamento se dá, na verdade, entre duas crenças em realidades materiais que não coincidem quanto aos objetos que julgam reais. Para a realidade material organizada pelo adulto, a realidade material infantil é uma ilusão, ela é ficção equivocadamente tomada por uma realidade. A experiência adulta do inquietante nada mais é do que uma breve hesitação em seu campo de realidade material. No caso do inquietante da heteronímia, a crença do adulto em sua realidade empírica, em seu fundamento físico, encarnado em uma realidade material, é o que se coloca em dúvida pela percepção de um fundo de ficção a tudo que há, inclusive no próprio sujeito.

Assim, uma outra possibilidade de compreensão do sentimento de inquietante nos aparece, desde que possamos inverter os polos da equação freudiana. Nesse caso, a crença numa realidade empírica da alma seria, na verdade, apenas uma instância da crença infantil no duplo. Uma instância que teria adquirido direito de cidadania na alma adulta. A "construção psíquica" da realidade exterior esteve sempre presente no pensamento de Freud (1912-1913/1982, pp. 381-382). A representação do duplo teria, nesse caso, se travestido em leis naturais, como se correspondessem a um objeto com realidade concreta. Nesse caso, a negação dessa crença poderia desencadear um sentimento de *Unheimlichkeit*. A condição freudiana para a *Unheimlichkeit*, de um conflito temporal, entre o fictício e o material, em relação às tematizações do si mesmo seria assim mantida, mas em uma relação e um resultado inversos entre o que é considerado real e o que é considerado fictício em sua experiência.

Sobre a suspensão da realidade pela ficção

No inquietante, segundo Freud, existe sempre alguma coisa em relação à qual a crença na realidade material foi perdida e que, não obstante, reaparece de forma inesperada:

> *Um efeito inquietante se produz muitas vezes e facilmente, quando a fronteira entre a fantasia e a realidade se encontra apagada, quando se apresenta a nós como real alguma coisa que nós considerávamos até então como fantasmática, quando um símbolo reveste toda a eficiência e toda a significação do simbolizado, e outras coisas do mesmo tipo. O que há de infantil nisso, e que domina também a vida psíquica dos neuróticos, é o acento excessivo da realidade psíquica em relação à realidade material, aspecto que se liga a todo poder dos pensamentos.* (Freud, 1919/1982, p. 267)

No que se refere à heteronímia, ela se apresenta como um fenômeno perfeitamente oposto a esse, visto que somos assaltados pelo sentimento inquietante de não saber mais se o autor dos personagens continua a ser essencialmente diferente de seus personagens. Nessa experiência literária, aquilo que considerávamos como pertencente à realidade se vê inesperadamente transformado em algo fictício: "Que essas três individualidades sejam mais ou menos reais que Fernando Pessoa – o problema é metafísico; ele, afastado que está do segredo dos deuses, e sem saber portanto o que é a 'realidade', não poderá jamais resolvê-lo" (Pessoa, 1928/1986, p. 1424).

Algumas situações com as mesmas características do inquietante da heteronímia são examinadas por Freud no campo artístico. Com efeito, na ficção encontraremos com frequência a inquietante familiaridade da heteronímia, a saber, onde algo que considerávamos até então como real se apresenta subitamente a nós como fantástico. Para conseguir tal efeito, lembra Freud, o escritor deve primeiramente construir seu mundo à semelhança da realidade comum: "Nesse momento [o artista] adota ao mesmo tempo as condições que presidem a experiência vivida com a emergência do sentimento inquietante e tudo o que é na vida produto de tais efeitos, ele o produz na literatura" (Freud, 1919/1982, p. 272). De maneira que, na ficção, o fantástico pode se disfarçar previamente de realidade, de forma a poder reproduzir o efeito de *Unheimlichkeit*. Uma situação psíquica singular se desenha, portanto, na ficção: o que é fictício toma aparência de real, para em seguida se insinuar de novo como fictício e, assim, criar o *conflito de julgamento* necessário para o efeito inquietante. Dessa forma, deve-se reconhecer o poder da ficção que permite que se produza um efeito de *Unheimlichkeit* que segue uma inversão na ordem do desvelamento entre o fantástico e o real.

A análise de Freud de tais casos segue, contudo, a mesma equação que utiliza para o inquietante fora da ficção. No caso do inquietante produzido no campo da ficção, o mesmo fantástico interviria "surpreendentemente" em um mundo previamente aceito como sendo realidade, de modo que, também na ficção, ainda que de outra forma, alguma coisa que considerávamos até então como real se apresentaria a nós como fictícia. Escreve Freud (1919/1982):

> *As realizações de desejos, as forças ocultas, a onipotência dos pensamentos, a animação do inanimado não têm poder de produzir nenhum efeito inquietante, pois, para que se produza um tal sentimento, é preciso, como já vimos, um conflito de julgamento* (Urteilstreit) *quanto a saber se o inacreditável que foi superado não é possível realmente, questão que é pura e simplesmente eliminada pelos pressupostos do universo do conto.*

Com efeito, segundo Freud, o escritor tem o poder de "nos enganar nos prometendo uma realidade comum e indo para além dela. Nós reagiremos às suas ficções do mesmo modo que teríamos reagido a vivências pessoais; quando nós nos damos conta do logro, já é tarde demais, e o escritor já atingiu seu objetivo" (Freud, 1919/1982, p. 273). O escritor pode, além disso, "intensificar e multiplicar o efeito de inquietante para muito além das vivências possíveis, fazendo aparecer eventos que, na realidade, nunca teriam ocorrido, ou, no máximo, muito raramente". Contudo, se o escritor abusa de seu poder, ou se produz uma má imitação da realidade, a obra de arte fracassa. "Fica-nos então um sentimento de insatisfação, uma espécie de mau humor, diante desta tentativa de logro".

Entretanto, para evitar essa sensação de engano, continua Freud (1919/1982),

> *o escritor possui ainda um instrumento à sua disposição, por meio do qual ele pode evitar nosso protesto e,*

ao mesmo tempo, melhorar as condições para a realização de seus desígnios. Esse instrumento consiste em não nos deixar adivinhar durante muito tempo sobre quais pressupostos precisos ele escolheu estabelecer seu mundo, ou em esquivar-se com artifício e malícia, até o fim da narrativa, de fazer um tal esclarecimento decisivo. Mas no todo, encontra-se realizado aqui o caso que anteriormente havíamos assinalado, a saber, que a ficção cria novas possibilidades de inquietante que não podem ser encontradas na experiência vivida.

Esse artifício repousa, portanto, sobre a possibilidade, por parte da ficção, de manter em suspense seu mundo de referência. Apesar de Freud apenas mencioná-lo quase como de passagem, note-se que estamos aqui diante de algo novo. Não se trata mais simplesmente do poder do escritor de criar um mundo de ficção à imagem e semelhança da realidade, mas do poder de manter em suspenso os pressupostos sobre os quais ele codificou seu mundo. Esse poder reitera a afirmação, segundo Freud, de que a ficção cria possibilidades de inquietante que não podem ser encontradas na vida real.

Sobre o poder de suspensão da realidade pela ficção e seus avatares

Freud aparentemente renuncia a levar adiante aqui esse cativante poder da ficção. Teria esse poder algum efeito específico sobre o psiquismo? Nossa hipótese é a de que esse poder é amplamente explorado na heteronímia e que ele se manifesta como uma ameaça feita pelo campo ficcional à realidade como um todo. Ora, uma tal ameaça aos fundamentos da realidade pela ficção já fora sugerida por Freud de modo quase imperceptível em "O poeta e o fantasiar" (1908). Em uma afirmação que parece retomar o essencial da tese breueriana da etiologia da histeria, Freud (1908) escreve: "A propagação generalizada e superpotência da fantasia instalam as condições de decadência na neurose e na psicose" (p. 175). Freud atribui aqui uma potencialidade patogênica à ficção que não reencontraremos mais em seus escritos. Em sua conferência *Sobre uma visão de mundo*, de 1935, a solução estética não é de modo algum considerada como um risco, quando comparada à religião, por exemplo. Ora, como sabemos, a neurose e a psicose têm em comum o fato de negarem a realidade cada uma à sua maneira. Pelo argumento freudiano, a fantasia pode ter o poder de preparar as condições de decadência nessas doenças. Não seria, então, possível conceber tal poder igualmente como uma possibilidade da ficção? Mas seria o fato de o escritor "não nos deixar adivinhar por longo tempo sobre quais pressupostos precisos escolheu estabelecer seu mundo" suficiente por si só para constituir um novo tipo de inquietante, ao lado daquele amplamente descrito por Freud? No caso afirmativo, seríamos levados a aceitar que não se trata meramente de um inquietante específico da ficção e ausente na realidade vivida fora desta (*das Erleben*).

Mas essa não é a opinião de Freud. Com efeito, quando ele analisa uma *Unheimlichkeit* ocasionada por um conflito quanto à realidade dos conteúdos superados, é a realidade limitada a esses conteúdos que é colocada em dúvida, e não a realidade como tal. Apenas a ficção detém para o mestre o privilégio de poder manter por muito tempo em suspense as bases sobre as quais se funda sua narrativa, o que falta no caso da experiência vivida. Assim, será apenas a ficção, portanto, a possuir o poder de suspender as bases da realidade como um todo como sendo eventualmente fictícias.

Pessoa não concordaria com esta restrição do que pode ser colocado em dúvida pela ficção. Bernardo Soares, por exemplo, afirma que "ver é talvez sonhar, mas, se chamamos isso de ver em vez de sonhar, é porque distinguimos o ato de ver do ato de sonhar" (Pessoa, 1999, p. 103). Essa abordagem aparentemente naturalística problematiza a fundo os pressupostos da realidade. Durante alguns instantes, aquele que se cria testemunha do real desaba no abismo de saber que este era apenas uma crença: "Ver é talvez sonhar...". Nesse "talvez" uma dúvida se instaura, dúvida susceptível de arrancar o sujeito da posição confortável de espectador e de colocá-lo sobre o palco do teatro. Ou talvez fosse mais exato dizer que tal dúvida tem origem no próprio teatro, para, a partir daí, arrebatar o espectador e seu mundo (ver o Capítulo 7). Um efeito de "dúvida hiperbólica" da realidade irrompe subitamente na experiência do espectador.

O inquietante interlocutor ausente

No entanto, tal dúvida seria provavelmente ainda suportável se tivéssemos certeza da existência de um espectador absoluto nos observando, Deus, talvez; alguém que estivesse pronto para retomar o lugar do espectador que nós ocupávamos até então para, a partir dali, reestabelecer um ponto fixo no universo. Mas, desde sua morte, não temos mais a certeza do olhar divino, e o grande desassossego pessoano é a possibilidade de que a peça que encenamos não esteja sendo assistida por ninguém. A ausência de uma testemunha última é mais inquietante do que parece. Para Pessoa, como para Paul Celan, "ninguém testemunha pela testemunha" (Celan, 1967/1975, p. 72).

Cabe aqui um reexame da leitura freudiana do texto de Hoffman (1816/2010), que é marcada por uma omissão que vale como *punctum* de todo o seu trabalho de teorização psicanalítica sobre o inquietante. "O Homem de Areia" começa, com efeito, com três cartas que apresentam versões diferentes e incompatíveis dos mesmos acontecimentos, incoerência que não é solucionada jamais pelo narrador. Sem que saibamos precisamente por que, essa problemática da ausência de testemunha absoluta é simplesmente "esquecida" por Freud em seu resumo (Møller, 1991, pp. 125-128).

O inquietante, diz Freud, surge "quando se apresenta a nós como real algo que até então havíamos considerado como fantástico" (Freud, 1919/1982, p. 267). Ora, o inquietante na heteronímia se desencadeia devido ao fato de que algo se apresenta a nós como fantástico, algo que havíamos considerado até então como real. Note-se ainda que esse algo é para além do sujeito, a realidade como um todo. "O sentimento do eu como ficção", nos diz Eduardo Lourenço, "não é para Fernando Pessoa da ordem da ficção ou da abstração, mas da ordem do vivido" (Lourenço, 1986/1988, p. 58). Em Pessoa, portanto, a discriminação freudiana entre o inquietante vivido e o ocasionado pela ficção se torna aparentemente impossível, pois para ele o mundo é talvez apenas uma ficção.

A reflexão sobre o inquietante da heteronímia se revela a partir da descoberta de um "si mesmo" essencialmente falso. Com efeito, o inquietante da heteronímia desvela como fictícia nossa própria subjetividade. Um sentimento desconfortável parece vir de adivinharmos um fundo puramente ilusório em nosso eu. Tal desconforto, por outro lado, nos obriga também a reconhecer que este "eu" era por nós considerado até então como dotado de uma realidade material. A questão sobre a natureza de nosso "eu" – tão familiar até então! – é colocada, portanto, sem qualquer mediação: trata-se do domínio da ficção ou da realidade? O eu de cada um de nós não tem, finalmente, o mesmo estatuto pouco convincente do Fernando Pessoa *ortônimo*, do Fernando Pessoa, *ele mesmo*? Seríamos nós, então, todos originalmente "falsos"? Uma tal origem ilegítima seria então o verdadeiro conteúdo recalcado ou superado de nossa identidade, conteúdo evidenciado pelo inquietante da heteronímia?

Como chega o sujeito a construir para si uma crença em sua própria realidade material? Não uma crença na realidade material de seu próprio corpo, mas na realidade material de sua própria subjetividade. Qual operação psíquica faria o "eu" adquirir as qualidades de permanência a unicidade que pertencem à categoria dos objetos concretos do mundo exterior? Tal operação de constituição de uma realidade material do eu seria equivalente a uma cristalização temporal no presente, pois seria apenas por meio de uma tal operação que poderia permanecer em vigor a condição prévia para o inquietante da heteronímia, a saber, que a crença em nossa realidade material seja questionada por uma essência fictícia da subjetividade. Note-se que, em relação a tal produção intrapsíquica da realidade do sujeito, não será supérfluo acentuar que ela tem para nós o estatuto de uma dedução, e não de um postulado: se experimentamos um sentimento inquietante a partir da ficcionalização excessiva do eu pessoano, somos obrigados a supor em nós mesmos um questionamento (ou, antes, um *Urteilstreit*, segundo a noção de conflito que nos traz essa expressão) da apreensão de nosso eu como pertencente à realidade objetiva.

A ficcionalidade, o espaço transicional e a realidade da teoria analítica

Uma dúvida sobre a própria existência está no centro do inquietante produzido pela heteronímia. Esse inquietante nos ameaça de sermos *mera ficção*. A heteronímia é, por sua vez, um produto de ficção. Mas o que é a ficção para a psicanálise? Na abordagem de Freud sobre a metapsicologia da ficção, esta se constrói a partir do modelo do sonho como uma formação de compromisso. Freud trata a ficção oficialmente como um processo que tem lugar no interior do princípio do prazer ou, dito de outra forma, no jogo de equilíbrio entre o recalque de representações e o retorno dissimulado destas. Ora, essa posição "oficial" pode encobrir uma outra potencialidade da ficção, cuja expatriação da escritura freudiana é evidente. A noção de "ilusão" de Winnicott, contudo, parece explorar precisamente essa possibilidade recalcada da ficção na teorização freudiana. Em Winnicott, a ficção é uma condição de acesso ao princípio do prazer antes de se constituir como uma formação de compromisso. Winnicott aborda a ilusão como uma forma originária do psiquismo (Winnicott, 1971/1989, p. 11). Para que a criança seja pega na rede de representações, segundo a hipótese de Winnicott, é necessário que a realidade se mascare sob o disfarce de sua alucinação. Sem esse disfarce, a representação alucinada do seio não se tornaria jamais objeto de investimento, ocasionando um processo primário deficitário e, *a fortiori*, um processo secundário também problemático (ver o Capítulo 3). O espaço da ilusão se coloca, assim, como uma condição do desenvolvimento dos processos primário e secundário. Mas que relação tal hipótese teria com o inquietante da heteronímia?

As auto-observações pessoanas são infalivelmente ficcionalizantes, quer dizer, elas recusam tanto uma objetividade palpável do sujeito quanto uma idealidade transcendental deste. Ao examinarmos, por exemplo, suas auto-observações construídas a partir do vocabulário psicopatológico, vemos que elas se mantêm rigorosamente dentro dos limites impostos por uma abordagem metafórica da alma: as doenças são aqui utilizadas como modelos, paradigmas capazes de explicação devido ao seu poder "demonstrativo", e não "classificatório". Para Pessoa, as psicopatologias não são entidades, e sim paisagens. Na famosa carta de 13 de janeiro de 1935 a Adolfo Casais Monteiro, ele descreve assim o fenômeno dos heterônimos:

> *Começo pela parte psiquiátrica. A origem dos meus heterônimos é o fundo traço de histeria que existe em mim. Não sei se sou simplesmente histérico, ou se sou, mais propriamente, um histérico-neurastênico. Tendo para essa segunda hipótese, porque há em mim fenômenos de abulia que a histeria, propriamente dita, não enquadra no registro de seus sintomas. Seja como for, a origem mental de meus heterônimos está na minha tendência orgânica e constante para a despersonalização e para a simulação. Esses fenômenos – felizmente para mim e para os outros – mentalizaram-se em mim; quero dizer, não se manifestam em minha vida prática, exterior e de contato com os outros, fazem explosão para dentro e vivo-os eu a sós comigo. Se eu fosse mulher – na mulher os fenômenos histéricos rompem em ataques e coisas parecidas – cada poema de Álvaro de Campos (o mais histericamente histérico de mim) seria um alarde para a vizinhança. Mas sou homem – e nos homens a histeria assume principalmente aspectos mentais; assim tudo acaba em silêncio e poesia... (Pessoa, 1935a/1990, p. 95)*

Em rascunho dessa mesma carta, poderemos notar a extrema lucidez de Pessoa quanto à riqueza e aos limites impostos na utilização da nosologia psiquiátrica como método de exploração do psiquismo.

> *Não nego, porém – favoreço até –, a explicação psiquiátrica, mas deve compreender-se que toda atividade superior do espírito, porque é anormal, é também suscetível de interpretação psiquiátrica. Não me custa admitir que sou louco, mas exijo que compreenda que não sou louco diferentemente de Shakespeare, qualquer que seja o valor relativo dos produtos do lado são de nossa loucura. (Pessoa, 1935b/1990, p. 92)*

A auto-observação pertencente apenas à psicologia do eu foi desacreditada por Freud como um elemento capaz de desencadear o sentimento inquietante. E, mesmo assim, as auto-observações de Bernardo Soares parecem capazes de desencadear um sentimento intenso de *Unheimlichkeit*. Não seria devido ao fato de elas serem inutilizáveis para o suporte empírico da materialidade do sujeito? Bernardo Soares, o discípulo solitário do "sensacionismo", movimento literário fundado pelo heterônimo Álvaro de Campos, e que, diante do caráter fictício de todas as realidades, afirmava que a tarefa do artista era apenas transformar uma sensação em outra, sublinha explicitamente sua crença na impossibilidade de qualquer fundamento temporal referente à eternidade, destruindo na raiz as pretensões metafísicas da presença empírico-positivista:

> *Pertenço a uma geração – ou antes a uma parte dessa geração – que perdeu todo respeito pelo passado, e toda crença ou esperança no futuro. Vivemos por isso do presente com a gana e a fome de quem não tem outra casa. E como é nas nossas sensações, e sobretudo nos nossos sonhos, sensações inúteis apenas, que encontramos um presente, que não nos lembra nem o passado nem o futuro, sorrimos à nossa vida interior e nos de-*

sinteressamos, em uma sonolência altiva, da realidade quantitativa das coisas? (Pessoa, 1999, p. 469)

Soares se vê impossibilitado de lançar-se em qualquer projeto "útil", simplesmente porque a temporalidade na qual ele sobrevive é desprovida de futuro e de passado. Nessa temporalidade precária se torna impossível uma concepção moderna da subjetividade, uma concepção que a afirme como um projeto a se concretizar na realidade. Tal descrença impressiona por sua amplitude e parece conter um tipo de *relação íntima com a inexistência* que é explicitamente tocado por Freud apenas na noção de pulsão de morte, ainda que seja possível hoje "lê-la" a partir de diferentes acessos, como é aqui o caso da ficção.

Aqui está em jogo uma temporalidade particular. A presença, em Soares, não dá lugar a uma fundamentação metafísica do sujeito, mas representa, paralelamente a Heidegger em *Ser e tempo* (1927), o resultado de duas negações do tempo: a que vem do futuro (*Sein-zum-Tode*) e a que vem do passado (*Geworfenheit*). O tempo finito, nos dois autores, é o horizonte do Ser, já que é de sua negatividade que parte o limite da presença das coisas. Em relação a essa forma de presença, que Heidegger chama de "instante" (*Augenblick*), Soares acentua a impossibilidade de derivar dela objetivos suscetíveis de organizar nossos desejos e nossas ações. É no interior dessa ideia de inutilidade radical de toda existência que se destaca o que, para Soares, seria a experiência psíquica que pode nos afetar, a saber, a "sensação". Assim como os sonhos, as sensações valem para ele como fenômenos puramente estéticos e efêmeros, ou seja, como "simples sensações inúteis".

A abordagem ficcional do si mesmo constitui, nesse sentido, a diferença fundamental entre a pluralidade heteronímica e a pluralidade da personalidade múltipla, entre sua forma de inexistência e as queixas de ausência de órgãos na síndrome de Cotard. De fato, nessa síndrome, o paciente toma sua inexistência como uma verdade inquestionável, quando, na heteronímia, cada autor, inclusive Pessoa ortônimo, se toma como produto da ficção. A partir desta "posição de incerteza radical do Ser", a partir da ficcionalidade de tudo que atravessa a obra de Pessoa, é possível examinar a metapsicologia. De fato, é possível encontrar, entre os psicanalistas, tanto posicionamentos explicitamente metafísicos – algumas passagens da Psicologia do Eu – quanto reveladores de uma "ontologia negativa" fechada –, como nos casos de ritualização do passe entre lacanianos. O que impediria a metapsicologia de se tornar sistematicamente e, portanto, delirantemente fechada em seu acabamento metafísico ou em seu próprio inacabamento? O interesse no exame da obra pessoana está em podermos compreender melhor a ficcionalidade, a abertura entre a realidade e a ficção, como condição da teoria e, consequentemente, da clínica psicanalítica.

Nesse sentido, podemos nos perguntar se a própria situação analítica não seria também capaz de desencadear o mesmo efeito que a heteronímia. A ficcionalidade poderia ser considerada uma condição de possibilidade da instauração da situação analítica. Poderíamos, assim, considerar que a mesma modalidade do inquietante seria constitutiva tanto da heteronímia quanto da experiência clínica da psicanálise. Tanto a heteronímia pessoana quanto as noções freudianas a partir de *Além do princípio de prazer* (1920) privilegiam um ponto de vista de uma "eficácia do negativo" anterior às causalidades tanto da realidade quanto da imaginação. A noção de pulsão de morte se constitui assim como um conceito fundamental para a ficcionalidade da psicanálise: enquanto conceito de uma tendência do organismo de retorno ao estado que o nega como organismo, a pulsão de morte representa o único poder do psiquismo de liberdade diante da realidade como necessidade e do princípio do prazer como motor de realização de desejos. Assim, a psicanálise seria inquietante não somente por causa de sua familiaridade com a ficção, como assume ambivalentemente Freud, mas também por causa de sua familiaridade com a ficcionalidade, ou seja, com a abertura entre a ficção realizadora de desejos e a realidade.

Se a ficção é inquietante pelos conteúdos imaginários que esconde em seu interior, a ficcionalidade o é pelo desvelamento da ausência como origem do psiquismo e a consequente impossibilidade de uma certeza última da diferença entre ficção e realidade. A ficcionalidade tem a estrutura de uma abertura, em que a negatividade, isto é, uma ruptura no espaço, permite uma passagem (ver o Capítulo 2). Essas duas abordagens da ficção geram diferentes posições de escuta e, portanto, diferentes disposições na situação analítica: enquanto a ficção como formação de compromisso engaja o analista numa pesquisa estática do arqueólogo, a ficcionalidade como abertura lhe oferece o silêncio móvel da Gradiva (Freud, 1907, p. 9-85). Podemos então nos perguntar se as hesitações de Freud em explorar o mundo da ficção não se confundem com uma ameaça de outra natureza, mais próxima das hipóteses, qualificadas por ele como especulativas, do *Além do princípio de prazer*. Nesse caso, "O inquietante" poderia ser interpretado como um inquietante prefácio desse texto que viria a lançar os fundamentos da segunda teoria das pulsões e que, apesar de sua proximidade com as criações poéticas (Freud, 1938/1992, p. 12), permite-nos compreender fenômenos do discurso até então enigmáticos para Freud.

Não seria, assim, um mero acaso o retorno da figura do cientista/aventureiro precisamente no momento da apresentação do conceito de pulsão de morte no *Além do princípio de prazer*. Um cientista/aventureiro que deseja ser visto como neutro, e que, prevendo críticas, prepara o leitor para um inquietante encontro com a pulsão que, contrária à vida, será paradoxalmente responsável por todo e qualquer movimento vital. Freud, mais uma vez, se apresenta como aquele que persegue inocentemente uma ideia por vielas obscuras, inacessíveis à luz da ciência cotidiana:

> *seremos* tentados a perseguir, até suas últimas consequências, *a hipótese de que todas as pulsões querem reinstaurar o anterior. Apesar de seu resultado dar uma aparência de "profundo" ou de ter uma ressonância mística,* nós nos sabemos livres da crítica de haver visado algo de semelhante. *(Freud, 1920/1982, p. 247, grifos nossos)*

Referências

Bartucci, G. (1999). Psicanalítica freudiana, escritura borgeana: espaço de constituição de subjetividade. In: M. Cid, C. C. Montotto (Org.) *Borges Centenário*. São Paulo: Educ.

Bréchon, A. (1988). Note sur l'édition du Livre de l'intranquillité. In *Le Livre de l'intranquillité de Bernardo Soares* (Vol. 1). Paris: Christian Bourgois.

Celan, P. (1967/1975). Atemwende (Aschenglorie). In P. Celan, *Gedichte*. Frankfurt am Main: Suhrkamp Verlag.

Fédida, P. (1985). Passé anachronique et présent réminiscent. *L'Écrit du temps*, 10.

Foucault, M. (1966/1996). *Les mots et les choses. Une archéologie des sciences humaines*. Paris: Gallimard.

Freud, S. (1907/1982). Der Wahn und die Träume in W. Jensens' 'Gradiva', Studienausgabe Band X, *Bildende Kunst und Literatur*. Frankfurt am Main: Fischer Taschenbuch Verlag.

Freud, S. (1908). Der Dichter und das Phantasieren. Studienausgabe Band X, *Bildende Kunst und Literatur*. Frankfurt am Main: Fischer Taschenbuch Verlag.

Freud, S. (1911/1982). Formulierungen über die zwei Prinzipien des psychischen Geschehens. In: S. Freud, Studienausgabe Band III: *Psychologie des Unbewußten*. Frankfurt am Main: Fischer Taschenbuch Verlag.

Freud, S. (1912-1913/1982). Totem und Tabu Studienausgabe Band IX: *Fragen der Gesellschaft Ursprünge der Religion*. Frankfurt am Main: Fischer Taschenbuch Verlag.

Freud, S. (1919/1982). Das Unheimliche. In S. Freud, Studienausgabe Band IX: *Fragen der Gesellschaft, Ursprünge der Religion*. Frankfurt am Main: Fischer Taschenbuch Verlag.

Freud, S. (1920/1982). Jenseits des Lustprinzips. In S. Freud, Studienausgabe Band III: *Psychologie des Unbewußten*. Frankfurt am Main: Fischer Taschenbuch Verlag.

Freud, S. (1933/1982). Zur einer Weltanschauung, 1933, Vorlesung 35. In S. Freud, Studienausgabe Band I: *Vorlesungen zur Einführung in die Psychoanalyse und Neue Folge*. Frankfurt am Main: Fischer Taschenbuch Verlag.

Freud, S. (1938/1992). Abriβ der Psychanalyse. In S. Freud, *Studienausgabe*. Frankfurt am Main: Fischer Taschenbuch Verlag.

Gil, J. (1988). *Fernando Pessoa ou la métaphysique des sensations*. Paris: Editions de la Différence.

Heidegger, M. (1927/1979). *Sein und Zeit*. Tübingen: Max Niemeyer Verlag.

Hoffmann, E. T. A. (1816/2010). *O homem da areia*. São Paulo: Rocco.

Hommel, S. (1993). A propos de das Unheimliche. In *L'histoire du sujet dans l'histoire du siècle. Lectures de textes, lectures de cures avec Freud et Lacan*. Tours: Editions Soleil Carré.

Kon, N. M. (1996). *Freud e seu duplo. Reflexões entre arte e psicanálise*. São Paulo: Edusp.

Lourenço, E. (1986/1988). Fernando Pessoa ou le non-amour. In E. Lourenço, *Fernando Pessoa, Roi de Notre Bavière*. Garamont: Librarie Séguier.

Møller, L. (1991). *The freudian reading: analytical and fictional constructions*. Philadelphia: University of Pennsilvania Press.

Oxford Advanced Learner's Dictionary (2010). Oxford: Oxford University Press.

Pessoa, F. (1924/1995). *Poesias* (15. ed.). Lisboa: Ática, 1995.

Pessoa, F. (1928/1986). Quadro bibliográfico. In F. Pessoa, *Obra poética em prosa* (Vol. III). Porto: Lello & Irmãos.

Pessoa, F. (1935a/1990). Carta a Adolfo Casais Monteiro de 13 de janeiro de 1935. In F. Pessoa, *Obra em prosa*. Rio de Janeiro: Nova Aguilar.

Pessoa, Fernando. (1935b/1990). Rascunho da carta a Adolfo Casais Monteiro. In F. Pessoa, *Obra em prosa*. Rio de Janeiro: Nova Aguilar.

Pessoa, F. (1990). *Obra em prosa*. Rio de Janeiro, Nova Aguilar.

Pessoa, F. (1999). *O livro do desassossego. Composto por Bernardo Soares, ajudante de guarda-livros na cidade de Lisboa* (Richard Zenith, org.). São Paulo: Companhia das Letras.

Pessoa, F. (2002). *The book of disquiet*. New York: Penguin Classics.

Pessoa, F. (2006). *Das Buch der Unruhe des Hilfsbuchhalters Bernardo Soares.* Frankfurt-am-Main: Fischer Taschenbuch.

Schneider, M. (1984). Personne. *Nouvelle Revue de Psychanalyse,* 30.

Wahrig Deutsches Wörterbuch (1997). Gütersloh: Bertelsmann Lexikon Verlag.

Winnicott, D. (1971/1989). *Playing and reality.* London: Tavistock.

9. Fernando Pessoa, sofística e psicanálise: o inquietante como sintoma da cisão entre ciência e literatura

No Capítulo 8, apresentei a hipótese de que o *inquietante* (*das Unheimliche*) desencadeado pela heteronímia pode ser considerado como homólogo à situação psicanalítica. Diferentemente de uma relação de analogia, a homologia implica que seus elementos tenham uma mesma origem, um mesmo *antepassado*. A hipótese de uma homologia entre a heteronímia e a situação analítica visava ali examinar as condições de possibilidade e a estrutura da suspensão do juízo de realidade comum a ambas. Em Fernando Pessoa, tal suspensão da realidade se encarna na incerteza avassaladora quanto à própria subjetividade como entidade real. Ao ler sua obra, a incômoda possibilidade de revelação de um fundo igualmente ilusório de nossa subjetividade nos ameaça sorrateiramente. Pertenceríamos na verdade ao domínio da ficção? A obra de Fernando Pessoa nos revela a todos, com efeito, como igualmente ameaçados pelo retorno de uma ficção. Vimos também que a leitura freudiana da experiência do inquietante deixa de lado essa ameaça de uma ficção hiperbólica. E, contudo, traços de sua escrita indicam que essa era uma ameaça presente neste texto e também no *Além do princípio de prazer*. Cabe, contudo, perguntar a razão pela qual essa coincidência indicaria também uma homologia, pois, para além de uma coincidência na forma de experiências sofridas em dois campos diferentes da cultura, a saber, a literatura e a psicanálise, nada indica que elas teriam uma raiz comum e que teriam sido, no passado, parte de uma mesma família.

É pertinente agora, a título de conclusão deste livro, recuperar essa origem comum do ponto de vista histórico. Em outras palavras, cabe retornar ao momento da cultura em que essa comunidade supostamente ocorreu e, portanto, tangenciar melhor as determinações culturais do que está em jogo na experiência de inquietante provocada pela obra de Pessoa. Tal recuo permitirá igualmente compreender melhor a contradição de uma experiência simultaneamente (re)negada por Freud e inseparável de sua obra.

De fato, se essa origem comum é o que permite o diálogo entre Pessoa e a psicanálise, sinais desse parentesco não são exatamente bem-vindos por Freud, o que exigiu que ela fosse demonstrada. No capítulo anterior, o caminho utilizado para essa demonstração pode ser pensado como uma perspectiva clínica, na medida em que isola e segue a pista de um sintoma, a saber, a presença do inquietante no encontro de Freud com a ficção literária. Nesse caso, a familiaridade pode ser deduzida a partir do inquietante como um retorno do recalcado. Essa perspectiva clínica indicou o parentesco da psicanálise com a literatura – assim como o interesse no seu esquecimento – como um parentesco inscrito na própria estrutura conceitual da metapsicologia. Além disso, o fenômeno de inquietante da heteronímia permitiu distinguir, como se retomará a seguir, dois diferentes tipos de conflito da metapsicologia com a ficção.

Trata-se agora de seguir um outro caminho, este pertencente à história da filosofia, e voltar particularmente àquela bifurcação que deverá opor doravante a filosofia ao discurso sofístico. Essa separação deu origem à ciência, por um lado, e à literatura, por outro. Assim, a partir da perspectiva histórica da oposição entre sofística e filosofia e, consequentemente, entre literatura e ciência, a inquietante familiaridade entre a obra de Pessoa e aquela de Freud pode ser pensada como sintoma de uma oposição muito mais antiga entre diferentes regimes discursivos.

De fato, o diálogo da obra de Pessoa com a psicanálise é extremamente fecundo a partir da perspectiva histórica do parentesco, pois traz à tona uma longa série de oposições com efeitos perenes na cultura. Uma mesma estrutura de problemas permite, além disso, que a análise comparativa entre ambas seja feita com alguma simplicidade. Com efeito, tal como a metapsicologia, a heteronímia é simultaneamente uma *antropologia filosófica* e uma *filosofia da história*, isto é, simultaneamente uma *teoria do sujeito* e uma *teoria da história* (Silva Junior & Gaspard, 2016). Temos, pois, uma coincidência de eixos categoriais nos dois discursos em jogo, coincidência que parece permitir o diálogo, mas carecemos ainda do quadro geral no qual esse diálogo pode se dar, isto é, *do contexto do diálogo*. Ou melhor, não temos um quadro histórico que inclua a filosofia da história tanto de Pessoa como de Freud, nos permitindo assim compreender a homologia entre ambos. Com efeito, se Pessoa pensa sua antropologia filosófica e sua filosofia da história no espaço discursivo da literatura, no caso da metapsicologia freudiana, isso se dá no espaço da ciência e, mais especificamente, naquele das ciências naturais. Mas essa diferença entre os respectivos espaços discursivos precisa ser compreendida na história da separação entre o discurso filosófico e o sofístico anteriormente mencionada, caso contrário, não há por que falar em homologia.

De fato, uma leitura das relações históricas da psicanálise com a literatura não pode ser feita sem uma contextualização mais ampla, que torne possível a compreensão dos lugares de cada um dos interlocutores deste inquietante diálogo. Contudo, não esteve claro desde o início para mim em qual contexto isso poderia ser feito. Em meu trabalho de doutoramento,[1] busquei realizar essa contextualização a partir de *Ser e tempo* de Heidegger (1927/1979), em vista de sua crítica radical à metafísica como uma *história do esquecimento do Ser*. Entretanto, tal escolha possuía um déficit conceitual capaz de impedir a compreensão do parentesco entre literatura e filosofia, assim como de sua progressiva distinção. Como veremos logo mais, tais limitações resultam da posição da filosofia heideggeriana que afirma a precedência do *Ser* ao *Logos* e que é, nesse sentido, se não oposta, pelo menos incompatível com a discursividade sofística. Ora, o cerne da inquietante familiaridade entre Fernando Pessoa e Freud diz respeito precisamente à possibilidade da precedência do *Logos* em relação ao *Ser*. Assim, diante do fenômeno do inquietante e sua potência crítica neste diálogo entre Fernando Pessoa e Freud, fica clara a insuficiência conceitual de uma análise histórica a partir da filosofia heideggeriana.

Essa crítica ao pensamento de Heidegger foi feita por Barbara Cassin em *L'effet Sophistique* (Cassin, 1995, pp. 100-117), posteriormente retomada em *Jacques le Sophiste* (Cassin, 1995) e *Il n'y a pas de rapport sexuel* (Cassin, 2010), em que ela resgata a proximidade da obra lacaniana com o discurso sofístico e, simultaneamente, relocaliza a discursividade da psicanálise em uma história do pensamento cujo ponto de inflexão se dá na separação e oposição entre sofística e filosofia. Propostas que tornaram claro que o quiasma entre a heteronímia e a metapsicologia freudiana se localizava em um momento diferente daquele do desvio metafísico interior ao pensamento filosófico, principal foco da crítica

---

[1] Tese realizada na Université Denis Diderot Paris VII, sob orientação de Pierre Fédida, e posteriormente publicada pelas Presses Universitaires du Septentrion (Silva Junior, 1999b).

heideggeriana. Evidentemente, o sentido histórico do quiasma não poderia ser compreendido pela filosofia da história de *Ser e tempo*. A partir da releitura de Barbara Cassin, foi possível compreender que a origem comum da psicanálise com a literatura e, mais especificamente, seu parentesco com a heteronímia diziam respeito ao que ambas compartilham com a sofística, a saber, a possibilidade de uma precedência do *Logos* em relação ao *Ser*.

Ora, na reconstrução histórica desta helenista, a sofística foi construída como um outro da filosofia pela própria filosofia. Essa construção selou um destino para o discurso sofístico como uma forma ilegítima do saber, ao mesmo tempo que possibilitou a constituição do discurso filosófico como legítimo. Veículo oficial da filosofia respeitável, o *Vocabulaire technique et critique de la philosophie*, de Lalande, define a sofística seja como momento histórico do pensamento, seja na chave da falha intelectual seja na da falta moral: a) conjunto de doutrinas ou, mais especificamente, atitude intelectual comum dos principais sofistas gregos (Protágoras, Górgias, Pródico, Hípias etc.); e b) *se diz de uma filosofia de raciocínio verbal, sem solidez e sem seriedade* (Lalande, 1926/1972, p. 1011). Em sua história oficial, nessa expulsão do dizer sofístico para um *não lugar*, um *fora*, ao eleger o sofista como *seu outro*, a filosofia também se constitui como tal: a partir daí, o sofista é considerado como um não filósofo, e o filósofo como um não sofista. Em outras palavras, a filosofia define a si própria como legítima e a sofística como ilegítima. Mas, tal como todas as histórias oficiais, esta possui também uma função de lembrança encobridora. Problema que pode ser, se não solucionado, pelo menos revelado com uma "história sofística da filosofia", ou, ao modo de Walter Benjamin, "com uma história contada pelo ponto de vista da puta" (citado por Cassin, 2014, p. 12). Dito de modo mais preciso, ao se contar a história do ponto de vista daquele que foi vencido e cuja palavra não goza de respeito, trata-se de revelar o fato de um *recalque do dizer sofístico* pela filosofia. Tal recalque ocorre sob a forma de um ato de desautorização, o que não é anódino, pois é importante notar que, *ao desautorizar uma forma do dizer*, a própria filosofia se constitui *único dizer legítimo*.

Tal recalcamento não é evidente. Para trazê-lo à tona, Barbara Cassin (2014) retoma a proposição do Princípio de Não Contradição por Aristóteles, e demonstra que esta não se dá por meros recursos lógicos, o que seria impossível, mas por um *ato de banimento* (p. 65). Impossível, pois o Princípio de Não Contradição é tomado pelo filósofo como "o princípio dos princípios" e, portanto, como *princípio sem demonstração*. Mas, para Aristóteles, esse princípio primeiro *precisa também ser irrefutável*, na medida em que ele serviria como garantia de todo dizer com sentido. Demonstrar esse princípio sem o qual nada poderia ser dito sem antecipá-lo na argumentação seria evidentemente inviável. Diante desse beco sem saída da argumentação filosófica, Aristóteles concebe um estratagema em forma de drama ou diálogo imaginário entre aquele que defende e aquele que refutaria tal princípio. Ora, o sofista é ali descrito como aquele que fala por/para falar, e, nessa medida, falaria sem respeitar a exigência do sentido, e é para ele que Aristóteles monta sua armadilha:

> *Podemos demonstrar por refutação, mesmo a esse propósito, que existe impossibilidade [que o mesmo seja e não seja], desde que apenas o adversário diga alguma coisa; e, se ele não diz nada, é ridículo procurar o que dizer em resposta àquele que não tem um discurso sobre nada, na medida em que, deste modo, ele não tem nenhum discurso;* pois um homem, na medida em que ele for assim, é semelhante a uma planta. . . . E se alguém aceita significar, haverá demonstração: *a par-*

> tir deste momento haverá algo determinado. Mas o responsável não é aquele que demonstra, mas aquele que faz o ataque: pois, destruindo um discurso, ele sustenta um discurso. (Aristóteles, Metafísica, 4, 1006a 11-26, citado por Cassin, 1997, grifo nosso)

Note-se em primeiro lugar a sagacidade do filósofo: não se pode comprovar um princípio dos princípios, ele pode ser aceito ou recusado, mas não demonstrado como fundamentado em um princípio mais sólido, o que seria uma contradição. Convida-se assim o opositor do princípio primeiro a que ele o refute. Está armada a cilada! Pois qualquer refutação coloca o falante na modalidade argumentativa que ele supostamente quer provar não ser a única legítima, obrigando-o a utilizar em sua fala o mesmo princípio que visa refutar. A opção seria não falar nada, mas, nesse caso, pode ser considerado como uma planta, ou falar sem utilizar o Princípio de Não Contradição, e não dizer coisa com coisa. Neste último caso, o sofista pode ser acusado de dois tipos de falhas no dizer. A primeira, que deriva diretamente do Princípio de Não Contradição, é a do falar sem sentido, pois o que está em jogo é a incoerência do dizer consigo mesmo. Não se pode ao mesmo tempo afirmar e negar a existência de alguma coisa, ou de uma qualidade desta. Para o filósofo, para falar com sentido é preciso uma sujeição ao Princípio de Não Contradição, isto é, cada palavra deve ter um e um só sentido, coisa que os sofistas não fazem.

Mas, para além dessa regra de inclusão compulsória no dizer com sentido, a elaboração do Princípio de Não Contradição organiza também uma separação inédita em sua época: aquela entre o falar com sentido e o falar a verdade. Se até Platão o sentido era indissociável da verdade, a partir de Aristóteles é possível falar com sentido de coisas que não existem e, assim, falar com sentido, mas sem verdade. De fato, a noção aristotélica de verdade é aquela de uma adequação entre as palavras e as coisas, ou seja, depende de dois fatores em jogo a uma só vez: falar com sentido (1) e falar de coisas que existem independentemente da fala (2). A ciência seria, para o filósofo, um caso ainda mais rigoroso desse modo de dizer a verdade, pois ela visa poder falar com sentido necessário do que existe. Por isso, a linguagem da ciência é a Lógica, mas a validade de suas conclusões está condicionada aos fenômenos do mundo (cf. Silva Junior, 2007, pp. 22-37).

Ora, paralelamente à forma filosófica da verdade, e de sua derivação rigorosa na ciência, Aristóteles descreve uma outra modalidade aceitável de discurso: a tragédia. Trata-se, nesse caso, de um discurso sobre ações humanas, ações que possuem sentido, mas que podem não existir. De fato, a tragédia conta fatos verossimilhantes, possíveis, mas nem sempre necessários. Note-se, contudo, que a verdade, ainda nesse caso, vale como um elemento de valoração, pois, para Aristóteles, nas boas tragédias o encadeamento dos fatos se dá por uma necessidade interna, como é o caso de Édipo Rei, por ele tomado como um paradigma em sua análise na *Poética* (Aristóteles, 2015). O critério da necessidade lógica ocupa um lugar privilegiado em sua filosofia. É fundamental a ponto de fundar, para Aristóteles, uma hierarquia dos discursos:

> *a tarefa do poeta não é dizer o real, mas [dizer] como o real, a saber [dizer] o possível segundo o verossímil ou o necessário . . . é por isso que a poesia é mais filosófica e mais nobre que a história.* (Aristóteles, citado por Cassin, 1995, p. 339)

Com efeito, segundo Barbara Cassin (1995), para o filósofo,

> *o real, as coisas tais como elas são e os eventos tais como eles ocorreram* (ta gignomena, *que, nesse ponto, poderíamos traduzir por "a denotação"), é "menos filosófico", ou seja, tem uma relação menor com a verdade e sua busca que o verossímil. Assim, e nunca é o bastante observá-lo, o verossímil está, na Poética, apoiado sobre o necessário.* (p. 339)

O historiador, em vista da natureza de seu objeto de trabalho, estaria fadado a falar do contingente, não do necessário. Já o poeta não está obrigado ao contingente, mas, ainda que seja mais nobre que o historiador, o é menos que o filósofo e o cientista, pois não fala sempre do que existe de modo necessário, apenas do que *pode* ou *parece existir*. Falar do que não existe como se existisse é um problema para Aristóteles, pois, se essa modalidade do dizer constitui a tragédia, ela é também utilizada pelo sofista, mas com outros propósitos. A diferença está na finalidade dos dois usos. De fato, diferentemente de Platão, Aristóteles defende a tragédia como uma prática terapêutica da política (ver o Capítulo 1). E, contudo, a tragédia, enquanto forma literária submetida a regras extremamente rigorosas na cidade grega, não se confundia com aquele da deliberação política. Mas o caso dos sofistas é outro, pois estes não deixam claro desde o início que estão falando sobre coisas que apenas *podem existir*, e são especialistas na arte de confundir o interlocutor precisamente nos limites dessa fronteira. Sua prática não tem finalidades terapêuticas sobre a razão como a tragédia, deixando-a trabalhar de modo mais livre das emoções. Pelo contrário, confundem a razão, criam falsos raciocínios em vista de interesses particulares e, nesse sentido, são uma ameaça à *polis,* pois objetivam apenas o *efeito da palavra no interlocutor* e, particularmente, aquele da persuasão.

Com efeito, além da acusação de falar sem sentido feita aos sofistas, Aristóteles os acusava também de falar com sentido, mas sobre coisas inexistentes. Essa é a segunda falha no discurso destes últimos. É esta a origem da conhecida figura do "bode-cervo", exemplo frequente de Aristóteles, ao lado daquele da *Esfíngie*, para toda e qualquer quimera, seres imaginados mas inexistentes, e que, não obstante, podem ser objeto de discursos perfeitamente coerentes, uma vez que obedecem à regra do sentido biunívoco, em que a cada palavra apenas um e um só sentido deve ser dado. Estamos diante de discursos que fazem sentido, porém sem consideração pela verdade, isto é, que não dão importância à existência real dos seus referentes no mundo. A crítica de Aristóteles diz respeito, portanto, igualmente ao campo da referência: o sofista é aquele cuja palavra é sem referente, falha que o designa como *falso filósofo*. O reconhecimento é, assim, negado à sofística e às outras práticas discursivas em que a palavra discorre sem comprometimento com o referente.

Este ponto é importante, pois mostra que a possibilidade de uma fala verdadeira depende, na concepção aristotélica, não apenas de uma adequação, mas também de uma anterioridade do Ser ao *Logos*. Essa anterioridade marca uma terceira oposição de Aristóteles à sofística, aquela da precedência a dar à palavra ou à coisa em suas relações mútuas, pois, de fato, em algumas situações do discurso sofístico não se trata exatamente de uma palavra "sem referente", e sim de uma posição ainda mais "escandalosa" em que a *palavra é pensada e utilizada como causa do Ser*, e o Ser como mero *efeito* da palavra. Barbara Cassin explicita esse ponto a partir de sua análise do discurso de Górgias, que, por sua vez, faz uma análise crítica do Poema de Parmênides. A questão interessa porque no Poema está presente uma tese fundamental da filosofia: "o Ser é, o não Ser não é". Precisamente a sutil transformação do verbo "ser" em um substantivo, "Ser", é o objeto da crítica de Górgias:

> *Górgias, ao comentar o uso do termo "ser" em Parmênides, manifesta como o Poema é, ele também e antes de mais nada, quer ele o saiba, o queira ou não,* uma performance discursiva: *longe de ter a missão de dizer uma doação originária, algum "é" ou "há", ele simplesmente produz seu objeto, inclusive na e pela sintaxe de suas frases. O ser, de maneira radicalmente crítica com relação à ontologia, não é aquilo que a palavra revela, mas aquilo que o discurso cria, "efeito" do Poema [de Parmênides], assim como o herói "Ulisses" é um efeito da Odisseia.* (Cassin, 1995, p. 13)

A crítica de Górgias é no mínimo interessante para quem foi acusado de ser um dos grandes mestres da fabricação de falsos raciocínios. Ele critica Parmênides por construir substantivo *Ser* a partir de manipulações sintáticas com o verbo *ser*, ou seja, criar um "bode-cervo". Nesse sentido, o primeiro filósofo do Ser é também o sofista mais competente de todos, na medida em que instaura uma fronteira discursiva que doravante desautorizará a todos os que a ultrapassarem. Temos nesta fronteira estabelecida por Parmênides, para além de um rechaço do dizer sem sentido, para além de um desprezo pela palavra sem referente, uma oposição mais radical e definitiva da filosofia com relação à sofística, a saber, aquela contra o poder demiúrgico da palavra, isto é, a pretensão sofística a conjurar coisas e a produzir a realidade com meras palavras.

O aspecto imaginário ficcional e demiúrgico da sofística pode sobreviver enquanto literatura apenas a partir da defesa da tragédia na *Poética* como um discurso sem referentes, mas com utilidade pública (ver o Capítulo 1). Tal como uma espécie de "reserva natural", a literatura passará a ser tolerada e eventualmente protegida no mundo legítimo da razão como um lugar de desrazão, lugar capaz de fasciná-la e fazê-la se perder, enfim, lugar sobretudo mantido a uma distância vigiada da filosofia e da ciência. Mas a literatura, é, nesse sentido, também um lugar de risco, pois é o lugar da palavra com sentido mas sem referente e, portanto, dotada de uma potência incontrolável: aquela de criar realidades a partir do nada.

A ambivalência da cultura moderna com a literatura, segundo esse ponto de vista, é tributária de uma longa história de oposição radical entre o *Logos* e o *Ser* no que diz respeito à questão da precedência. Por um lado, essa precedência define e organiza o dizer filosófico como dizer verdadeiro e, portanto, como possuidor das condições do saber legítimo. Posse esta que mantém a literatura bem vigiada no lugar oficial das irrealidades ilusórias e inócuas. Por outro, essa posse se vê constantemente ameaçada pela literatura, que já não aparece como tão ilusória ou inócua, e sim perigosa, na medida em que fala e sugere a precedência da palavra à coisa, e que, portanto, ainda que não pense sistematicamente o *Ser* como um efeito da palavra, utiliza francamente essa possibilidade em suas criações. A literatura está, assim, marcada por uma ambiguidade fundamental na cultura ocidental, aquela entre a mera diversão sem consequências e aquela de uma potência perigosa para o mundo. Na perspectiva clínica deste trabalho (ver o Capítulo 8), coube localizar esse aspecto perigoso da literatura no texto de Freud. Com efeito, uma série de elementos assinalam que, em seu texto, o estatuto da literatura passa de anódino para aquele de um risco à ciência.

O espaço discursivo oficial que delimita a literatura como reserva natural é, como já dito, aquele da fala legítima, simultaneamente fundado *pela* e fundante *da* Filosofia. Para que ele funcione, o Ser deve ser pensado como anterior ao Logos, o que faz com que a linguagem "diga" a verdade apenas na medida em que espelhe, que se adeque às coisas. Nessa posição de anterioridade do Ser à palavra, a linguagem é concebida numa relação de exterioridade ao Ser. Ainda que seja possível um *espelhamento indireto* das coisas pelas palavras, por meio da representação, entre as palavras e as coisas haveria um hiato intransponível. Descartes e Kant estruturaram solidamente esta posição do que será chamado como *filosofia da representação*. Mesmo Heidegger, não obstante sua corrosiva obra de desconstrução da metafísica, concebe igualmente uma anterioridade do *Ser* à palavra, na qual o *Ser* se mostra e a palavra o diz. No item dedicado ao *conceito do Logos* de *Ser e tempo* (Heidegger, 1927/1979, pp. 32-34), ele comenta a concepção de Aristóteles sobre o *Logos* deixando clara sua posição sobre a precedência do *ente* a todo *discurso sobre o ente*. De fato, a linguagem verdadeira é explicitamente pensada por Heidegger como *apofântica*, como *mostrando com o discurso* aquilo que *se mostra*, ou seja, *a partir* (apo-) daquilo que *se mostra* (fânsis-, donde temos o mesmo prefixo presente em *fenômeno*) e que, portanto, é precedida por este.[2] Em Heidegger:

---

2   Ora, esta crítica a Heidegger poderia ser contestada a partir da chamada "virada" dos anos 1930 em seu pensamento, quando esta precedência é aparentemente atenuada. Nesse momento, Heidegger passa a pensar que o Ser e o Logos se definiriam por uma relação de copertença no pensamento pré-socrático. Segundo Heidegger, essa aurora do pensamento ocidental estaria presente particularmente no Poema de Parmênides, em que o ser, o dizer e o pensar seriam copertencentes (Heidegger, 1957/1990). Essa segunda interpretação poderia, em princípio, ser aproximada do poder demiúrgico da palavra sofística. Contudo, uma vez que todo dizer o Ser se funda em um escutar aquilo que é doado como Ser – tal é a missão dos poetas, segundo Heidegger, escutar o Ser já nos seus primeiros vagidos –, a precedência continua sendo dada ao Ser sobre a palavra. Não há ainda "intradução" do mundo – para usar o neologismo de Augusto de Campos (Santoro, 2014) –, ou seja, uma produção deste como efeito da palavra. Assim, nem a desconstrução heideggerianna da metafísica nem sua *virada para o poético* podem capturar o elemento indomesticável que se move na palavra sofística, na medida em que esta parte da precedência do *Logos* ao *Ser*.

> *No discurso (apophansis), sob a condição dele ser autêntico, aquilo que se diz se tira daquilo de que se fala, [eis porque] fenomenologia significa apophanestai ta phainomena – fazer ver aquilo que se mostra, de modo que, a partir de si próprio, aquilo se mostre. (Heidegger, citado por Cassin, 2004, p. 12)*

Não há aqui qualquer desavença com Aristóteles, para quem a *apodeixis*, isto é, mostrar (*deixis*) a partir de (*apo*), é a relação natural entre a palavra e a coisa: "no discurso apofântico, na medida em que ele é genuíno, *o que* é dito é retirado *daquilo* a respeito do que o discurso trata" (Aristóteles, *De Interpretatione*, citado por Cassin, 2004, p. 12). Ora, na filosofia grega, um outro termo, *Epideixis*, era utilizado

> *para caracterizar o discurso sofístico de Platão a Filóstrato (Vida dos sofistas). Em Platão (Hípias maior 282ª e 286ª. E Hípias menor 363c), o discurso sofístico é um discurso contínuo, em contraste com o diálogo heurístico, baseado na alternância entre pergunta e resposta, utilizado por Sócrates. (Cassin, 2004, p. 11)*

O termo *epideixis*, traduzido em geral por demonstração, elogio, se compõe de duas partes: *epi* – na frente de, indicando a necessidade de que aquele que faz essa demonstração esteja na frente do público – e *deixis* – mostrar, designar sem palavras, com o indicador (p. 11). O orador realiza uma performance discursiva diante de seu público, aproveitando o *momento*, a *ocasião* (*kairós*), de modo a revelar a potência do discurso como tal.

A eficácia retórica da *epideixis* é, portanto, de ordem política. Diferente da eficácia de outros saberes, como aquele sobre a natureza, seu âmbito privilegiado é a cultura:

> *o discurso, e não o fenômeno, faz a alma sofrer:* "sob o efeito do discurso, a alma sofre uma paixão peculiar a ela". (Gorgias). *O discurso produz o fenômeno:* "não é o discurso que indica o fora, mas o fora que vem revelar o discurso" (G. Tratado do não ser). *Gorgias, em seu "jogo" de recriar uma Helena que é ora inocente ora culpada das infelicidades da Grécia, deixa claro que a* epideixis *envolve mover-se não do Ser para uma fala sobre o Ser, como na Ontologia, mas antes disso, em um modo logológico, da fala para seu efeito. (Cassin, 2004, p. 12)*

Seria, portanto, uma simplificação reduzir a *epideixis* a mera arte da manipulação, uma vez que o que está a cada vez em jogo é o poder das palavras como tais, e não apenas ou simplesmente como instrumento do orador. Assim, no discurso sofístico ocorre uma alteração dos interlocutores a partir do discurso, tanto do emissor como do receptor. Nesse sentido, o discurso da *epideixis* se opõe ao discurso da *apodeixis* e *apofântico*, que fala *a partir de*, de uma maneira mais radical que uma releitura moderna permite conceber à primeira vista. De fato, como escreve Barbara Cassin (2004),

> *É pela oposição com a* apodeixis, *a qual define, com o regime do discurso aristotélico, a relação "natural" entre a palavra e a coisa, que podemos compreender a* força filosoficamente perturbadora *da* epideixis. *Opõem-se não apenas duas modalidades discursivas,*

mas também dois modelos de mundo: um modelo físico, em que se trata de determinar os princípios da natureza graças a demonstrações conformes ao seu desdobramento, com a verdade como desvelamento e correspondência; e um modelo cultural e político, em que se trata de performar, ocasião após ocasião, valores comuns permitindo a criação contínua de um consenso que constitui toda a unidade da cidade. (p. 14).[3]

A palavra psicanalítica e seu poder demiúrgico

Como vimos, uma inegável ambivalência envolve a literatura na cultura ocidental. Mas essa ambivalência não concerne apenas

---

[3] É nesse sentido político que cabe mencionar aqui a importância de John Langshaw Austin. O grande linguista norte-americano foi, sem dúvida, quem recuperou esse aspecto do discurso de modo conceitual mais seriamente na filosofia contemporânea a partir de seus estudos sobre o estatuto das falas performativas (*performative utterances*). Com o conceito de *atos de fala*, expressão na verdade proposta por seu discípulo John Searle (*speech acts*), Austin (1962) instaura um novo campo em que a linguagem, a ação e a intenção configuram um novo sistema a partir do segundo *Linguistic turn* na filosofia analítica, e rompendo claramente com a norma aristotélica que limitava a linguagem à sua função descritiva e a verdade a uma adequação ao fenômeno. Assim uma nova dignidade da fala *enquanto* tal, e não sempre *subjugada à sua função descritiva*, pode ser recuperada no cenário político. Hoje, o campo da cultura no qual a questão da precedência entre a Palavra e o Ser tem se colocado de modo mais contundentemente política é a discussão sobre gênero a partir da teoria de Judith Butler (1990/2015): "Consideremos o gênero, por exemplo, como um estilo corporal, um *ato*, por assim dizer que tanto é intencional quanto performativo, em que *performativo* sugere uma construção dramática e contingente do sentido" (p. 240). Nesse sentido, o *abjeto*, na teoria de Butler, tem uma função análoga à que o inquietante possui no diálogo entre Fernando Pessoa e Freud. Ambos são fenômenos correlatos de perturbações no sistema de crenças da realidade como um todo.

a ela. A psicanálise nasceu imersa em tal ambivalência para seu próprio criador, pois, malgrado os esforços de Freud em marcar seu lugar como uma ciência natural, ainda que incipiente, sua ciência sempre lhe pareceu próxima demais da literatura. Resulta disso uma complexa inserção da psicanálise na ambivalência histórica da ciência com a literatura, pois ela ocupa simultaneamente a posição de vítima e de autora desse rechaço. Contradição que posiciona a psicanálise freudiana como um *sintoma* dessa história de recalcamento do dizer sofístico: *solução de compromisso*, essa posição simultaneamente reforça e escapa, corrobora e denuncia o ato de recalcamento em um só corpo teórico.

De fato, tal ambivalência diante da familiaridade com a literatura pode ser encontrada no texto e no pensamento freudiano com relativa facilidade (Kon, 1996; Møller, 1991). Há em seus escritos uma insistente reivindicação do estatuto de ciência para a psicanálise. Para seu criador, a psicanálise não é absolutamente da ordem de uma ficção. Ela fala de coisas que existem de fato, independentes de nossas fantasias, e não é "um conto de fadas científico", acusação feita por Kraft-Ebing quando Freud apresentou um caso de histeria masculina e sua teoria de conversão à comunidade médica de Viena. Até o final de seus dias, a *Weltanschauung* psicanalítica será defendida com vigor por Freud como incluída naquela da ciência. Com efeito, a adesão de Freud a uma *Weltanschauung* científico--naturalista é explícita (Freud, 1933/1982; Askofaré, 2013).

Freud vai, contudo, além dessa declaração de inclusão, e elabora, nessa conferência, uma metapsicologia da *Weltanschauung* científica a partir de sua economia libidinal. Em seu método comparativo de argumentação, Freud diferencia a ciência da religião e da arte a partir de sua relação com as aspirações infantis de proteção, saber e orientação moral. Nessa comparação, a *visão de mundo* da ciência renunciaria à ideia de um saber absoluto, o que implica uma renúncia à satisfação do desejo de fusão última entre a palavra e a coisa, ou de fidelidade especular absoluta entre o modelo e seu objeto. Já a visão de mundo da religião não abriria mão dessa ilusão de saber absoluto e da suposição de um Deus ou entidade suprema que velaria soberanamente sobre os seres humanos e seus atos. Eis, para Freud, a dignidade da ciência, quando comparada com a facilidade e com o imediatismo com os quais os sujeitos se entregam aos discursos da religião. A arte seria um caso à parte, pois não estaria interessada em conhecer a realidade, apenas em obter um *quantum* de prazer adiando as frustrações ou atenuando os confrontos com ela. Estranho menosprezo para um autor que cita mais os clássicos da literatura em suas pesquisas do que outros cientistas.

Contudo, a vocação especulativa sempre foi um caminho tentador para o pensamento de Freud, ao que devemos certamente algumas das hipóteses mais fecundas da psicanálise, senão ela própria como um todo. A lucidez que Freud tinha dos limites do pensamento racional e científico permitiam a ele momentos de ousadia e/ou ironia que geraram muitos equívocos e que deram muito trabalho aos seus leitores futuros.

Ora, se levarmos em conta a *história da filosofia e da ciência contada pelo ponto de vista da puta, isto é, da sofística*, a ambivalência de Freud com a literatura possui origens muito mais remotas, que se originam para muito além das contradições desse genial cientista e de seu século. De fato, é possível demonstrar em seu pensamento não somente a presença da literatura e da imaginação especulativa como um guia intuitivo para posteriores verificações rigorosas, como também a presença de um elemento ainda mais radical do que as fantasias literárias, a saber, a presença de uma herança incontestavelmente sofística, aquela de um poder demiúrgico das palavras e suas complexas relações entre o Ser e o Logos.

Comecemos o resgate de uma potência demiúrgica na palavra psicanalítica a partir da clínica de Freud.

Há uma história de Freud que me foi contada por um amigo,[4] o qual, por sua vez, a escutou de uma velha senhora austríaca. Tal senhora teria conhecido Freud em pessoa quando ela tinha 15 anos de idade e acompanhava sua tia a uma consulta com o famoso médico de doenças nervosas em Viena. Entre a testemunha de Freud em ação e esse texto haveria então não mais que dois intermediários, não muito se pensarmos que tal evento ocorreu, pelos meus cálculos, entre 1920 e 1925.

Sua tia, uma mulher muito bonita com cerca de 30 anos, já havia procurado vários médicos por causa de dores pelo corpo cuja causa nenhum deles havia encontrado. Com relutância havia marcado uma consulta com o Dr. Freud, controverso especialista em doenças nervosas de Viena. Já no início da consulta, declarou ao médico com uma certa impertinência sua falta de confiança na psicanálise. "Se é verdade que o Sr. trata só com as palavras, isso será totalmente inútil. Não acredito que meras palavras tenham qualquer poder sobre minhas dores".

Freud, imperturbável, perguntou sobre o que a trazia ali, quando suas dores tinham começado, onde eram, se e quando mudavam de intensidade, quais tratamentos tinha tentado, se tinha outros incômodos e também sobre sua vida em geral. Quando pareceu satisfeito, começou um discurso um pouco surpreendente para ambas:

> *Vejo que a Sra., apesar dos males que a afligem, é de uma rara beleza. Isso não deve ter lhe escapado, uma*

---
4   V. Stirnimann (comunicação pessoal, s.d.).

vez que, imagino eu, não devem ser poucas as expressões de admiração e as consequentes investidas dos cavalheiros de nossa cidade. Sua pele é de uma textura extremamente delicada e saudável.

Nisso se levantou, pegou um espelho que mantinha pendurado no ferrolho da janela e aproximou-o da dama, oferecendo a imagem da qual falava à jovem senhora, contida mas já visivelmente lisonjeada. "Observe! Trata-se de uma beleza pouco comum, enigmaticamente oriental, com seus grandes olhos negros e ligeiramente oblíquos... *On dirait la beauté d'une déesse égyptienne*", disse em um francês elegante. Completou o elogio numa espécie de apoteose à imagem encantadora que aquele espelho capturava: "Observe, minha Sra., e não se esqueça jamais da graça desse instante sublime. Ele é o próprio ápice da beleza feminina encarnada em um rosto simplesmente perfeito!". Nisso, com efeito, a expressão da jovem havia se transformado. Seus olhos brilhavam, seu rubor saudável indicava uma felicidade vivaz e satisfeita. A jovem estava simplesmente exuberante e deliciada com o que via.

"Contudo", continuou com outro tom de voz, "se examinarmos com cuidado, será possível notar que os primeiros sinais de envelhecimento já se anunciam sutilmente aqui e ali. Veja bem", disse aproximando o espelho do olhar hesitante da jovem, "um pequeno, mas indisfarçável reticulado se irradia dos cantos das pálpebras e dos lábios...". A angústia de confirmar aquelas marcas as sulcava um pouco mais e o Dr. Freud tinha experiência em tais sinais mínimos da perturbação interior. Bastou que indicasse as poucas irregularidades da pele para que lágrimas mornas brotassem dos olhos da infeliz. "Talvez o que vê agora seja meramente fruto de sua aflição diante da verdade: que nosso melhor tempo é como um só dia de sol antes de um longo inverno de decadência contínua".

Nisso, a jovem Sra. já contemplava uma outra imagem. Seu nariz e olhos, inchados com o choro, e a fronte, avermelhada com a tensão, de fato pareciam confirmar a profecia do médico. Foi então que o tom de voz do velho médico novamente se alterou e assumiu um ar benevolente e carinhoso. "Minha Sra., por favor, se acalme, pois tenho uma boa notícia para lhe dar. A Sra. se recorda do rosto divino que viu há pouco nesse mesmo espelho?" Ela simplesmente acenou afirmativamente com a cabeça, incapaz de falar. "Pois bem, ele se transformou na imagem que vê agora apenas com o poder das palavras, e pode em breve voltar a ser o que era..."

Esta e muitas outras histórias de Freud poderiam valer como um forte argumento em favor da ideia de que uma herança sofística se faz presente em sua clínica no que diz respeito ao poder demiúrgico das palavras. Contudo, como vimos, há também um contínuo esforço teórico em Freud para retraduzir essa potência em uma linguagem e uma ontologia propriamente científica, em que o Ser preceda as palavras. Assim, a solução da diferença entre a adesão oficial à *Weltanschauung* científica e o *savoir-faire* clínico Freud, sua potência criativa do verbo, em que as palavras precedem e *causam* as coisas, só pode ser dar de forma sintomática. Em outras palavras, essa potência sofística da palavra aparece em sua obra de modo deformado, sem reconhecimento, ainda que com uma realidade e eficácia incontornável, como qualquer sintoma. Se a metapsicologia freudiana se posiciona no campo do saber legítimo da ciência, seus laços de familiaridade com a literatura só podem surgir sob a forma do inquietante.

Evidentemente, uma solução sintomática do conflito que nasce com a superação da sofística pela filosofia aristotélica não se resume à psicanálise apenas, e sim à relação da cultura com a literatura.

A diferença é que a psicanálise, em sua versão freudiana ao menos, pleiteia sua inserção no campo da ciência. Sob esse ponto de vista, o caráter sintomático do discurso freudiano a respeito do poder demiúrgico das palavras ocupa um lugar ímpar na cultura, na medida em que encarna e vive o conflito em ato: por um lado, age sofisticamente e, por outro, reivindica para si sua inserção no espaço da legitimidade científica.

O avesso da metapsicologia: o inquietante como perspectiva clínica de uma crítica à teoria

De fato, é pelo texto "O inquietante" de Freud (1919/1982) que podemos abordar mais facilmente o conflito quanto à precedência entre a palavra e a coisa com o propósito de realizar uma psicopatologia da teoria, isto é, uma análise clínica do discurso teórico. Fenômeno exclusivo às neuroses, o *sentimento de inquietante* é efeito de uma forma de conflito que atinge o julgamento de existência, a saber, um conflito quanto à decisão sobre a existência ou não de algo percebido. Aquele que foi assaltado por esse sentimento está afetivamente implicado na pergunta: "Trata-se de algo ficcional ou de algo que verdadeiramente existe?". Esse sentimento surge, segundo Freud, quando crenças da infância já superadas, por exemplo, em bruxas, duendes, sacis ou lobisomens, ressurgem como percepções, o que faz com que um conflito de julgamento se forme, pois experiências atuais inusitadas reapresentam como percepções algumas crenças infantis em princípio já superadas: o que se acreditava ser mera ficção se mostra como percepção. Ao ressurgir repentinamente nas percepções e exigir voltar a ser considerado como existente, o objeto da crença infantil entra em conflito com a organização cognitiva adulta. O sistema cognitivo do adulto é assim pego a contrapé e isso desperta uma experiência afetiva específica, próxima da angústia mas também familiar e, eventualmente, prazerosa, ligada à surpresa de reviver algo da experiência infantil. Eis o núcleo do *sentimento de inquietante* para Freud. Para além de se dar exclusivamente na economia neurótica, é importante sublinhar o caráter indiscutivelmente histórico desse tipo de sentimento, pois, evidentemente, tal experiência é exclusivamente moderna, uma vez que fenômenos análogos em outras culturas ou em outros tempos de nossa cultura seriam simplesmente interpretados como manifestações divinas ou demoníacas. *Somos todos kantianos*, afirma Martha Nussbaum (1986). De fato, é preciso estar impregnado pela racionalidade essencialmente moderna, kantianamente científica, para que tais fenômenos despertem precisamente um *conflito de julgamento*, e não encantamento ou pavor.

Ora, o problema da construção intrapsíquica da realidade que aqui aparece como expressão da psicopatologia neurótica concerne à obra de Freud como um todo e de modo transversal. Dado que o sujeito pode perder o contato com a realidade, recusá-la ou simplesmente não percebê-la, a necessidade de construir modelos teóricos de um aparelho psíquico capaz de levá-la em conta sempre foi uma prioridade da teoria freudiana. Assim, ao longo de sua obra, Freud não poupa esforços para conceber de que modo se dá uma construção intrapsíquica responsável pela diferenciação entre alucinação e realidade. Isso é notável desde o *Esboço de uma Psicologia* (Freud, 1895/1999), passando por *Os dois princípios do funcionamento psíquico* (Freud, 1911/1999) até *A negação* (Freud, 1925/1999), seu último texto metapsicológico sobre o assunto (cf. Silva Junior, 2007, pp. 77-86). Ainda que essa abordagem do problema tenha uma origem filosófica, por exemplo na filosofia kantiana, que buscava critérios de diferenciação entre um delírio metafísico e um pensamento capaz de conhecer o mundo (David-Ménard, 1990/1996), uma vez considerada a partir da perspectiva da metodologia psicopatológica freudiana, a questão da construção intrapsíquica da realidade é pensada no interior de uma relação de continuidade entre os fenômenos normais e patológicos. Tal continuidade parte do princípio de que tanto os fenômenos normais quanto os patológicos do psiquismo seriam expressões alternativas de estruturas psíquicas comuns. Estruturas que, apesar de inacessíveis empiricamente, seriam susceptíveis de serem concebidas por dedução a partir da comparação entre o normal e o anormal. A metapsicologia freudiana resulta das deduções e suas correções progressivas de tais estruturas invisíveis (cf. Silva Junior, 1999b). Será nessa perspectiva psicopatológica que Freud abordará as formas de perda da realidade na anormalidade e na normalidade. Com efeito, em correspondência com fenômenos francamente psicóticos como o delírio e as alucinações, o inquietante evoca o reconhecimento da realidade como um problema psicopatológico para a própria neurose.

Tal método de construção do aparelho psíquico assume que a separação entre o normal e o patológico é convencional e varia segundo as culturas. De fato, o objeto da ciência freudiana é essencialmente transitório, isto é, ele não é concebido por ele como um universal imutável: o aparelho psíquico, em suas três facetas, a econômica, a tópica e a dinâmica, é pensado por Freud como resultante essencialmente dependente de duas diferentes ordens de variáveis, a realidade social e a biológica. Note-se ainda que a precedência dessas ordens em relação à estrutura do aparelho psíquico não implica que elas sejam imutáveis (Silva Junior, 2017). Pelo contrário, tanto na *biologia* quanto na *sociologia freudiana* – isto é, nas hipóteses de Freud sobre tais campos derivadas dos conceitos e da experiência clínica da psicanálise – trata-se de hipóteses sobre realidades radicalmente sujeitas a variações históricas. Note-se, assim, que a experiência do inquietante, exclusiva da cultura ocidental moderna, pressupõe a separação filosófica de Aristóteles entre coisas que existem e que não existem. Note-se também que o inquietante retoma essa separação sob a forma de uma experiência psicopatológica do cotidiano, no sentido de que ela implica o sujeito por meio do seu sofrimento, ainda que não o paralise necessariamente nessa situação configurando uma repetição impeditiva de outras experiências. Assinala-se aqui, nessa forma cotidiana da psicopatologia, a indissociabilidade, do ponto de vista da psicanálise, entre as formas de sofrimento do sujeito e as estruturas historicamente definidas dos discursos no âmbito social.

A função do inquietante na construção de um diálogo entre as obras de Freud e de Pessoa implica ainda um segundo deslocamento. Não se trata da incidência do inquietante no âmbito subjetivo da experiência, e sim de seu uso como ferramenta crítica dirigida à própria teoria freudiana, especificamente nas interfaces e tensões entre seu discurso oficialmente científico e o discurso ficcional que lhe é inerente. Assim, se no sujeito esses discursos não estão claramente separados e definidos, gerando *sofrimento* naquele que o experimenta, também na metapsicologia os momentos de precariedade do discurso científico – responsável por manter uma certa ordem da e com a realidade – geram sinais sintomáticos de um conflito não assumido como tal. Freud eventualmente se depara com o fato de que seu discurso não é apenas o desdobrar contínuo, sólido e sóbrio de uma série encadeada de conceitos. A ficção ameaça seu discurso oficial e os sinais dessa ameaça podem ser localizados em seu texto. É possível localizarmos nela contradições e outros sinais textuais de natureza sintomática. Do *inquietante*, tal como Freud o teoriza, trata-se aqui não apenas do seu efeito na ordem dos afetos no autor e em seus leitores, mas sobretudo de sua origem no conflito de julgamentos entre dois tipos de discurso presentes na cultura, para além do conflito de julgamentos vivido pelo indivíduo Freud. Assim, a experiência do inquietante pode valer como um operador crítico, isto é, como um método de delimitação de fronteiras a partir dos conflitos e tensões interiores ao discurso freudiano. Pensar a *Unheimlichkeit* como perspectiva clínica de uma crítica das fronteiras discursivas de uma teoria implica assumir que também no campo do saber científico uma verdade ameaçadora se revela de modo indireto, pela recusa e pela fuga. Dito de outro modo, a linguagem científica, em que pese sua busca de objetividade para além das opiniões locais, não ocorre senão inserida em uma rede de discursos que a ultrapassa e que a limita. O inquietante revela, nesse sentido, que, sob a suposta neutralidade da ciência freudiana, esta última está localmente engajada nesta rede de conflitos entre discursos que se estende até, ou desde, Aristóteles.

Nesse sentido, a forma de inquietante ausente da análise de Freud é central para a nossa reflexão. Ela pode ser isolada a partir do confronto entre a obra pessoana e a freudiana. Fernando Pessoa provoca um tipo de inquietante não descrito por Freud. Ao lado dos jogos estilísticos e narrativas que trazem seus heterônimos para o mundo real, a realidade do autor dos heterônimos é igualmente aproximada ao espaço da ficção. Fernando Pessoa ele mesmo, o autor real que precederia sua obra de heterônimos, é apresentado como obra de ficção, feito da mesma natureza fictícia que seus heterônimos. Aqui, e de modo exatamente inverso ao que é descrito por Freud como o núcleo da experiência do inquietante, o que era julgado como existente é que se revela como ficção. Esse tipo de inquietante implica a precedência das palavras às coisas. Seria um acaso ele não ser tematizado por Freud em momento algum de seu texto sobre o assunto?

De fato, essa ausência poderia ser lida como uma simples limitação conceitual de Freud. Contudo, ela pode também ter outro significado, aquele de um silenciamento, pois o tema da precedência das palavras às coisas não está ausente de sua obra, pelo contrário, está em um tenso campo de forças. Uma leitura rigorosa da obra freudiana a partir da heteronímia coloca, assim, em evidência uma fissura interna da metapsicologia diante do problema da precedência do *Logos* ao *Ser*, fissura resultante de uma herança sofística não reconhecida como tal pela psicanálise. Há, contudo, sinais dessa herança na obra de Freud sem o signo dessa ambivalência, pois Freud soube incorporá-los ao discurso científico.

Para além do exemplo anedótico apresentado, a herança sofística na psicanálise poderia ser marcada em pelo menos duas frentes, a performatividade e a homonímia (Gori, 2014, pp. 69 e ss.). Tais frentes se referem aos dois tipos de "uso" da linguagem, definidas a partir da crítica de Aristóteles à sofística. A primeira diz respeito ao "falar por/para falar" (Cassin, 2010, p. 43), falar sem sentido, apenas pelo prazer de falar. Esse uso da fala é o primeiro a ser reconhecido por Freud como possuindo uma eficácia própria, ao perceber que a expressão emocional dos traumas nos relatos de suas pacientes eram um elemento necessário na terapêutica da rememoração, para além do aspecto meramente informativo das lembranças. Pode-se dizer que nesse aspecto do método clínico inventado por Freud, a *enunciação*, isto é, o aspecto performativo do discurso, é considerada um elemento incontornável e irredutível à verdade compreendida aristotelicamente como coincidência entre o *enunciado* e uma realidade que o precede. A segunda frente é aquela em que a crítica de Aristóteles foca o uso da homofonia e da homonímia pelos sofistas e estabelece a biunivocidade da fala como condição do sentido. Esse aspecto condenável do discurso do sofista segundo Aristóteles é reconhecido como eficaz por Freud em sua teorização da neurose, ao conceitualizar a forma das palavras como uma causa da constituição e morfologia dos sintomas e de outras formações de compromisso. A percepção da conceitualização dos equívocos semânticos, isto é, de homofonias e homonímias, como elementos eficazes no campo da psicopatologia, e não apenas no da literatura, é certamente uma revolução epistemológica de vulto realizada por Freud. Este é o aspecto mais facilmente reconhecido e menos polêmico da familiaridade da psicanálise à sofística.

Mas essa segunda frente é também inseparável do conflito sobre a precedência do Ser ao Logos, precedência estabelecida por Aristóteles como um divisor de águas: a filosofia e a verdade de um lado e a literatura e a falsidade de outro. Nesse caso, a ambivalência começa a se fazer presente. Talvez não seja um acaso o fato de o texto "O inquietante" ser publicado quase simultaneamente ao *Além do princípio de prazer* (Freud, 1920/1982), cujas propostas provocam uma revolução na arquitetura conceitual da obra freudiana. Ainda hoje, cerca de cem anos após a publicação desse livro, não se pode dizer que sua fortuna crítica tenha mensurado a amplitude de sua revolução. É, de fato, nesse livro que Freud mais se aproxima de uma posição sofística quanto às relações entre a linguagem e a realidade das coisas. Vejamos como isso se dá.

Em *Além do princípio de prazer*, Freud apresenta um argumento com implicações filosóficas de longo alcance, particularmente no que diz respeito à noção de vida. Até então, o sujeito freudiano era pensado a partir de uma compreensão empírico/positiva da natureza. A concepção freudiana de pulsão era compatível com um modelo malthusiano/darwiniano de vida, isto é, como um sistema em constante expansão e limitado exclusivamente pelos fatores externos do ambiente. Mas, a partir uma série de fenômenos particularmente incoercíveis da clínica – reação terapêutica negativa, repetição de sonhos traumáticos, fenômenos patológicos de prazer com o desprazer –, esse modelo, em que a vida é pensada como essencialmente coerente consigo mesma, começa a se mostrar insuficiente. De fato, o horizonte darwiniano da vida e a lógica pulsional dele derivada não se encaixam com o aspecto demoníaco – isto é, obviamente *contrário ou, pelo menos, indiferente à vida* – desta nova classe de sofrimentos observados na clínica. É nessa fissura aberta entre a episteme darwiniana reconhecida e respeitada pela comunidade científica e sua experiência empírica com a clínica que Freud introduz um "bode-cervo" psicanalítico, a pulsão de morte.

Ora, a pulsão de morte é um conceito que pensa a vida a partir de uma contradição interna, em que sua finalidade é o próprio desaparecimento. Nesse sentido, esse conceito traz consigo uma nova e revolucionária noção de vida, aquela de um sistema cuja finalidade é incompatível consigo mesmo. Na pulsão de morte, o próprio desaparecimento, a morte, seria não mais a possibilidade a ser imperiosamente evitada, mas uma das finalidades da vida. Examinemos mais detidamente essa contradição, pois ela nos conduz sintética e diretamente ao problema da presença sofística no pensamento freudiano e, de certo modo, inclui as consequências da segunda contradição para a filosofia e para a biologia.

Com efeito, o conceito de pulsão de morte é apresentado como uma força que parte do *orgânico* para retornar a um estado *inorgânico*. Nesse caso, a vida busca retornar ao seu estado de inexistência, atribuindo, assim, uma causalidade ao momento anterior à própria vida e incompatível com ela – em outras palavras, *na essência da vida está sua própria negação*, postulado incompatível com a noção de vida darwiniana. De fato, o que seria da teoria da seleção das espécies se os indivíduos dessem cabo de si próprios antes mesmo dos seus desencontros com o ambiente?

Haveria que se pensar aqui na incompatibilidade entre as concepções da biologia darwiniana e a experiência da clínica psicanalítica como um problema que parece motivar e reger toda a construção de *Além do princípio de prazer*. Note-se que Freud não abandona o postulado de uma continuidade entre o psíquico e o biológico diante dessa incompatibilidade. Pelo contrário, ele decide reinventar uma biologia que seja compatível com sua clínica. Segundo Freud, a vida se comporia das fusões e desfusões da pulsão de morte com as pulsões de vida, isto é, todas as tendências do organismo vivo de retorno a situações anteriores a partir do estado de organicidade. Nesse sentido, a noção de vida passa a ser entendida como um sistema sem unidade interna, regido por duas forças com finalidades incompatíveis entre si, e, principalmente, sem qualquer forma de regulação cuja função seja a de organizar tais forças incompatíveis. Assim como na organização psíquica que lhe serve como modelo, a própria vida passa a ser pensada a partir de uma contradição radical consigo própria e, portanto, como essencialmente precária, estrutural e incessantemente prestes a sucumbir diante de forças internas incoercíveis.

Cabe aqui uma pausa para avaliarmos o impacto desse novo modelo de vida na compreensão psicanalítica do humano. Ainda que Freud tenha descrito o inconsciente como a terceira ferida narcísica do homem ocidental, pode-se hoje dizer que essa ferida não é a última. A ousadia especulativa de Freud é digna de nota,[5] pois, ao propor o conceito de pulsão de morte, ele concebe um sujeito fundado sobre a ausência de fundamento tanto do ponto de vista psíquico quanto biológico. É nesse sentido que o conceito de pulsão de morte abre uma quarta ferida na sequência daquelas que Freud já definira. Seja em sua extensão historial, seja em sua identidade narrativa, esse novo sujeito metapsicológico sofre de algo

---

5 A indissociabilidade entre a imaginação especulativa e o progresso metódológico em Freud é um argumento forte para uma releitura da psicanálise em uma posição de fronteira, localizada na abertura entre ciência e literatura. A esse respeito, recomendo o excelente artigo "A feiticeira metapsicologia", de Maria Helena Fernandes (2004).

para além da ferida narcísica oriunda do fato de não ser o senhor da própria casa e dever assumir um "inconsciente" em si mesmo.

A quarta ferida é aquela que propõe a inexistência como origem, força e finalidade de sua existência. Ausência de fundamento do sujeito que aparece de modo explícito em Lacan com o conceito de *manque-à-être*, falta-a-ser, e que está implícita no modelo de aparelho psíquico proposto por Freud em *Além do princípio de prazer*. Com a introdução de um conceito em que a vida é idêntica à sua negação, Freud implicitamente realiza uma recusa do Princípio de Não Contradição e da primazia do referente natural como garantia da verdade. De fato, esse modelo implica mais do que uma revolução na noção de vida como "ordem natural" e "sistema coerente consigo mesmo", desde que consideremos a metapsicologia como uma teoria da fala e do pensamento. A organização psíquica, isto é, toda rede simbólica, deve ser pensada apenas como um evento fugaz, cuja função é antes de busca de estabelecimento de uma homeostase impossível, do que de uma estruturação progressiva de sentidos para adaptação ao mundo. Com efeito, todo "conhecimento racional do mundo" seria, na nova lógica pulsional apresentada por Freud, apenas uma forma mais segura de retorno ao nada. Em outras palavras, o campo do sentido se organizaria a partir da necessidade de supressão do sentido. Freud, nesse momento, antecipa conceitualmente aquilo que Lacan poderá cunhar em uma só frase, cerca de quarenta anos depois, a respeito da relação entre existência, sentido e não sentido: "o fundamental não sentido de todo uso do sentido" (Lacan, 1994, p. 294), e que guiará sua obra até o final, quando, em *l'Étourdit*, ele define o que entende por uma língua: "Uma língua entre outras não é nada mais que a integral dos equívocos que sua história aí deixou persistir" (Lacan, 2001, p. 490).

A partir do ponto de vista dessa ausência de fundamento e sua correlata anterioridade do não sentido a todo sentido, um outro conflito com a literatura é localizável na obra freudiana, diferente daquele presente na mera ambivalência entre a ciência e a ficção. Nessa ambivalência, a ameaça em jogo é aquela da consistência científica da psicanálise. O que seria esta, afinal, um conto de fadas científico ou uma teoria respeitável? Ocorre que esse conflito não coloca em dúvida nem a origem da separação, nem mesmo hierarquia entre o discurso científico e o discurso literário. Já a operação de leitura da metapsicologia a partir da *história sofística da filosofia* traz à baila essa separação e hierarquia. Em vista da diferença desse conflito com aquele entre a ciência e a ficção, cabe compreendê-lo como efeito daquilo que denomino como *ficcionalidade*, ou seja, como efeito da abertura entre a ficção e a realidade, inaugurada pela cisão entre a sofística e a filosofia quanto à precedência do *Logos* ao *Ser*.

Diante da *ficcionalidade*, diante da inexistência de uma garantia da separação entre ficção e realidade, a ameaça recai sobre a fundação como tal das verdades científicas, não mais sobre este ou aquele caso em particular. Eis por que a obra freudiana se depara aqui com um conflito de julgamento semelhante àquele despertado pela obra pessoana: o julgado como existente retorna como ficcional e eventualmente como inexistente. Longe de concluir definitivamente que nada existe, o que resulta dessa abertura é a impossibilidade de distinção última, a impossibilidade de uma certeza de separação. Bernardo Soares resume ironicamente esse modo do indecidível em sua contestação da fórmula socrática: se Sócrates é um sábio ao afirmar "só sei que nada sei", Sanches vai além quando diz "nem sei se nada sei": não cabe ter certeza alguma, nem mesmo a de que não temos certeza.

Assim, na teoria da linguagem derivada da nova teoria pulsional freudiana não é mais possível dizer a verdade no sentido aristotélico, pois não há mais certeza nem da preexistência do referente nem do sentido do dizer. Este é precisamente o caso na heteronímia de Fernando Pessoa. Por um lado, o referente que garantiria a verdade do dizer é em Alberto Caeiro, por exemplo, mera suposição metafísica. Este é o *polo ontológico* daquilo que podemos denominar como a dúvida hiperbólica da heteronímia. Por outro, a necessidade interna cristalizada pela organização lógica da sentença tampouco não passa, para o mesmo Caeiro, de invenção e ilusão de certeza, ou seja, mero silogismo. Este é o *polo lógico* da corrosão heteronímica da verdade. Diferentemente de toda a literatura que se apresenta como ilusória, em oposição à verdade do cotidiano e da ciência, Fernando Pessoa coloca em questão a própria oposição como tal entre ficção e realidade. Nesse sentido, ele realiza uma obra que não é apenas de ficção – *ficção* no sentido de criações da fantasia toleradas pela cultura da realidade –, e sim de *ficcionalidade*, a partir da impossibilidade de separação definitiva entre ficção e realidade. A operação de leitura pessoana da obra freudiana permite, assim, entrever que esta última sofre uma ameaça de retirada radical da certeza metafísica: não está privada apenas de uma precedência do *real* à *ficção*, do *Ser* ao *Logos*, mas de toda possibilidade de decisão sobre a precedência. Em resumo, essa leitura traz à tona *a ficcionalidade da psicanálise* sob a chave do inquietante.

Por *ficcionalidade da psicanálise*, entendo a ficcionalidade sem a qual a psicanálise não poderia ser. De fato, se a metapsicologia pode ser ameaçada ao modo do inquietante por esta forma de dúvida hiperbólica entre o existente e o inexistente, é porque essa dúvida se inscreve em sua própria estrutura conceitual. Mas essa ameaça merece ser compreendida e ressignificada como necessária, isto é, merece ser considerada sob a perspectiva de sua *potência crítica diante dos discursos estabelecidos*.

De fato, aquilo que foi recalcado pela filosofia aristotélica, e que aparece de modo legítimo no campo da ficção, retorna sintomaticamente na experiência analítica como dissolução da relação aristotélica entre o dizer e o referente. Nesse sentido, o efeito inquietante de Pessoa sobre a metapsicologia diz respeito a uma herança sofística renegada, e ao retorno incômodo de sua discursividade no interior da obra freudiana. Entre a heteronímia e a metapsicologia haveria, assim, uma homologia, ou seja, uma mesma origem na discursividade sofística, recalcada e superada pela definição de sentido e de verdade imposta por Aristóteles. Mas, tal como a experiência de inquietante na heteronímia, a sofística não faz uma adesão simples ao campo da ficção, mas introduz o pensamento ao caráter indecidível da precedência entre o *Ser* e o *Logos*. Sob esse ponto de vista, a precedência entre a palavra e a coisa é literalmente uma abertura. Uma abertura não é feita de espaço, mas da ruptura no espaço. Sua matéria, seu tecido, é feito da possibilidade da passagem, e não de realidade. O nome dessa abertura é *ficcionalidade*.

Referências

Aristóteles. (2015). *Poética* (edição bilíngue; Paulo Pinheiro, trad., introdução e notas). São Paulo: Editora 34.

Askofaré, S. (2013). *D'un discours à l'Autre. La Science à l'épreuve de la psychanalyse*. Toulouse: Presses Universitaires du Mirail.

Austin, J. L. (1962). *How to do things with words*. Oxford: Oxford University Press.

Butler, J. (1990/2015). *Problemas de gênero: feminismo e subversão da identidade* (8. ed.; R. Aguiar, trad.). Rio de Janeiro: Civilização Brasileira.

Cassin, B. (1995). *L'effet sophistique.* Paris: Gallimard.

Cassin, B. (1997). *Aristote et le logos.* Paris: Presses Universitaires de France.

Cassin, B. (2004). *Vocabulaire européen des philosophies. Dictionnaire des intraduisibles.* Paris: Éditions du Seuil.

Cassin, B. (2010). *Il n'y a pas de rapport sexuel* (avec Alain Badiou). Paris: Fayard.

Cassin, B. (2012). *Jacques, le sophiste.* Paris: Epel.

Cassin, B. (2013). *Não há relação sexual* (C. Berliner, trad.). Rio de Janeiro: Jorge Zahar Editor.

Cassin, B. (2014). *L'archipel des idées de Barbara Cassin.* Paris: Éditions de la Maison des Sciences de l'homme.

David-Ménard, M. (1990/1996). A *Lógica na Razão Pura. Kant, leitor de Swedenborg* (Heloísa B. S. Rocha, trad.). São Paulo: Editora 34 (edição original: *La Logique dans la Raison Pure.* Paris: Vrin, 1990).

Fernandes, M. H. (2004). A feiticeira metapsicologia. *Percurso – Revista de Psicanálise, XVI*(31-32), 99-110.

Freud, S. (1895/1999). Entwurf einer Psychologie. In S. Freud, *Gesammelte Werke, Nachtragsband.* Frankfurt am Main: Fischer Taschenbuch Verlag.

Freud, S. (1911/1999). Formulierungen über die zwei Prinzipien des psychischen Geschehens. In S. Freud, *Gesammelte Werke, VIII.* Frankfurt am Main: Fischer Taschenbuch Verlag.

Freud, S. (1919/1982). Das Unheimliche. *Studienausgabe* (Band IX). Frankfurt am Main: Fischer Taschenbuch Verlag.

Freud, S. (1920/1982). Jenseits des Lustprinzips. In S. Freud, *Studienausgabe* (Band III). Frankfurt am Main: Fischer Taschenbuch Verlag.

Freud, S. (1925/1999). Die Verneinung. In S. Freud, *Gesammelte Werke, XIV*. Frankfurt am Main: Fischer Taschenbuch Verlag.

Freud, S. (1933/1982). Neue Folge der Vorlesungen zur Erführung in die Psychanalyse, 35. In *Zur einer Weltanschauung* (Band I). Frankfurt-am-Main: Fischer Taschenbuch Verlag.

Gori, R. (2014). De Freud à Lacan: le plus sophiste des deux n'est pas celui qu'on pense! In P. Büttgen, M. Gendraux-Massaloux & X. North (Orgs.), *Les pluriels de Barbara Cassin ou le partage des équivoques. Cerisy, 14-21 septembre 2012* (pp. 65-75). Lormont: Le Bord de L'Eau.

Heidegger, M. (1927/1979). *Sein und Zeit*. Tübingen: Max Niemeyer Verlag.

Heidegger, M. (1957/1990). Der Satz der Identität. In M. Heidegger, *Identität und Differenz*. Pfullingen: Neske, 1990.

Kon, N. M. (1996). *Freud e seu duplo. Reflexões entre arte e psicanálise*. São Paulo: Edusp.

Lacan, J. (1994). *La relation d'objet. Le Séminaire Livre IV*. Paris: Editions du Seuil.

Lacan, J. (2001). L'Étourdit. In J. Lacan, *Autres écrits*. Paris: Seuil.

Lalande, A. (1926/1972). *Vocabulaire technique et critique de la philosophie*. Paris: Presses Universitaires de France.

Møller, L. (1991). *The freudian reading: analytical and fictional constructions*. Philadelphia: University of Pennsylvania Press.

Nussbaum, M. (1986). *The fragility of goodness. Luck and ethics in ancient Greece.* Cambridge: Cambridge University Press.

Santoro, F. (2014). Intraduction. La traduction philosophique rencontre les defis de la traduction poétique. In B. Cassin (Org.), *Philosopher en langues. Les intraduisibles en traduction* (pp. 166-183). Paris: Éditions Rue d'Ulm.

Silva Junior, N. (1999a). *Le Fictionnel en psychanalyse. Une étude à partir de l'oeuvre de Fernando Pessoa.* Villeneuve d'Asq: Presses Universitaires du Septentrion.

Silva Junior, N. (1999b). Metodologia Psicopatológica e Ética em Psicanálise: o princípio da alteridade hermética. *Revista Latinoamericana de Psicopatologia Fundamental, 3,* 45-73.

Silva Junior, N. (2007). Linguagens e pensamento. A lógica na razão e na desrazão. (1. ed.). São Paulo: Casa do Psicólogo.

Silva Junior, N. (2017, dezembro). Um ponto cego de *O Mal-estar na Cultura*: a Ciência na era da Instalação. *Estudos Avançados 31*(91), 173-192.

Silva Junior, N., & Gaspard, J.-L. (2016). Elipses freudianas: as práticas do corpo como sintoma da subjetividade neoliberal. *IDE, 38,* 109-119.

Série Psicanálise Contemporânea

Adoecimentos psíquicos e estratégias de cura: matrizes e modelos em psicanálise, de Luís Claudio Figueiredo e Nelson Ernesto Coelho Junior

O brincar na clínica psicanalítica de crianças com autismo, de Talita Arruda Tavares

Do pensamento clínico ao paradigma contemporâneo: diálogos, de André Green e Fernando Urribarri

Fernando Pessoa e Freud: diálogos inquietantes, de Nelson da Silva Junior

Heranças invisíveis do abandono afetivo: um estudo psicanalítico sobre as dimensões da experiência traumática, de Daniel Schor

A indisponibilidade sexual da mulher como queixa conjugal: a psicanálise de casal, o sexual e o intersubjetivo, de Sonia Thorstensen

Interculturalidade e vínculos familiares, de Lisette Weissmann

Janelas da psicanálise, de Fernando Rocha

Nem sapo, nem princesa: terror e fascínio pelo feminino, de Cassandra Pereira França

Neurose e não neurose, de Marion Minerbo

Psicanálise e ciência: um debate necessário, de Paulo Beer

Psicossomática e teoria do corpo, de Christophe Dejours

Relações de objeto, de Decio Gurfinkel

O tempo e os medos: a parábola das estátuas pensantes, de Maria Silvia de Mesquita Bolguese